Hans-Helmut Decker-Voigt

Mit Musik ins Leben

Hans-Helmut Decker-Voigt

Mit Musik ins Leben

Wie Klänge wirken:

Schwangerschaft und frühe Kindheit

ARISTON

Die Deutsche Bibliothek – CIP-Einheitsaufnahme
Decker-Voigt, Hans-Helmut: Mit Musik ins Leben : Wie Klänge wirken:
Schwangerschaft und frühe Kindheit / Hans-Helmut
Decker-Voigt. – Kreuzlingen ; München : Ariston-Verl., 1999
ISBN 3-7205-2061-7

Umschlaggestaltung: Manu Böhler, Überlingen
Umschlagfoto: Image Bank, München / Hans Neleman
Layout und Satz: Impressum GmbH, Dachau
Druck: Wiener Verlag, Himberg bei Wien
ISBN 3-7205-2061-7

Gewidmet meiner Mutter
Elisabeth Decker-Voigt, geb. Voigt
(1916–1998)

Ohne sie und ihre Liebe
zur Musik
und zu mir
und in Folge davon meine Prägung
würde ich meine Berufe in Musik,
Therapie und Literatur
gar nicht der Beziehung
Mutter-Eltern-Kind-Musik widmen können.

Inhalt

Vorwort
Von Festland und Wellengang

Dieses Buch wurde an zwei Orten geschrieben: Einmal am Mount Buffalo, National Park/Victoria, Australien. Zum anderen auf unserem Segelboot auf der Ostsee. Das Gebirgsmassiv des Mount Buffalo ist fixierbar und auf der Landkarte sicher wiederzufinden. Ganz anders ist es mit einem Segler. Dieser hat zwar einen Heimathafen, aber auf den Reisen orientieren wir uns an Winden, Grundströmungen und Wellengang, die sich ständig wandeln. Nur bedingt können wir planen, wohin wir wollen. Und letztlich wissen wir nur eines: Flaute, drehende Winde oder Orkan können sämtliche unserer Kompetenzen überholen und uns in eine ungeahnte Richtung zwingen.

Nach der Niederschrift des Kapitels über die »Stürme der Geburt«, die alles drehen und wenden, gerieten wir tatsächlich in einen Sturm mit Orkanstärke, der uns einen Nothafen anlaufen ließ. Hatte ich ursprünglich eine fachliche Arbeit über Musiktherapie im Sinn, geriet diese Arbeit nach dem Geburtssturm im Kapitel und jenem Sturm zwischen Dänemarks und Mecklenburg-Vorpommerns Küsten in eine andere Strömung. Es drängte mich, meine Sichtweise vom Menschen und seiner Musik im Lebenskreis zwischen Zeugung und Tod umfassender zu erzählen.

Zwischen Festland und Wellengang – der Welt der Berechenbarkeit und der planbaren Handlung einerseits und der Welt der unvorhersehbaren Veränderung und der improvisierenden Handlung andererseits – spannt sich der Bogen, unter dem dies Buch geschrieben ist. Es beschreibt als gesichert betrachtetes Wissen über die Wechselwirkung von Mensch und Musik – in diesem ersten Band die Anfänge des menschlichen Lebens und die Rolle der hörbaren und spielbaren Welt darin. Wissen von der Qualität des Mount Buffalo, eines feststehenden, monolithischen Riesenfelsens. Neben dies stelle ich weniger sicheres Wissen: Das sind Annahmen, Vermutungen, Phantasien – die teilweise aus den Wissenschaften entspringen, teilweise aus der größten Ressource, die der Mensch hat: seiner Intuition. Das ist gefühlsmäßig gewachsene Lebenserfahrung, individuell und kollektiv, generationenübergreifend, Zeiten und Kulturen umspannend. Wissen, das wie Wasser unter dem Kiel ist: in ständiger Veränderung und doch tragend.

Natürlich ist das Buch an diesen und zwischen diesen Orten nur niedergeschrieben worden. Entstanden ist es in meinem Kopf – und vorläufig notiert auf nicht mehr zählbaren Zetteln, die in Flugzeugen verfaßt wurden, während Konzerten und Gottesdiensten, auf Toiletten, nachts im unterbrochenen Schlaf, morgens im Halbschlaf und tagsüber in Tagträumen sowie etlichen Bibliotheken, vornehmlich im Kreise von Büchern, die ich im Literaturverzeichnis ordentlich und wie vorgeschrieben vermerkt habe. Wohl wissend, daß das wichtigste Wissen ohnehin nicht zitierbar ist, weil es einem Menschen zu-fällt. Die einen halten das dann für ihr Genie und ihre Erfindung. Andere – ich hoffe immer mehr dazuzugehören – ahnen, daß solches Wissen anders entsteht: Es setzt sich zusätzlich zur Selbsterfahrung aus gelesenen Büchern vergessener Autoren zusammen und aus Bildern, die einem in Erzählungen vermittelt wurden, oder gar aus Erlebnissen anderer, die unserer Erinnerung allmählich so vertraut werden, daß wir glauben, sie selbst erfahren zu haben.

Was im Laufe der Zeit immer mehr dasselbe wird.

Hans-Helmut Decker-Voigt
Allenbostel, Lüneburger Heide
im Dezember 1998

Vorspiel
Narziß und Echo

Wir werden in diesem Buch die erste Zeit des werdenden und des neugeborenen Menschen begleiten – bezogen auf die Geräusche und Klänge, die ihn von Anfang an umgeben. Wir werden die anfängliche Hörwelt, die jeden von uns in sein Leben begleitet, als Nahrung für das Wachstum der Seele, des Gefühlslebens und des Körpers verstehen lernen – und uns dabei etlichem neuen Wissen über die Wechselwirkung zwischen dem Menschen und seiner Musik nähern. Dies neue Wissen, das sich heute vorwiegend in den Bereichen zeigt, wo Menschen Hilfe suchen, also in Psychologie und Medizin, hat teilweise uraltes Wissen als Hintergrund.

In der griechischen Mythologie findet sich folgende Geschichte von Narziß und der Echo, die heute – zweitausend Jahre, nachdem sie zum ersten Mal erzählt wurde – in vieler Hinsicht aktueller ist denn je: im Blick auf die Rolle der Musik für den Menschen. Zuerst erzähle ich die Geschichte. Dann werden wir sie befragen, hinter-fragen und zwischen ihren Zeilen lesen.

Narziß war der Sohn der Nymphe Leiriope, die der Flußgott Kephisos schon mehrfach umschlungen und schließlich vergewaltigt hatte. Es zeigten sich bei dem Knaben wohl Erziehungsschwierigkeiten, denn Leiriope fragte den Seher Teiresias um Rat. »Narziß wird sehr alt werden – aber nur, wenn er sich niemals selber kennt«, sagte Teiresias über den auffällig schönen Knaben. So war es verständlich, daß sich jeder in Narziß verliebte. Er war von trotzigem Stolz auf seine eigene Schönheit erfüllt, und als er sechzehn Jahre alt war, hatte er bereits viele Male die Liebe von Frauen und Männern zurückgewiesen.

Auch eine Nymphe hatte sich in ihn verliebt. Sie war jene Nymphe, die von Hera, der Frau des Götterkönigs Zeus, wegen Geschwätzigkeit und Vielrederei mit dem Verlust ihrer Sprache bestraft worden war. Seitdem konnte sie nur noch verdoppeln, was andere am Ende sprachen, nicht eigenes mehr sagen. Eines Tages ging Narziß zur Hirschjagd, und die Nymphe folgte ihm heimlich durch den weglosen Forst, um mit ihm zu sprechen. Sie aber konnte ja das Gespräch mit ihm nicht beginnen.

Narziß verirrte sich auf dieser Jagd und rief in den Wald: »Ist jemand hier?«

»Hier!« antwortete die Nymphe zurück.

»So komm!« rief der erstaunte Narziß.

»Komm!« lockte das Mädchen.

»Warum meidest du mich?« fragte Narziß.

»Meidest du mich?« hörte er nur zurück.

»Laß uns hier zusammenkommen!« drängte Narziß.

»Hier zusammenkommen!« wiederholte die Nymphe und rannte voller Freude aus ihrem Versteck, um Narziß zu umarmen. Doch roh schüttelte dieser sie ab und lief davon.

»Ich sterbe lieber! Du meinst, dir würd' ich mich schenken?« rief er zornig.

»Dir würd' ich mich schenken«, flehte das Mädchen. Doch Narziß blieb fort. Sie verbrachte den Rest ihres Lebens in einsamen Schluchten. Dort siechte ihr Körper vor Liebeskummer dahin, bis nur noch ihre Stimme übrigblieb. Ihr Name war Echo.

Der schöne, kühle Narziß wird von der Göttin Artemis wegen seiner abweisenden Haltung bestraft – mit unerfüllbarer Selbstliebe. In sein Spiegelbild, das er in der Nähe einer Quelle erblickt, deren Wasser klar wie Silber ist, verliebt er sich. Er versucht sich zu umarmen, zu küssen – umsonst. Schließlich erkennt er sich selbst im Spiegelbild und verharrt verzückt in seiner Betrachtung. Wie konnte er es ertragen, zu lieben und das Geliebte nie zu besitzen? Kummer quälte ihn endlos.

Doch er erfreute sich an der Qual. Bei seinem (Selbst-)Tod tränkte das Blut des Narziß die Erde, und ihr entsprang eine weiße Narzisse mit rotgelben Herzblättern.

Von der Antike bis weit in das Hochmittelalter hinein wurde aus der Narzisse ein Balsam destilliert, der sowohl gegen Ohrenkrankheiten wie auch als Wundheilmittel gegen Frostbeulen empfohlen wurde.

Echo und Tiefenpsychologie

Von der Hörwelt handelt diese Geschichte, die sonst wegen des Spiegels im Wasser erzählt wird. Zudem geht es in einem übertragenen Sinne um das Frieren, und zwar um das Frieren der Seele – wenn etwas Entscheidendes in der Hörwelt nicht stimmt. Das vorliegende Buch über die Wechselwirkung zwischen dem Menschen und seiner Musik wird gleichzeitig eine Betrachtung darüber sein, wie wir mit Musik seelisches Frieren verhindern und statt dessen wirkliche, lebendige Kommunikation erreichen und dadurch Wärme empfinden – im Gegensatz zum leblosen Echo. Neben der Frage nach dem »Wie« wird uns beschäftigen, wo, wann und warum wir unser Musikerleben als wärmenden Unterhalt nutzen können – oder warum nicht.

Der Psychoanalytiker Heinz Kohut, der in diesem Buch noch an anderer Stelle zu Wort kommen wird, sieht als den ersten Spiegel, in den ein Mensch überhaupt schauen kann, um sich darin zu sehen, den »Glanz im Auge der Mutter«, die das neugeborene Kind hält. Diesem ebenso altmodischen wie wunderschönen, wärmenden Bild liegt die ganze Theorie der Persönlichkeitsstörungen zugrunde, die den Namen des Narziß aus unserer Geschichte tragen: »Narzißtische Persönlichkeitsstörungen«. Es sind Erkrankungen der Seele, die einen Menschen zu sehr sich selbst lieben lassen – und er dadurch unfähig zur lebendigen Beziehung wird, unfähig das Gegenüber einzubeziehen. Die Ursache der zu dieser Gruppe zählenden seelischen Erkrankungen (sich nur noch »an der Qual der Einsamkeit freuen zu können«) wird in einer frühen Kindheitserfahrung gesehen: mangelhafte Zuwendung oder nur unter Bedingungen. Krankhafte Selbstliebe wächst aufgrund mangelhafter Vorerfahrung im »Geliebtwerden«.

Der Narziß der Mythe entstand aus einer gewaltsamen Umarmung. Das grausame Schicksal eines Narziß liegt in dem ebenfalls grausamen Schicksal seiner Mutter begründet, der es ihrerseits nicht anzulasten ist, wenn sie unfähig zum »Du« wurde. Dabei ist die Festlegung des Hintergrunds auf die »Beziehungsachse Mutter–Kind« nach heutigen Erkenntnissen nicht nur auf die Mutter, die Frau zu beziehen, sondern ebenso auf Väter und Männer, die ihr eigenes frühkindliches seelisches Frieren und ihr Aufwachsen ohne *lebendiges* Echo in ihrem Milieu weitergeben.

Genauso überträgt Narziß diese frühe Erfahrung von seelischem Frieren, von nicht-lebendiger Kommunikation, auf spätere Partner und Partnerinnen. Er geht davon aus, daß alle Kommunikation so ist wie jene erste, die ihn frieren machte, und erlebt liebevolle Annäherung wie die der Nymphe Echo als unnützes, lästiges, lebloses Kommunizieren. Wobei es kein Zufall ist, daß sich ausgerechnet jemand wie die Nymphe Echo – ein zu allem »Ja und Amen« sagender Mensch – an einen Typ wie Narziß hängt. Ebenso gehört es zur Tragik eines Narziß, daß er in seiner mißtrauischen Einsamkeit vorzugsweise jemanden sucht, der wie sein eigenes Echo klingt.

Der Ruf im dunkeln Wald der Seele eines Narziß von heute hört sich dann vielleicht so an: »Liebst du mich?« Aber nur »mich« tönt es zurück und wirft den Narziß auf sich selbst zurück, lenkt ihn nicht zum »Du«, wie ein Gegenüber es vermag, das manchmal auch »gegen« etwas ist. Die Kommunikationsversuche eines Narziß, wie »Bin ich schön? Gut? Stark? Einsame Spitze?«, werden von einem bloßen Echo immer nur wieder auf den Narziß bezogen sein können: »Schön! Gut! Stark! Einsame Spitze!« wird er als Bestätigung hören und dabei weniger seine Spitze als die Einsamkeit um diese herum fühlen.

Spiegel unserer Zeit: Isolationskrankheiten

Die Weltgesundheitsorganisation (WHO) prognostiziert, daß narzißtische Störungen und Erkrankungen – zusammen mit Eßstörungen sowie Hauterkrankung und ihren Krankheitsfolgen – zu Anfang des neuen Jahrtausends die Erkrankungsgruppe mit besonders hoher Zuwachsrate werden wird. Und damit wächst auch die Therapiebedürftigkeit.

Dazu kann Musik einen wertvollen Beitrag leisten, Leitmotiv sein. Musik als eine unmittelbare Verbindung zum »Du« ist ein weiteres Thema dieses Buches. Kommunikation und sozialen Kontakt lernen wir bereits von der Zeit im Mutterleib an und nach der Geburt durch Hören und Ausdruck von Geräuschen und ihnen innewohnenden und aus ihnen erwachsenden Lauten, Tönen und Klängen.

Der »Glanz im Auge der Mutter« als Spiegel, in den ein Säugling blickt, bedeutet die größte Sicherheit für das Kind, nicht in seelischem Hunger nach unbedingter Zuwendung und Liebe aufwachsen zu müssen. Untrennbar mit diesem Seh-Spiegel verbunden ist jedoch unser Hör-Spiegel. Dieses Buch soll eine Hilfestellung sein, das Bewußtsein für unseren Umgang mit dem Hören und mit Musik und Klängen zu sensibilisieren. Die Musik der frühen Stimmdialoge zwischen Mutter und Kind oder Vater und Kind prägt die spätere Kommunikationsstruktur des Menschen. In diesem Buch werden wir die hohe Kunst der wechselseitigen »Abstimmung« der Stimmen des Kindes und seiner Mutter kennenlernen, welche die Beziehung steuert. Eine Kunst, die wir später oft genug verlernen, jedoch nicht ganz verkümmern lassen müssen, weil diese »Abstimmung von Affekten« uns in jeder Musik begegnet.

In die Musik der frühen Stimmdialoge hinein, aus der das kindliche und weitere Singen erwächst, hört das Kind die Musik von Instrumenten und Klangwerkzeugen. Es wird die Geräuschwelt seiner Umgebung, die mit einem Windelwechsel oder Warmwasserbad verbunden ist, als einen Hör-Spiegel nehmen, ein lebendiges »Echo« vom Gegenüber hören: Darin kann das Kind erkennen, ob es unter Zeitdruck, genervt oder als Routineakt gewickelt wird oder ob es unter zärtlichen Koselauten, mit vergnügt gesummter Liedbegleitung den Körperkontakt, die Welt der Berührungen erlebt – in dieser Zeit entscheidet sich, wie das Kind die

Hörwelt erlebt und ein für alle Mal emotional besetzt. Die nichtsprachliche Kommunikationsstruktur ist in ihren Anfängen so alt wie der Mensch selbst und in ihrer Struktur nahezu »fertig« beim Spracherwerb um das zweite Lebensjahr herum; vollendet ist sie mit sechs Jahren.

Das Kind wird nach seinen ausgiebigen Hörstudien im Mutterleib bereits sehr früh nach der Geburt selbst Vokalmusik gestalten, bald danach Instrumentalmusik. Von Anfang an wird Musik solistisch, dialogisch und als Gruppengeschehen erlebbar sein und als Mittel zum Verstehen dienen. Für das Verstehen des Gegenübers und für das Verstehen seiner selbst. Mit späterem Musikumgang – ob hörend oder selber spielend – können wir uns all diese lebendigen frühen Kommunikationsformen wieder-holen.

Musik ist im Vergleich zur verbalen Sprache eine Verstehensebene, in der wir uns selbst verstehen lernen können. Musik hilft bei der Individualisierung, beim Wahrnehmen seiner selbst aufgrund ihrer Spiegelfunktion: »Wie ich höre oder spiele, so bin ich.« Ebenso hilft Musik bei der Sozialisierung, beim Wahrnehmen von Beziehungen zu einzelnen oder in der Gruppe.

Dies alles ist auch eine Frage des Maßes. Es gibt Übermaße und Untermaße – in der Kommunikation früher Dialoge ebenso wie in der Musik. Wir können – je nach Übermaß oder Untermaß von Liebe und dem jeweiligen klanglichen Ausdruck – süchtig werden nach liebevoller Kommunikation wie nach Musik, weil wir das uns angemessene Maß ein Leben lang suchen. Oder wir können vermeiden, abwehren – wie Narziß, der alle Hoffnung auf sich selbst setzt, weil die Stimmen um ihn herum nur nachplappern, kein Gegenüber sind, weil ihnen die Kraft des Entgegensetzens fehlt.

Musik als Zeitkunst

Jeder Ton, jedes Geräusch, jeder Klang ereignet sich in der Zeit und nur mit der Zeit. Im Gegensatz etwa zu einem Bild, das wir betrachten und auf uns einwirken lassen können, erschließt sich die Musik erst durch ihren Prozeß der Entstehung. Musik löst auch

Zeit auf im Prozeß ihrer Entstehung. Diese Auflösungskraft der Musik wirkt auf den Menschen und seine Zwänge ebenso wie ein Rhythmus dem inneren Chaos des Menschen Struktur zu geben vermag. Musik hilft, sich voneinander abzugrenzen, wo nötig. Und sie hilft, Grenzen zu überschreiten, Nähe zu erleben.

Mythen wie die von Narziß und Echo erscheinen mir deshalb so wichtig, weil die zentrale Bedeutung der Frau, der Mutter für das Werden des Menschen in ihnen viel deutlicher ist als in der Literatur der zweitausend Jahre danach.

Mit Musik zu tun zu haben heißt immer, der Frau, der Mutter und ihrer Auswirkung auf uns als erster »Hör-Höhle« und damit erster »Musikerzieherin« wieder zu begegnen – im Guten und Hilfreichen wie im Belastenden, Kränkenden.

Narzißtische Störungen schlagen sich in jener alten Mythe nieder, sind aber noch niemals so markant die Krankheit einer bestimmten Zeit gewesen wie heute. Mag sein, daß die nüchternen Prognosen, Musik könne vielleicht *die* künstlerische Therapieform für die Krankheiten unserer Zeit sein und klinisch noch werden, hierin ihren Grund haben: Elementar musikalisches Erleben ist unser frühestes Erleben überhaupt. Zeitlich erleben wir es weit vor den meisten Kränkungen, die uns das Leben bietet und zumuten muß. Jedes spätere Musikerleben bringt uns ein Stück zurück in jene vergangene Welt unserer tönenden Urhöhle, der Gebärmutter, aus der heraus wir die Welt zunächst nur über Töne erfuhren – aus sicherem Abstand.

Musik reaktiviert diesen Abstand – und gleichzeitig die wärmende Nähe, die die Nymphe Echo dem Narziß nie geben konnte, weil ein Echo allein nie lebendige Musik ist.

Kapitel 1
Musik im Mutterleib

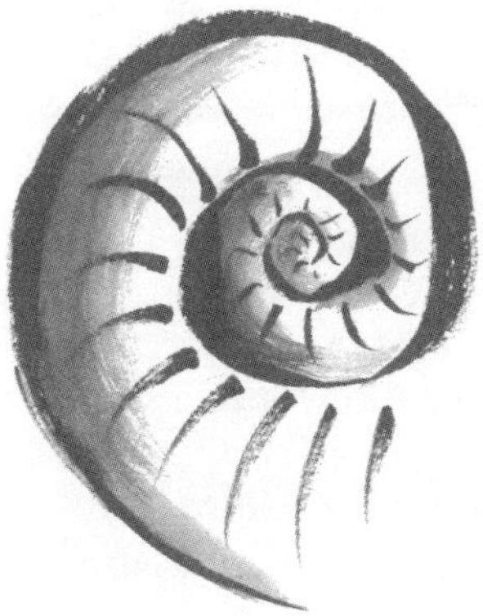

Zuerst wurde die Frau geschaffen.
Die Welt wurde von ihr herbeigesungen.

(Eine Weisheit der australischen Aborigines)

Als Mensch entwickeln wir uns mit allem, was wir ein späteres Leben lang sind und an uns beobachten können – von Anfang an. Aus entwicklungspsychologischer Sicht verläuft das Werden und Wachsen eben nicht nach dem Muster, bis zur Geburt ist dieses entwickelt, danach jenes. Unser Fühlen, Denken und Handeln zum Beispiel ist ein Leben lang eng verbunden mit unserem Hören und Wahrnehmen vor der Geburt. Wenngleich das Hör-Erleben vor der Geburt auf einer anderen Ebene und in einer anderen Bedeutungswelt stattfindet als das spätere Denken, kann das Verständnis der vorgeburtlichen Ereignisse und Prägungen Schlüssel und Leitfaden für die Bewältigung von Lebenskrisen sein.

Die Welt, in der wir leben, läßt sich besser verstehen, wenn wir sie fragend begleiten. Weswegen es sinnvoller ist, gute Fragen zu stellen, statt zu kurze Antworten zu geben. Forschende suchen die richtigen Fragen nach der Gesundheit des Menschen dadurch zu stellen, daß sie die Abweichungen von Gesundheit studieren: Aus Störungen, Krankheiten und Behinderungen des Körpers, der Seele und des Geistes lassen sich Rückschlüsse auf den gesunden Zustand ziehen. Zum Thema »frühes Hören« orientieren sie sich an den jüngsten Menschen, die sie außerhalb des Mutterleibes sehen können: an den Frühgeborenen.

Zart und zerbrechlich – Förderung für Frühgeborene

Auf einer Spezialstation der Universitäts-Kinderklinik München betreut und fördert die Musiktherapeutin Monika Nöcker-Ribaupierre Frühgeborene im Rahmen ihrer Doktorarbeit. Die Kinder liegen in Brutkästen, und wer vorher noch nie gesehen hat, wie zart Menschen sein können, die außerhalb des Mutterleibs leben, erschrickt unwillkürlich – allein wegen dieser zerbrechlichen Winzigkeit.

Ein soeben normal geborenes Kind erscheint vergleichsweise vorbereitet zur Geburt in das Licht dieser Erde. Eine gesunde Schwangerschaft bedeutet für Mutter und Kind, daß sich die beiden ungefähr in der 36. Woche trennen. Die jüngsten der frühgeborenen Kinder hier auf dieser Station wurden bereits in der 24. Woche geboren. Diese Kinder sind noch nicht erdenreif und der Inkubator, der Brutkasten, soll zusammen mit etlichen anderen Hilfestellungen den Reifungsraum des Mutterleibs, den Uterus, so gut es eben geht ersetzen. Für manches frühgeborene Kind reicht das »so gut es eben geht« nicht aus, und es verläßt das Licht dieser Welt wieder.

Bei einem Besuch auf dieser Station kann man sehen, daß die Kinder in den Inkubatoren offenbar auf einem guten Weg des Lebens bzw. Überlebens sind: Hier und da bewegen sich Fingerglieder einer Hand. Eine andere Hand schließt sich wie zur Faust, ballt sich aber nicht bis zum Faust-Ball. Es fehlt noch die Kraft zu derjenigen Muskelanspannung, die ein Leben lang auch die Entspannung erlaubt. Der Mensch lebt von Anfang an zwischen Polen. Für die Kinder in diesen Brutkästen sind die Pole noch ganz nah beieinander: Leben und Sterben, Spannung und letzte Entspannung. Hier und da bewegt sich ein schmaler Mundspalt. Etwas Stilles umhüllt diese Kinder in ihrem kleinen gläsernen Lebensraum. Schneewittchen lag auch in einem solchen gläsernen Raum, der im Märchen als Sarg bezeichnet wird. Und wie Schneewittchen verlassen die meisten der Kinder hier die eine Seite des Glases und kommen auf die andere Seite.

Wie klingt nun diese Welt, in der die jüngsten Erdbewohner in ihrem gläsernen Kinderzimmer der weiteren Außenwelt entgegenleben? Die Stille innerhalb des Inkubators ist das eine. Das andere sind die Geräusche und Töne der High-Tech-Apparate, die jede Intensivmedizin kennzeichnen. Wir sind in Überlebensfragen auf diese Apparate-Medizin und ihre Ärzte und die speziell ausgebildeten Schwestern und Pfleger angewiesen. Außer der »Apparate-Musik« sind auch Stimmen zu hören. Neben den Stimmen von zwei Ärzten und drei Schwestern – allen ist die Fürsorge und Sorge um die frühgeborenen Kinder anzusehen – sind auch die Stimmen eines Elternpaares zu hören. Sie haben Drillinge bekommen.

Die zwei stehen in antiseptisch präparierten Kitteln und mit Mundschutz vor den drei Inkubatoren ihrer Kinder, und ihre Stimmen heben sich ab von denen der Schwestern und Ärzte: Die Mutter summt leise, mit kleinen Tonabständen, meistens im Tonraum der Terz, die wir vom Kuckucksruf her kennen und der diesem Tonabstand den Namen gab: Kuckucksterz. Zwischendurch ruft die Mutter einen Namen. Immer mal wieder … Der Vater flüstert ein paarmal »Hallo, Hallöchen …«. Beide Stimmen klingen befangen, gefangen in einer Situation, die so ist, wie sie nun mal ist: zu früh geboren.

Doch von Augenblick zu Augenblick – während die Mutter summt und spricht und singt, der Vater allmählich mit seinem Bariton in das mütterliche Summen und Ansprechen einstimmt – fällt die Befangenheit und Gefangenheit weiter von ihnen ab. Ab und an sehen die Eltern etwas an ihrem Kind innerhalb des Inkubators, das sie auf sich beziehen: Bewegungen der Finger, winzige Bewegungen des Kopfes in die Richtung, aus der die Singspiele kommen.

Dann schlagen die Stimmen der Eltern mehr aus; nach oben, nach unten, sie schwellen an und ab und gicksen oder brummen. Lachen mischt sich in die Stimmen. Dialoge, Trios mit den Bauelementen der Musik entstehen, füllen diese Ecke des Stationsraums.

Mit der Stimme umarmen

Die Eltern sind nicht unvorbereitet zu ihren Kindern gekommen, die sie auf diese Weise eins nach dem andern besuchen: Die Musiktherapeutin, die diese Station betreut, hat ihnen empfohlen, sich so oft wie möglich mit der Stimme zu melden. Ganz gleich, ob summend, singend, leise rufend, ob ansatzweise oder ganze Lieder singend – nur zu hören sollten sie für ihre Kinder sein.

Dieses Nutzen von Stimme und Klang, von Musik und ihren Bauelementen hilft den Frühgeborenen wesentlich zum Überleben und zum Leben, weil es ihnen die Kontinuität, die Beibehaltung der Beziehung zwischen sich und der Mutter in erster Linie, aber auch dem Vater meldet. Denn das Kind hat längst vor der Geburt, sogar vor der erst 24. Woche, eine feste Beziehung zur Mutter aufgenommen, zunächst über das Hören der mütterlichen Herzrhythmus-Figur. Der Rhythmus des Herzschlags ist die erste akustische Nahrung.

Und auch zum Vater konnte das ungeborene Kind die ersten Beziehungen aufnehmen – vorausgesetzt dieser hat in ausreichender Nähe zur Bauchdecke der Mutter zum Beispiel Märchen vorgelesen, von seiner Arbeit erzählt, Lieder gesungen oder Mundharmonika gespielt, gelacht, den Bauch gestreichelt und vorsichtig »angeklopft«.

INTERMEZZO

Frühgeburten und Hormonbehandlung. Die Hintergründe für eine Frühgeburt sind zahlreich. Statistisch mehren sich die Frühgeburten in den Ländern der westlichen Welt dramatisch, allein durch die Hormonbehandlung, die kinderlose Frauen und Eltern in Anspruch nehmen. Der größere Teil der durch Hormonbehandlung entstandenen Schwangerschaften bedeutet – Mehrlinge. Und für mehr als ein Kind wird es bekanntlich eng, bei Drillingen sehr eng, bei noch mehr Kindern – von Ausnahmen abgesehen – ist es zu eng. Frühgeburten, mitunter bereits in der 24. Schwangerschaftswoche, sind die Folge dieser Überenge. Die Folge davon sind oft Behinderungen bzw. Entwicklungsstörungen der »Frühchen«. Eine Verniedlichung, mit der Unbehagen über die Mitverantwortung an vorausberechenbaren Behinderungen für frühgeborene Mehrlingskinder verharmlost wird. Der Gynäkologe und Psychoanalytiker Peter Petersen richtet diese Kritik sowohl an Eltern, die zu wenig über Motivation und Folgen ihres unbedingten Kinderwunsches nachdenken, als auch an seine ärztlichen Kollegen, die sich, wie manche Eltern, instrumentalisieren lassen zur Produktion von Lebensbedingungen unter äußerst riskanten Umständen.

Intensivstationen für frühgeborene Kinder auf der ganzen Welt nutzen heute das Wissen um die größere Überlebenschance und Reifungsmöglichkeit des heranwachsenden Kindes unter dem Einfluß von Hörbarem, von Klängen, Geräuschen, Stimmen – eben von Musik. In manchen Kliniken in Japan wird in die Brutkästen der Frühgeborenen neben die Leitungen zur physischen Ernährung und zur Datengewinnung von Körperwerten des Kindes eine Spezialleitung gelegt, durch die das Frühgeborene in etwa die vorgeburtliche Hörwelt im Körper der Mutter hören kann. Die Musik im Mutterleib war eine vertraute und anregende Umgebung. Die Mikrophonaufnahmen von heute reproduzieren dabei einen durchaus vergleichbaren »Sound«, so wie er ein Kind in der Gebärmutter umhüllt.

Allerdings können alle technischen Anstrengungen dieser Art immer nur eine Annäherung darstellen und niemals die verläßlichste Höhle der Erde ersetzen. Die meisten Herzen schlagen im Ruhezustand 68- bis 72mal pro Minute. Ob die Einspielung solcher sich ähnelnder Herz-Rhythmen zu statisch auf das Ungeborene wirkt, ist derzeit noch umstritten. Schließlich läuft, rennt eine gesunde Mutter auch, schleppt volle Taschen die Treppen hoch, streitet sich auch mal mit jemandem und treibt hoffentlich viel Sport. Und alles dies läßt ihren Herzrhythmus vor allem variabel sein, zwischen sehr schnell im Streß und sehr langsam in Ruhe und Schlaf.

Die risikofreudigsten Ärzte und Psychologen hinsichtlich solcher »Klangnahrung« arbeiten dabei in den USA. In Europa – insbesondere in Deutschland – gehen wir vorsichtiger mit der Klangnahrung für das Kind in der Gebärmutter um. Denn wir glauben, noch zu wenig über die Verkraftbarkeitsgrenze für Musik zu wissen. Die gibt es beim Embryo und Fetus, bei Frühgeborenen und Neugeborenen ganz sicher ebenso wie bei Erwachsenen, die eine noch so schöne Musik auch nicht ununterbrochen verkraften können.

Wer sich bei der Frage »Wieviel Musik ist in der vorgeburtlichen Zeit für Mutter und Kind zuträglich?« an dem orientiert, was für die Mutter besonders angenehm an Musikstil und Musik-Dosierung ist, bietet auch dem ungeborenen Kind eine der wirksamsten Nahrungen für seine Entwicklung an. Wer den gesunden Embryo oder das frühgeborene oder neugeborene Kind mit mehr Musik über Tonband, Inkubatorleitung oder Radio beschallt, als die Mutter ohnehin und gerne hören oder spielen würde, kann das Kind überfüttern – es ist längst hörsatt.

Die Hörwelt und in ihr besonders die Musik stellt ohne Zweifel eine der elementaren und entwicklungs- wie lebensnotwendigen Nahrungen schon für den ganz kleinen Menschen dar. Lediglich beim Maß, also der Dosierung von Klängen und Musik muß besondere Vorsicht walten.

INTERMEZZO

Das Legendenhafte wissenschaftlicher Erkenntnis. Die Forschungen im Bereich der pränatalen Psychologie haben wesentliche Erkenntnisse über die vorgeburtliche Zeit enthüllt. Dieses Fach hat auch viele Informationen über das Hören und seine Bedeutung für das Wachsen und Reifen im Mutterleib bereitgestellt. Informationen (lat. informare: bilden, unterrichten) können uns zunehmend sicher machen – aber eben nie ganz. Daher stehen die meisten »Informationen« für mich in Gänsefüßchen, weil ich die Meinung anderer Entwicklungspsychologen teile, daß alles, was wir uns an vorgeburtlichem Wissen mitteilen, letztlich Geschichten bleiben, die wir uns erzählen. Allerdings mit zunehmender Differenzierung und mit Teilgewißheiten besonders im medizinisch-biologischen Bereich, in dem es die genauesten Direktbeobachtungen (etwa durch Audio-Video-Dokumentationen) gibt. Dennoch hoffe ich, daß wir uns bei allem Erkenntnisfortschritt in der Wissenschaft auch weiterhin Geschichten erzählen können ... Ich pflege in diesem Buch also nicht mehr jenes Wissenschaftsverständnis, das schon Mephisto in Dr. Fausts »Tragödie zweiter Teil« auf den Arm nimmt:

»Daran erkenn' ich den gelehrten Herrn!
Was ihr nicht tastet, steht euch meilenfern,
Was ihr nicht faßt, das fehlt euch ganz und gar,
Was ihr nicht rechnet, glaubt ihr, sei nicht wahr,
Was ihr nicht wägt, hat für euch kein Gewicht,
Was ihr nicht münzt, das, meint ihr, gelte nicht.«

Was wir hören – Bausteine der Musik

Alles Hörbare – Laute, Worte, Töne, Klänge, Geräusche – ist in meinem Verständnis und in diesem Zusammenhang von Schwangerschaft und früher Kindheit – »Musik« und besteht aus denselben Bauelementen. Jede Musik zu allen Zeiten in allen Kulturen enthält die folgenden fünf Elemente:

~ Rhythmus,
~ Dynamik,
~ Klang,
~ Melodie,
~ Form.

Die hörbare Welt, die Welt der Musik ist eine komplexe, verflochtene Erscheinung. Ein Zugang über ihre Bauelemente erleichtert die erste Annäherung, eröffnet Möglichkeiten und Begrifflichkeiten. Aber keine Sorge: Dies ist kein Lehrbuch für Musik. Doch die genauere Betrachtung der Musik und die gewonnenen Kenntnisse über ihre Bestandteile und ihre psychologisch-medizinische Wirkungsweise können dabei helfen, die Aufgaben unserer Lebensbewältigung zu erleichtern und zu lösen.

Rhythmus ist der vordergründige Höreindruck, den ein sich entwickelndes Kind innerhalb der Gebärmutter erlebt. Rhythmus ist Gliederung von Zeit oder auch eine Aufteilungshilfe, die dem Bedürfnis des Menschen nach Ordnung entgegenkommt. Die Musik- und Körpertherapeutin Gertrud Katja Loos sieht Rhythmus als Analogie zum menschlichen Leben. Rhythmus hat zwei Komponenten: den metrischen Halt (lat. metrum: Maß), analog zu den Fixpunkten im menschlichen Leben: Geburtsdatum, Geschwisterreihe usw. – und die fließende Bewegung, die den schöpferischen Einfall trägt und, auf das menschliche Leben bezogen, des Menschen Freiheit symbolisiert. Loos charakterisiert so Rhythmus als Freiheit im Gesetz der Ordnung. Das Gleichgewicht innerhalb dieser Polarität zu finden nennen wir psychische Gesundheit.

Jeder Mensch lebt sein Leben in seinen eigenen Rhythmen. Im Rhythmus von Tag und Nacht, von Nähe und Distanz, von Freizeit und Arbeitszeit, von Liebe und Streit, lebt den Rhythmus von Geben und Nehmen, von Rezeption und Kreativität. Während der Schwangerschaft bereitet der Herzrhythmus der Mutter das Ungeborene auf dieses Leben in Rhythmen vor. Inmitten des pulsierenden Herzschlags der Mutter entwickelt sich das ebenfalls pulsierende Leben – als Zygote, dann als Embryo und dann als Fetus. Wie ein Mensch später mit Rhythmus umgeht, indem er zum Beispiel diese Musik besonders liebt und jene ablehnt, hat auch immer mit der Art zu tun, wie er sein Leben lebt und wie er seinem Leben Struktur gibt.

Krankheit bedeutet oft, mit falschen inneren und äußeren Rhythmen zu leben, die sich ja wechselseitig bedingen. Herzerkrankungen oder Neurosen sind oft Zeitkrankheiten. Musiktherapie arbeitet mit der Zeitkunst Musik, das heißt die kränkenden und krankmachenden Lebensrhythmen der Patienten werden aufgespürt und »befragt«, die gesunden aufgedeckt, reaktiviert und zu neuem Leben erweckt.

Ein Kind in der Gebärmutter ist noch von einem Rhythmus umhüllt, um den es sich nicht selbst gestalterisch kümmern muß. Der mütterliche Herzrhythmus ist tönender Schutzraum und gibt Sicherheit. Die meisten Menschen bevorzugen Musik mit klarem Rhythmus – und holen sich damit Erinnerungen an diese früheste, sicherste Zeit ihres Lebens im Mutterleib zurück. Das Übermaß an Techno-Musik, hartem Rock und Metal-Musik, das die jungen Generationen heute gern konsumieren, kann auch darin eine Erklärung finden, daß dieses Unmaß von konstruiertem, synthetischem Rhythmus Ausdruck der tiefen Sehnsucht heutiger Jugendlicher nach mehr Orientierungshilfe und Strukturkräften darstellt.

Dynamik (griech. dynamos: Kraft) ist untrennbar mit Rhythmus verbunden. Ein kleines Spiel mit einem Körperinstrument zeigt den Zusammenhang von Rhythmus und Dynamik:

Breiten Sie einmal die angewinkelten Arme aus, so daß Ihre Hände weit auseinanderstehen – und klatschen Sie einmal aus dieser Entfernung in die Hände. Damit spielen Sie bereits eines unserer Körperinstrumente.
Die Spielaufgabe heißt nun: Merken Sie sich diesen ersten weiten Abstand und klatschen Sie aus diesem Abstand heraus in die Hände – langsam schneller werdend, immer schneller, bis Sie an die Grenze kommen.
Vielleicht haben Sie es gehört: Sie haben den Rhythmus beschleunigt – und gleichzeitig immer mehr Kraft investiert. Der Zusammenhang von Rhythmus und Dynamik in der Musik ist untrennbar.

Erst die Kunstmusik ermöglicht es, die Zeiten zwischen den Schlägen zu verringern, also den Rhythmus zu beschleunigen – und dabei gleichzeitig leiser zu werden. Eine natürliche Glocke läutet um so lauter, je schneller der Klöppel neue Schwingungen herausklopft. Erst der Synthesizer kann zum Beispiel eine Glocke »rückwärts« läuten lassen oder einen durchgängigen, rhythmuslosen Klang, einen stehenden Akkord lauter werden und anwachsen lassen (lat./ital. crescendo: anschwellend).

Für das Nachdenken über die Hörwelt des Kindes im Uterus, in der Gebärmutter, bedeutet dieser Zusammenhang: Ein Kind lebt nicht nur in dem variablen Herzrhythmus der Mutter und wächst mit ihm, sondern erlebt mit schneller oder ruhig werdendem Herzrhythmus ein ganzes Spektrum zwischen leise und laut, zwischen hoch und tief. Im mütterlichen Herzrhythmus ist nicht etwa nur Rhythmus enthalten, sondern alle Bauelemente, aus denen jede Musik aller Zeiten schon bestand, die jemals gehört oder gespielt wurde. Jedes Laufen, Rennen der Mutter und ihr Zur-Ruhe- und In-den-Schlaf-Gelangen beinhaltet für das Kind die Schnell-Langsam-Erfahrungen von Tempo und Zeit und zugleich wechselnde Lautstärken, die entweder Ruhe signalisieren oder das rasant-rasende Gegenteil. Zur Lautstärke kommen die Hoch-Tief-Erfahrungen hinzu, die später in das Melodien-Verständnis münden.

Die Hörwelt im Mutterleib, die das Wachsen des Kindes begleitet, umfaßt bereits Pol und Antipol, enthält die Welt der Gegensätze und der Extreme, die immer zusammengehören und auch zusammen betrachtet und erfahren werden müssen. Ein Kind im Mutterleib erlebt vorab – mit sicherer Entfernung zur Geburt, im Schutz der nährenden Plazenta – hörend diese künftige Welt. Es kann sich an diese Außen-Welt der Gegensätze ein wenig gewöhnen: Angefangen mit dem allumfassenden extremen Erlebnis der Geburt, trifft es anschließend auf die Extreme von hell und dunkel, von hoch und tief, von weich und warm, von hart und kühl, von zart und grob, von weniger und mehr …

Starre, rigide Rhythmen und damit gleichbleibende Musik kann das Kind intrauterin eigentlich nur dann hören, wenn die Mutter kurz vor einer dramatischen Krankheitskrise steht, zum Beispiel Angina pectoris, Infarkt, akuter Asthma-Anfall oder unmittelbar nach einem Schock. Dann nämlich flüchten sich Herzrhythmus und körperliche Kraftinvestition und damit Atmung und Puls in statische, gleichbleibende Rigidität. Daß manche Menschen auch in einer akuten Krise – gleich ob physischer oder psychischer Art – immer dieselben Worte wiederholen, mit immer derselben Dynamik und immer demselben Ton-Fall, ist Ausdruck einer inneren Teil-Lähmung.

Führende Mediziner erforschen derzeit, wieweit Musikhören und Musikmachen helfen können, bei solchen krisenhaften »Einengungen auf dasselbe« wieder eine rhythmisch-dynamische Flexibilität herzustellen. Variabilität und Flexibilität sowohl im Herz-Kreislauf-Bereich als auch im Musikspiel ist nach Erkenntnissen des deutschen Herzspezialisten Friedrich-Karl Maetzel und anderen eindeutiger Zeichen für Gesundheit als statischer Rhythmus.

Später, wenn wir beispielsweise als Jugendliche eine bestimmte Dynamik in der Musik hören oder spielen wollen, trainieren wir immer auch unsere Kraft der Durchsetzungsfähigkeit. Die Dynamik einer Musik, die wir wünschen oder ablehnen, hat immer auch mit unserer eigenen Lebenskraft zu tun. Musikalische Dynamik ist ein Spiegel für uns. Manchmal spielt jemand die Dynamik in der Musik, die ihm im Leben, in der Partnerschaft, im Beruf fehlt; oder er spielt die Dynamik so, wie sie ihm entspricht. Aber davon später mehr.

Auch mit **Klang und Melodie**, den weiteren Elementen der Musik, hat ein Kind im Mutterleib vom ersten Hören an zu tun. Denn hinter, über und in dem Herzrhythmus-Spektakel hört es jede Menge Frequenzen, Akkorde und Zusammenklänge. Da spielen die Knochengelenke im Konzert mit dem Rhythmus der mütterlichen Darmgeräusche. Sie knacken und knirschen ihren Part der mütterlichen Körper-Partitur – und oft, hoffentlich sehr oft, schwingt besonders hoch und deutlich für das Kind die erste Geige mit: Mutters Stimme. Wenn sie summt und singt, wird das für ein Kind buchstäblich unvergeßlich. Denn als Fetus erlebt es die erste Geige der Mutter nicht nur, sondern speichert auch ihre Melodie – zur baldigen Wiedererkennung unter allen anderen Stimmen, wenn es erst draußen ist, auf dieser Erde.

Die Melodie der Mutterstimme begleitet ein Kind auf eine einzigartige Weise. Melodie bedeutet Identität und Identifizierung. Am Melos, am spezifischen Auf und Ab der Tonhöhen, erkennt ein Kind seine Mutter ebenso deutlich wie an Rhythmus oder Dynamik ihrer Stimme. Und das, obgleich kein Element die Musik der Mutterstimme allein spielt, sondern immer – wie bei jeder anderen Musik auch – mehr oder weniger zusammen mit allen anderen Elementen. Erst im Alter von etwa zwei Jahren, wenn Kinder ihre Sprache »ausbauen«, werden sie auch Melodien singen können – was das deutliche Zeichen für die nun erreichte kindliche Identität sein wird, aus der heraus Kinder zuerst ihren Namen und später »Ich« sagen, rufen und singen können.

Musikalischer Klang, womit hier das Zusammenklingen von mehr als einem Ton gemeint ist, kann einen Menschen ein Leben lang an Nähe, an Intimität, an Hingabe, an Verschmelzung erinnern – oder auch nicht. In der Musiktherapie werden Beziehungsprobleme oft besonders deutlich im Umgang mit Klang, dem Zusammen-Klang von mehreren Tönen.

Musikalische **Form** bezeichnet das Gefäß, in dem die anderen klingenden Elemente der Musik – Rhythmus, Dynamik, Klang und Melodie – spielen. Es gibt kleine Formen in der Musik, die zum Beispiel die Leiermelodik der Kinderlieder tragen. Und es gibt sehr große Formen der Oratorien oder Symphonien, die ebenso beein*drucken* wie be*drücken* können. Warum ein Mensch gerade diese oder jene musikalische Form besonders liebt oder ablehnt, hängt mit seiner Persönlichkeitsstruktur zusammen.

Ein Kind im Mutterleib erlebt bereits die unterschiedlichen Formen der Hörwelt mit: Es sind große Formen, wenn die Mutter tanzt und wirbelt, dabei ruft und lacht und mit anderen zusammen laut singt. Oder wenn sie schreit, stampft, kreischt und dabei all ihre

Körpermusik für das Kind in ihr zum Fortissimo, zur höchsten Lautstärke und zu wuchtigen Sforzati, zu starken Akzentuierungen hochschraubt. Mütterliche Euphorie oder Auseinandersetzungen mit dem Vater können sehr ähnlich laut oder »groß« sein, dennoch erlebt bereits ein Fetus, warum es so laut wird: aus liebevollem oder aus anderem Grund.

Von der Entwicklung des Lebens und des Hörens

Weitgehende Gewißheit gibt es in der wissenschaftlichen Forschung über die Entwicklung des Hörens im Verlauf der Schwangerschaft. Im Anfang war, so bleibt zu hoffen, die Zuneigung, die Liebe der Eltern zueinander. Dann gab es den An-Stoß durch den Vater, und nun beginnt im Mutterleib die Verschmelzung von zwei Zellkernen, der mütterlichen Eizelle und dem väterlichen Spermium. Eine befruchtete Eizelle erhält den Namen Zygote. Das ist die allererste von vielen Bezeichnungen, mit denen ein Mensch je nach Alter und Reife eingeordnet und bewertet wird.

Eine Zygote ist während der ersten drei Tage in dynamische Wärmewellen eingebettet. Das bedeutet, von lebendiger Wärme umgeben zu sein, die in Wellen rhythmisch hin und her wogt. Wieder erweist sich Rhythmus als eine Urstruktur von Lebendigsein. Der Gynäkologe und Psychoanalytiker Peter Petersen gibt in diesem Zusammenhang zu Bedenken, daß die befruchtete Eizelle eines Retortenbabys in einem statischen, gleichbleibenden, das heißt nicht dem natürlichen Leben entsprechenden Wärmemilieu wächst. Die Auswirkungen der fehlenden Wärmebewegung sind zwar noch nicht gänzlich bekannt, aber sie geben Anlaß zur Sorge um den »natürlichen Wärmerhythmus«.

Schon bald, etwa im vorgeburtlichen Alter von wenigen Tagen, erhält der werdende Mensch eine neue Bezeichnung: Er wird Embryo genannt, wenn sich Muskel- und Nervenzellen zu bilden beginnen. Jede neue Muskelzelle verbindet sich sofort mit einer neuen Nervenzelle. Mit dem wechselseitigen Suchen und Finden von Muskel- und Nervenzellen beginnt nun ein Spiel zweier Teile im

Körper, das ein Leben lang andauert: Der eine Teil empfängt, der andere Teil reagiert darauf. Was wir empfangen sind immer Reize. Reaktion darauf zeigen wir immer durch Bewegung.

Rezeptoren (lat. recipere: empfangen, aufnehmen) sind jene Nervenzellen, mit denen die Reize aufgenommen werden – so zum Beispiel auch die Schwingungen, durch die ein Kind lange vor der Geburt schon hört und Musik wahrnimmt. Die Reaktion (lat. reagere: antworten, zurück-handeln) bezieht sich auf den Reiz oder die Reizkette und drückt sich immer durch Bewegung aus. Mediziner und Psychologen unterscheiden diese beiden in Wechselbeziehung und Abhängigkeit zueinander stehenden Teile des Menschen als Sensorium (die Sinne zur Aufnahme von Reizen) – und als Motorik (die Bewegungsantworten). Wobei Reize nicht nur von außen kommen können, wie Berührungsreize, akustische und optische Reize usw., sondern auch innerhalb des Organismus und durch innere Bilder entstehen. Wir kommunizieren immer auch innerlich mit uns selbst.

In diesen frühesten Verbindungen ist das Repertoire von Aufnahme und Bewegungsabläufen des gesamten späteren Lebens begründet. Wie ein Mensch später etwa auf die Reize von Musik mit Bewegung reagiert, geht auf diese Erstverbindungen von Muskel- und Nervenzellen zurück. Auch bleiben die Nerven- und Muskelzellen, die sich im frühesten Entwicklungsstadium aufeinander zubewegen und verbinden, ein Leben lang zusammen. Der »Tanz des Lebens« ist nicht nur eine hübsche, oft gebrauchte Metapher, sondern etwas äußerst Elementares aus der Frühstzeit der menschlichen Entwicklung.

INTERMEZZO

Vagus und Sympathikus. Das »autonome Nervensystem« (griech. autonomos: eigengesetzlich) entsteht in der frühen Entwicklungsphase als Embryo. Neuronen wandern in das Körperinnere des Embryos und legen dort die Basis für den Sympathikusnerv, der später unsere Aktivität steuert, unseren vitalen Ausdruck bestimmt. Neben dem Sympathikus entwickeln sich die Bahnen des Vagus, der für Ruhe, Entspannung, Abspannung sorgt.

Wegen seiner Nachbarschaft zum Sympathikus heißt der Vagusnerv auch »Parasympathikus« (griech. para: neben) und durchzieht unseren ganzen Körper. Im Gegensatz dazu verbleiben die Nervenstränge, die für unser Hören und späteres Wahrnehmen von Musik nötig sind – wie übrigens auch der Sehnerv und der Gleichgewichtsnerv – im Kopf.
Das autonome Nervensystem läßt uns auf Musik unwillkürlich reagieren. Selbst wenn wir eine Musik bewußt ablehnen (der Zivildienstleistende eine Marschmusik, der hochbetagte Mensch Techno-Musik und der Jugendliche eine Opernarie), das autonome Nervensystem reagiert aufgrund seiner Eigengesetzlichkeit mit Zustimmung und »geht mit« der Musik: durch Körperantworten im Bereich der Motorik und Feinmotorik. Da wippt der Fuß, da trommeln die Finger – trotz bewußt abgelehnter Musik ...
Musik im Alltag und in der Kunst werden wir später entweder als aktivierend oder als beruhigend wahrnehmen (vgl. Seite 74 und 76, »trophotrope und ergotrope Musik«) – unsere »Leitungen« dafür sind Sympathikus und Parasympathikus (Vagus).

Berührung und Bewegung

Rezeptoren sind die Empfänger in uns, jene Nervenzellen, mit denen wir Reize aufnehmen. Die ältesten sind die taktilen Rezeptoren (griech. taktein: berühren). Diese Antennen für Berührung reagieren als erste unserer späteren Sinne. Untersuchungen zeigen, daß die Mundpartie auf Berührung am frühesten mit Bewegung reagiert: und zwar bereits im vorgeburtlichen Alter von sechseinhalb Wochen (unsere spätere Erlebniswelt des Küssens hat also eine lange Vorgeschichte). Diese auch später sehr empfindsame Hautpartie reagiert mit einer Ganzkörperbewegung. Die besondere Bedeutung dieser Gesichtspartie für unser weiteres Leben in bezug auf Berührung von Nahrung, Berührung von anderer Haut anderer Lebewesen zeichnet sich bereits hier ab – und ebenso eine Verbindung dieser Partie zu den Schwingungen der Hörwelt.

Obwohl ein Embryo in dieser Phase noch nicht »hören« kann, erlebt er vermutlich in dieser frühesten Zeit schon rhythmische Vibrationen um sich herum – den Herzrhythmus, die Körpermusik und die Stimme der Mutter und die Schwingungen der mit jedem Rhythmus verbundenen, anderen Bausteine der Musik, wie Dynamik, Klang, Höhen und Tiefen. Das Gleichgewichts- oder Vestibularorgan im Innenohr besitzt jetzt bereits jene feinsten Haarzellen, die wie Antennen Schwingungen aufnehmen – auch Schwingungen von Hörbarem außerhalb der mütterlichen Bauchdecke. Sie lassen einen Embryo das tun, was wir als Mensch ein Leben lang physisch wie psychisch tun werden: Mitschwingen – in sehr feinen, fast unmerklichen Vibrationen.

Die Reize sind von allem Anfang an die Nahrung zum Leben. Wie empfinden wir sie jedoch, diese Reize, die auf uns treffen in jener frühen Zeit? Die Soziologin Marianne Krüll hat eine ebenso kurze wie schöne Formel für diese vermutete Empfindungswelt: In der kurzen Zeit als Zygote *sind* wir unser Körper. Erst als Embryo und als Fetus *fühlen* wir ihn. Unser Hör-Erleben vor der Geburt spielt sich auf einer anderen Ebene und in einer anderen Bedeutungswelt ab als das Denken, das sich nach der Geburt entwickelt. Das gilt besonders für die reiche, satte und laute Mutterleibsmusik: Als Embryo sind wir Teil von ihr.

Die enge Verwandtschaft zwischen dem Vestibular- oder Gleichgewichtsorgan und den sich später entwickelnden Organen, mit denen wir hören, sorgt dafür, daß wir das Hören von Musik immer mit »Gleichgewicht« verbinden werden: Sowohl das körperlich empfundene Gleichgewicht – Musik, also Schalldruck kann uns »umhauen« – als auch das emotional empfundene Gleichgewicht werden wir mit Musik steuern können. Dies hat greifbare, fühlbare Gründe, denn unser Körpergefühl, unser Raum- und Bewegungsempfinden, wird durch den Vestibularapparat gesteuert, und der hat seinen Sitz im Ohr.

Etwa ab der zehnten Woche nach der Empfängnis ist das eigentliche Hörorgan, die Schnecke im Innenohr, gänzlich ausgebildet – eine Ausbildung übrigens, die wie die späteren Berufsausbildungen darauf angewiesen ist, daß sie ständig neue Reize zum Weiterkommen, zum Lernen, zur Bildung, eben zur Aus-Bildung bekommt. Wir können nun von einer neuen Ebene des Hörens sprechen. Auch diese Art des Hörens ist immer noch nicht vergleichbar mit dem späteren Hören, ganz sicher aber verwandt, eine Entwicklung hin zum Hören. In derselben Zeit werden auch die Geschmacks- und Geruchsnerven angelegt, und die Rezeptoren für das spätere Sehen sind bereits ausgebildet (wenngleich der Embryo die Sehfähigkeit in seiner angenehm dämmerigen Höhle noch nicht aktiv nutzen kann).

Reize von außen sind die Voraussetzung für Wachstum, vor und nach der Geburt. Akustische Reize, Hörbares und Musik sind Bedingung für die Hirn- und Hörentwicklung. Wie elementar lebenswichtig Hören ist, läßt sich erst später, nach der Geburt messen: 90 Prozent der Energie, die der Hirnrinde zugeführt wird, gehen durch das Ohr, das deswegen als das wichtigste Sinnesorgan angesehen wird. Die vorgeburtliche Ausprägung des Ohres, seine Begabung, steht im Zusammenhang mit dem, was es zu hören bekommt. Und intrauterin sind die Reizserien des mütterlichen Herzrhythmus, die Stimme und die Körpermusik der Mutter die Hauptnahrung und das Verläßlichste: Bei einer gesund verlaufenden Schwangerschaft nimmt das Kind den Herzrhythmus der Mutter 26 bis 28 Millionen Mal auf.

Vor dem Hören schwingt der Mensch

Wenn sich die vorgeburtliche Ausbildung einem neuen Abschnitt nähert, wird der werdende Mensch Fetus genannt. Mit vier bzw. viereinhalb Monaten beginnt der Fetus, Schwingungen nicht mehr nur über das Gleichgewichtsorgan allein zu erleben. Eine neue Phase des Hörens beginnt.

Biologisch ist der Sensor Ohr zwar nicht so früh ausgebildet wie etwa der Sensor Berührung (taktil-haptische Empfindungen), dafür ist er unter den Sensorien jener Fühler, der als erstes damit beginnt, Reize aus der Außenwelt der Mutter zum Kind in den Uterus zu leiten und damit das akustische Erleben der Welt zum ersten Erleben der Welt überhaupt zu machen. »Das Auge führt den Menschen hinaus in die Welt – das Ohr führt die Welt in den Men-

Rhythmus und Dynamik der ersten zwölf Lebenswochen*

0 Die Empfängnis. Bei der Vereinigung der mütterlichen Eizelle und der väterlichen Samenzelle entsteht ein einmaliger und unverwechselbarer neuer Mensch. Geschlecht und Aussehen sind in dem nur etwa 0,1 Millimeter großen befruchteten Ei festgelegt. Das Kind ist kleiner als ein i-Punkt. Sein genetischer Code stammt je zur Hälfte von Vater und Mutter und enthält eine unwahrscheinlich hohe Zahl von Informationen. In seiner Individualität, in der Einmaligkeit und Einzigartigkeit seines Menschseins bleibt der Mensch unverändert und konstant von der Empfängnis bis zum Tode. Was sich ändert, ist lediglich sein Erscheinungsbild, seine äußere Gestalt.

1 Die erste Woche. Getragen von dynamischen Wärmewellen, wandert der junge Mensch seinem Zuhause für die nächsten neun Monate, der Gebärmutter, entgegen. Die Mutter weiß noch nicht, daß sie ein Kind trägt, doch das Baby ist voll Aktivität. Es sendet, kaum salzkörnchengroß, biochemische Signale aus. Der Körper der Mutter antwortet auf die Hormonproduktion des Kindes und stellt sich auf seine Bedürfnisse ein. In der Schwangerschaft ist das Baby der dominierende Partner.

2 Die zweite Woche. Jetzt ist das vom Kind produzierte Hormon durch einen immunologischen Test im Blut der Mutter nachweisbar. Sobald sich das winzige Wesen im Gewebe der Gebärmutterschleimhaut eingebettet hat, beginnt die Plazenta – ein Organ des Kindes, das es bis zu seiner Geburt benötigt –, ein eigenes Kreislaufsystem aufzubauen. Das Kind ist gerade 0,25 Millimeter groß und umgeben vom prägenden Herzrhythmus der Mutter.

3 Die dritte Woche. Die wichtigsten Organe entwickeln sich zuerst: Gehirn, Zentralnervensystem und Herz (ein schlauchartiges Gebilde, das erste Kontraktionen versucht). Aber dann, am 21. Tag, beginnt dieses winzige Herz rhythmisch zu schlagen. Unermüdlich pumpt es Blut durch ein vom mütterlichen Kreislauf getrenntes Gefäßsystem. Das Kind ist jetzt 1,8 Millimeter groß. Die eigene »Herzmusik« spielt von jetzt an bis zum Lebensende.

4 Die vierte Woche. Das Kind ist 4 bis 5 Millimeter groß. Im Inneren weist es eine sehr komplizierte Struktur, unter anderem Schilddrüse, Lunge, Gallenblase und Niere, auf. Aus Hautfalten, Knospen gleich, wachsen Arme und Beine, die bereits Nerven enthalten. Plötzlich taucht die Ahnung eines Gesichtes auf. Augen und Ohren werden sichtbar, der Mund öffnet sich, die Zunge beginnt sich zu entwickeln.

5 Die fünfte Woche. Jetzt ist das Kind so leicht wie eine Feder und ungefähr 1 Zentimeter groß. Sein Verdauungsapparat ist vorhanden, Luftröhre und Bauchspeicheldrüse werden erkennbar. Bereits nach 35 Tagen kann seine Herzfunktion mit dem Elektrokardiogramm gemessen werden.

6 Die sechste Woche. Jetzt sind fast alle Organe gebildet, die man auch beim erwachsenen Menschen kennt. Das Skelett ist in Knorpelchen vorhanden, die Bildung der Muskulatur ist weit fortgeschritten, und die Hände entfalten sich. Das

Baby beginnt zu greifen und reagiert auf Berührung. Die Nervenzellen bilden ein immer komplizierter werdendes Netz, empfangen Reize und leiten sie weiter an das Gehirn.

7 **Die siebte Woche.** Im Kiefer bilden sich Knospen für die Milchzähne. Die Netzhaut der Augen ist durch Nervenwege mit dem Gehirn verbunden, die Grundlage für das Sehen ist gelegt. Im Ohr ist das Gleichgewichtsorgan vorhanden. Die Haut wird zunehmend empfindlicher, die Muskeln in den zarten Gliedern werden vom Gehirn gesteuert. Der Magen sondert Verdauungssäfte ab, und die Nieren scheiden winzige Tröpfchen Urin aus. Das Baby bewegt sich graziös, dreht sich um und schlägt Purzelbäume.

8 **Die achte Woche.** Das Kind, erst 4 Zentimeter groß, macht Atembewegungen und kann schon schlucken. Sein Geschmackssinn erwacht. Auf den Innenflächen seiner Hände entsteht die zarte Zeichnung der Handlinien. Die Knorpelchen beginnen sich zu verdichten und wandeln sich in Knochen um. Ihre endgültige Form werden die 110 Knochen des Skeletts erst viele Jahre später, beim Übergang ins Erwachsenenalter, erlangen.

9 **Die neunte Woche.** Das Baby kann greifen und eine Faust machen. Bei seinen Turnübungen gerät es mit seiner Hand in die Nähe der Lippen, und bei dieser Berührung lernt das Kind: Daumenlutschen.

10 **Die zehnte Woche.** Jetzt mißt das Kind ungefähr 6 Zentimeter. Es ist 60000mal so groß wie das Ei, aus dem es stammt. Das Kind hört noch nicht die rhythmischen Vibrationen um sich im Mutterleib – es ist vielmehr Teil dieser Vibrationen und der Körpermusik der Mutter.

11 **Die elfte Woche.** Die Menge des Fruchtwassers, in dem das Kind schwimmt, beträgt jetzt einige Milliliter. Im Verlauf von drei Stunden wird das Fruchtwasser immer wieder erneuert. Das Kind trinkt regelmäßig von diesem Fruchtwasser. Die getrunkene Flüssigkeit nimmt es in sein Blut auf, und einen kleinen Teil gibt es durch die Nieren wieder ins Fruchtwasser ab. Den größten Teil schleust es über den Mutterkuchen in das mütterliche Blut. So tauschen Mutter und Kind ununterbrochen Flüssigkeit und gelöste Stoffe aus.

12 **Die zwölfte Woche.** Das Kind ist jetzt ungefähr 9 Zentimeter groß und 45 Gramm schwer. Sein Gesicht ist voll Anmut, es spiegelt Empfindungen wider. Auf den Kuppen seiner kleinen Finger trägt es Merkmale seiner Identität, das Muster seiner unverwechselbaren Fingerabdrücke. Es schläft und wacht, es reagiert auf seine Umwelt. Das Baby lernt unentwegt und wächst dem Tag seiner Geburt entgegen, an dem es zur Freude seiner Eltern den ersten Atemzug tun wird. Das Gleichgewichtsorgan im Innenohr besitzt inzwischen jene feinsten Haarzellen, die wie Antennen Schwingungen aufnehmen – auch von außerhalb der Bauchdecke.

*** Diese Phasenschilderung werdenden Lebens basiert auf einem Info-Papier der »Aktion Leben e. V.«, Abtsteinbach/Odw., und ist vom Autor ergänzt durch Bezüge zum Hören und der Musik.**

schen«, lautet ein Zen-Sprichwort. Die Aphorismen um das Ohr sind nicht nur Wort-Dichtungen. Das Ohr ist das erste Tor nach draußen mit der Aufgabe, dieses Außen nach innen zu holen. Unser Ohr wird auch als letzter Sensor noch aufnehmen – bis sich unser Lebenskreis schließt.

Das Ohr übernimmt während der längsten Zeit, die ein Embryo im Mutterleib verbringt, neben der Brückenfunktion in die unmittelbare mütterliche Umgebung, auch noch weitere Funktionen: Es hört zunehmend die mittelbare Umgebung der Mutter mit: Geräusche in Wohnräumen, Verkehrslärm, Preßlufthammer, Lautsprecher, Windrauschen, Hundegebell, Donner, Musik der Discos, in denen die Mutter tanzt – in allem, was schwingt, schwingt ein Embryo mit.

Je älter und größer ein Kind im Mutterleib wird, desto mehr hört es auch dadurch, daß es die Knochenleitungen der Mutter als Leitungen, als Verbindung nach draußen nutzt. Ein Beispiel dafür ist die mütterliche Wirbelsäule, an die es sich – bei der Zunahme seines Körpers und seines Gewichts – zunehmend lehnen kann; erste Erfahrungen mit späteren Sitzgelegenheiten, die niemals die Qualität der Mutter als erstem Lehnstuhl erreichen können. Denn diese Wirbelsäulenlehne leitet Hörbares von außen nach innen zum Kind – ein Hör-Lehnstuhl.

Und immer mischt sich dieses Hörbare der Außenwelt mit der Musik des Mutterleibs: dem pulsierenden Blutfluß, den Geräuschen der Atmung, dem Herzrhythmus.

Diese Rhythmus-Musik des mütterlichen Herzschlags ist mit einer Dynamik gepaart, die geradezu unfaßlich laut erscheint: Mit 80 bis 95 Dezibel wächst ein Kind heran. Zum Vergleich: Unterhaltungen im Flüsterton und in Zimmerlautstärke finden bei 10 bis 50 Dezibel statt, die größten Kirchenorgeln nehmen es mit Flugzeugturbinen in 30 Meter Entfernung auf und lärmen mit bis zu 125 Dezibel. Damit ist die Schmerzgrenze erreicht.

Da scheint die Zeit im Mutterleib schon ein systematisches Training für die Welt von heute zu sein, die allerdings die lauteste ist, in die jemals Kinder geboren wurden. Dennoch wirkt die Mutterleibsmusik keineswegs ohrenbetäubend auf die, die sie hören. Ungeborene empfinden sie anders, da sie Teil dieser schwingenden Umgebung sind. Sie sind ihr nicht ausgesetzt.

Die Aufgabe des Ohres und seines Hörens im Mutterleib deutet bereits auf eine spätere Funktion hin: Im übertragenen Sinne können wir Menschen mit dem Ohr in uns hineinhorchen. Es ist die Fähigkeit, das Ohr nicht nur nach außen, sondern auch nach innen, in sich selbst hinein zu lenken. Das Ohr wird später, in Lebenskrisen, ein Mittel zur Selbst-Erfahrung sein können, ein Instrument zur Therapie.

Unser Ohr wird dann bei diesem Hineinhören in uns selbst auch Bilder hervorrufen, die wir innerlich sehen können. Die Verbindung von Hören, von Musik mit inneren Bildern hängt mit jener frühen Verbindung von Hören und Sehen zusammen. Es gab nichts zu sehen an den vorgeburtlichen Schatten- und Lichtunterschieden, ohne daß wir nicht auch hörten. Wir werden später immer Musikhören auch mit innerem Sehen, mit Bildern von Gesichtern, Landschaften, Räumen verbinden. Die Umkehrung ist nicht so automatisch: Wir sehen sehr vieles, ohne daß wir dabei Musik, Töne oder Geräusche mithören. Nur bei einem Baby ist diese Fähigkeit noch so ausgeprägt.

Das Ohr lernt hören

Die anatomische Bezeichnung für das eigentliche Hörorgan im Innenohr, die Schnecke, ist Cochlea (lat. cochlea: Schnecke). Sie beeinflußt und steuert hauptsächlich die Hörwelt des Fetus, so wie vorher der Embryo vom Gleichgewichtsapparat beeinflußt und gesteuert wurde (siehe Abbildung auf Seite 43). Jetzt, von der Halbzeit des »Lebens in utero« an (lat. uterus: Gebärmutter), reagiert das Ungeborene nachweislich auf Laute von außen. Ab jetzt – so ist zu vermuten – kann das Kind zunehmend auch Beziehung zu seinem Vater aufnehmen, wenn dieser nah genug an der Bauchdecke der Mutter Laute von sich gibt.

Der französische Neurologe und Hals-Nasen-Ohren-Arzt Alfredo A. Tomatis weist im Zusammenhang mit dem Hörorgan, der Schnecke, und ihrer Wechselbeziehung zum Gleichgewichtsorgan auf zwei Wahrnehmungs-Ordnungen des Menschen hin:

1. Die Gesamtheit des Hörens wird »paketweise« und zwar unter rhythmischen Kriterien abgepackt. Weil der Vestibularapparat dafür verantwortlich zeichnet, eine allererste Vor-Hörhilfe, werden solche Hör-Pakete mit dem ganzen Körper erfaßt. Der Mensch ist Klang.
2. Die Gesamtheit der empfangenen akustischen Reize wird analysiert, und zwar nach den Kriterien: »Was ist davon für mich wichtig, interessant, an mich adressiert?« Diese – die erste Wahrnehmungsordnung ergänzende und entscheidende – Arbeit übernimmt die Schnecke, die Cochlea. Die Reize, die sie als für uns wichtig filtert, lassen uns reagieren – mit Bewegung.

Die Cochlea ist es, die für ausnahmslos alle Töne zuständig ist und die für uns Menschen hörbaren differenziert – von den tiefsten Tiefen zu den höchsten Höhen.

Wenn erwachsene Menschen einander ihre Gefühlswelten beschreiben, sprechen sie von Höhen und Tiefen, von Höhepunkten und Tiefpunkten. Die Geschichte solcher Zusammenhänge zwischen Hör-Wahrnehmung und späteren Gefühlsanalysen ist so alt wie die Geschichte der Cochlea. Weil alles mit allem zusammenhängt, gilt natürlich auch hier, daß die Cochlea ebenso wie jedes andere Organ nicht allein arbeitet, sondern nur im komplexen Verbund mit vielen anderen Organen und ihren Vernetzungen. So wie kein einzelnes Bauelement der Musik allein klingen kann, sondern immer nur im Verbund mit anderen, selbst wenn wir meinen, nur den Rhythmus oder einen Ton zu hören, so arbeitet die Cochlea zusammen mit dem gesamten Netzwerk, das wir Ohr nennen. Und dabei ist das äußere Ohr nur der sichtbare Vorposten vom Ganzen. Nicht zufällig hat es einen ähnlichen Aufbau wie die Schnecke der Tierwelt.

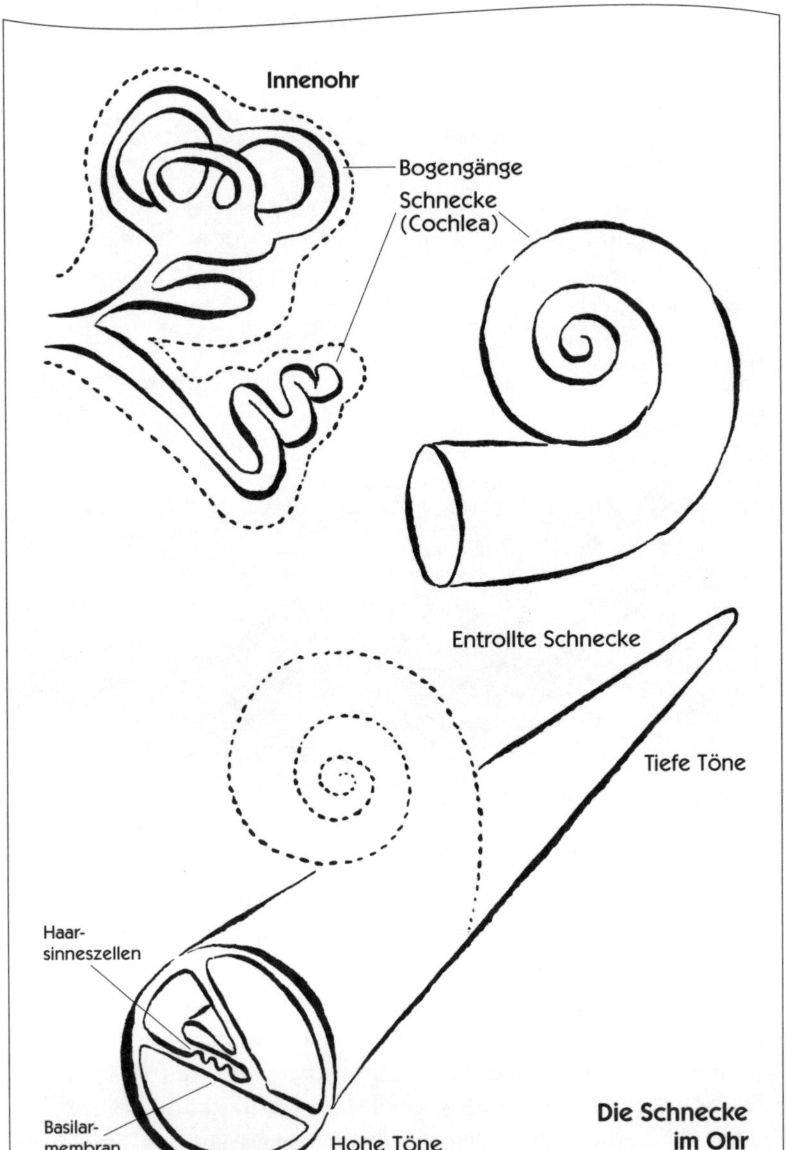
Innenohr
Bogengänge
Schnecke
(Cochlea)
Entrollte Schnecke
Tiefe Töne
Haar-
sinneszellen
Basilar-
membran
Hohe Töne
Die Schnecke
im Ohr

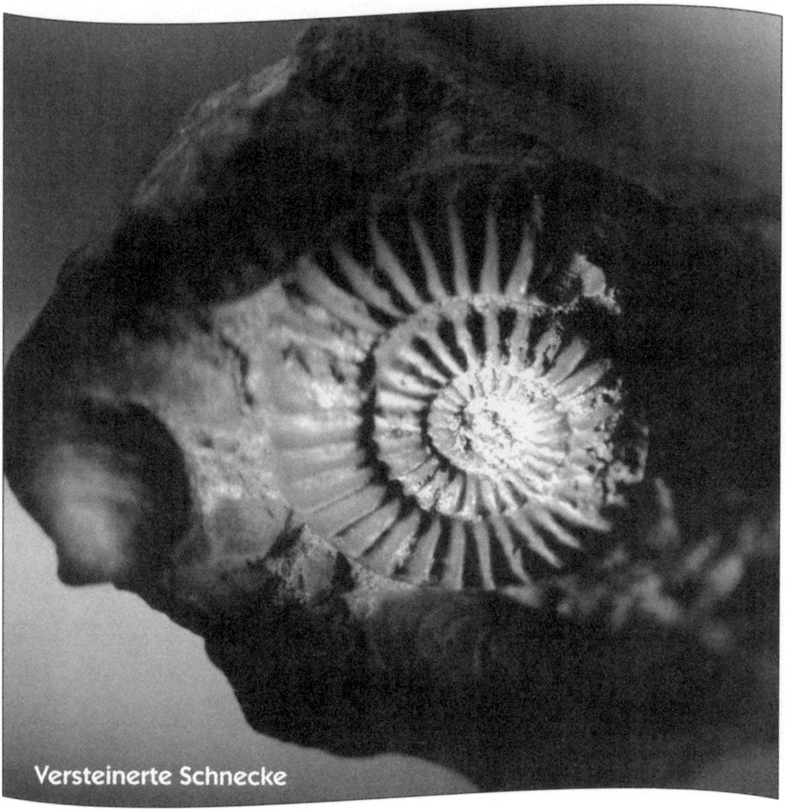

Versteinerte Schnecke

Wegen ihrer besonderen und aufschlußreichen Bedeutung soll der Cochlea ein Wort-Spiel gewidmet werden (siehe Abbildung oben und »Nachdenken über die Schnecke«).

So spielerisch und assoziativ diese von Ihnen oder anderen gesammelten Begriffe entstanden sind – sie kommen nicht von ungefähr. Sie kommen vielmehr genau aus dieser Zeit des Zusammenwachsens, des Wachsens der Hörogane und aus dem wachsenden Erleben durch das Hören. Da sie bemerkenswert viel über das Hören aussagen, wollen wir uns genauer mit den gesammelten Begriffen beschäftigen:

Nachdenken über die Schnecke

Sie sehen hier eine Schnecke abgebildet – eine uralte Schnecke, denn das Bild zeigt eine Versteinerung. Schauen Sie sich einmal länger in die Schnecke ein, in ihre Linien, ihre Richtungen …
Und sammeln Sie in Gedanken – oder wenn Sie mögen, auch mit Papier und Schreibwerkzeug – Wörter, die Ihnen zu der Schnecke einfallen, zu ihren Linien, ihren Richtungen …
Sammeln Sie Assoziationen zu der Schnecke. Gesellen Sie Ihrem Eindruck von der Schnecke etwas hinzu.
Gedanken … Bilder … ein Gefühl vielleicht …
Im folgenden können Sie lesen, was anderen zur Schnecke einfiel.

Beim Anblick der Schnecke:

~ Von außen nach innen, Tunnel, Sog, Rundung …
~ Endlos, Schleife, Zeitlosigkeit …
~ Richtlinien …
~ Abschnitte, Unterbrechung, Wiederkehr …
~ Wachsen und Werden …
~ Vielfalt, Filigranes …
~ Leben …

Von außen nach innen beschreibt genau die Aufgabe des Hörorgans im umfassenden Sinne, die Welt von außen nach innen zu holen. Und die Schnecke des Ohres ist auch der Form nach so gewachsen, wie sie ihre Aufgabe erfüllt: von außen nach innen.

Der *Tunnel* vermittelt dasselbe Bild: Wir gehen in etwas hinein, was zunächst groß, zum Ende hin aber immer dichter wirkt. Dieses Dichterwerden entspricht dem Hören: Wir hören die Annäherung, das Näherkommen eines Menschen durch seine Schritte oder seine Stimme sehr genau und dicht auch dann, wenn wir ihn nicht sehen. Umdrehen können wir diese Erfahrung nicht. Ein schlecht hörender oder tauber Mensch vermag lange nicht so genau Nähe und Distanz zu anderen einzuschätzen und zu erleben wie ein schlecht sehender oder blinder Mensch, der im Vergleich um so mehr zuhört. Es gibt ganze Abhandlungen über die sozialen Folgen von dieser oder jener Behinderung, und sie haben eine Beobachtung bzw. eine Leidenserfahrung gemeinsam: Blinde, aber hörende Menschen sind weitaus offener, sozialer und nähefreundlicher als taube, aber sehende Menschen, die vom mangelnden Zutrauen geprägt sind: »Ist der andere mir nah oder fern? Ist er für oder gegen mich …?«

Einen *Sog* übt unser Ohr ein Leben lang aus: Es zieht Hörbares aus der Umgebung ein. Und wunderbarerweise hört das Ohr aus der Gesamtheit der akustischen Umgebung immer nur das heraus, was uns angeht, bzw. wovon wir wollen, daß es uns angeht. Einfachstes und schönstes Beispiel ist die Fähigkeit des Säuglings, die mütterliche Stimme nach der Geburt wiederzuerkennen und unter zahlreichen anderen Stimmen herauszufiltern.

Der französische Neurologe Alfredo A. Tomatis erzählt in vielen Beispielen von dem »Gedächtnis« von Säuglingen, die später im Leben auffällig schnell Zugang zu einer bestimmten Fremdsprache bekamen. Seine Forschungsergebnisse gehen über das »musikalische Gedächtnis«, das alle Säuglinge nachweislich zeigen – vorausgesetzt, sie waren entsprechenden Reizen ausgesetzt –, weit hinaus: Was die Mutter oft und gerne hört und spricht und singt, erkennt das Kind später als »Bestandteil der Mutter« wieder. So lernten Kinder leichter und schneller Sprachen, die ihre Mutter während der Schwangerschaft sprach. Und wenn es nur die Zeit ab dem vierten Monat war, die sie diese fremde Sprache sprach: Dem Kind war sie später keine fremde Sprache im Sinne der Fremdsprache, sondern ebenso Muttersprache wie die »geborene Sprache« der Mutter. Wenngleich das Kind damals nicht Englisch lernte, sondern die für das Englische spezifischen Frequenzmischungen.

Endlos, Schleife, Zeitlosigkeit – diese Assoziationen weisen alle auf eines hin: Hören vollzieht sich im Fluß der Zeit. Ebensowenig wie wir am Rande eines Flusses namens Zeit sitzen können und die Zeit an uns vorbeifließt, weil wir selbst Teil des Zeitflusses sind, ebensowenig können wir zeitlich »vorhören« oder »nachhören«. Unser Hören läßt sich viel weniger zeitlich zuordnen als unser Sehen. Das Hören von Musik wirkt auf uns auch später immer »zeitloser« als zum Beispiel das Erblicken und Überblicken des Konzertsaales oder Wohnzimmers, in dem wir diese Musik hören.

Musik ist eine Zeitkunst, und deswegen wirkt Musiktherapie auch auf Krankheiten ein, die durch Zeitnöte und Zeitprobleme entstanden sind. Herzinfarkte und andere sogenannte Zivilisationskrankheiten können durch den falschen Umgang mit Zeit in unserem Lebenskonzept entstehen. Ein Grund für den Boom von Entspannungsmusik ist hier zu suchen: Wir kaufen uns mit der Entspannungsmusik-CD immer auch Zeit und deren anderes Fließen – in der Musik. Musik löst Zeitdruck auf, weil sie Zeitfluß ist.

Schleife vermittelt Wiederkehr. Wir können uns Hörbares wiederholen und in der Wiederholung Wiedersehen und Vertrautheit feiern. Mit Musik können wir uns zum Beispiel Erinnerungen an bestimmte Zeiten mit bestimmten Personen zurückholen, in bestimmten Räumen und an bestimmten Orten. Und wir können in den Schlaufen unserer Cochlea Zeit auflösen, jedenfalls vorübergehend (wobei dieses Vorübergehende auch den Charakter von Zeitfluß verstärken kann).

Richtlinien deuten auf Orientierung hin: Unsere Schnecke ermöglicht tatsächlich im Hören auch die Orientierung, mit der wir im Stockfinstern noch die Richtung finden. Der Abstand zu Wänden oder zu Menschen zeichnet sich in uns gleichermaßen im Hören der Schallwellen ab, die sich brechen und im physischen wie im psychischen Sinne Rückmeldung geben. Wir richten uns oft nach dem aus, was wir hören. Und wir können meist genauer in jemanden hineinhören als wir mit dem Auge in jemanden hineinsehen können. Die Stimme am Telefon kann uns einen Menschen tiefer erleben lassen als dies beim Anblick desselben Menschen der Fall ist. Die Musik in der Stimme eines Menschen wirkt auf uns mit denselben Bauelementen von Rhythmus, Dynamik, Klang, Melodie und Form wie Kunstmusik oder Naturmusik. Nur können wir sie adressieren, an jemanden richten, womit wir wieder bei Richt-Linien sind. Eine Stimme, Musik ist sehr oft Richt-Linie.

Abschnitte, Unterbrechung, Wiederkehr beschreiben sämtlich Eigenschaften, die nicht nur vom Bild der Schnecke in uns ausgelöst werden, sondern die auch Eigenschaften unseres Hören und dessen sind, was wir hören. So wie Hörbares und Musik »in der Zeit zeitlos« sind, bietet sie gleichzeitig auch Abschnitte und Unterbrechungen (Pausen, Stille), die uns Orientierungshilfen in der Zeit bieten. Dasselbe gilt für *Wiederkehr,* die an das »immer und immer wieder« einer Schleife erinnert. Wenn wir nicht die Hörerfahrungen von Wiederkehr und Schlaufen hätten, würden wir nie Vorfreude empfinden können: Vorfreude auf eine geliebte Stimme, auf eine köstliche Musik.

Die Schnecke, die Cochlea – ihre Ausprägung und ihre Aufgabe – kennzeichnet die Halbzeit unseres vorgeburtlichen Daseins und bereitet die Geburt, den Weg durch einen ersten Tunnel, wesentlich mit vor. Vor diesem Tunnel und nach ihm werden wir weiter wachsen – ein Leben lang mit all der Vielfalt von Großem, Flächigem, von Feinem und Filigranem.

Hier schließen wir unser Nachdenken über die Schnecke. Wenn Sie mögen, können Sie unsere gesammelten Schnecken-Wörter umstellen, anreichern – zu einem »Gedicht für unsere Schnecke«.

Bleibende Berührung

Musik bewegt uns. Das beschreibt nicht erst eine emotionale Wahrnehmung, die wir in späteren Jahren erleben, oder einen vegetativen Zusammenhang beim Tanzen mit Musik (also einen, der das Zusammenspiel von Hören und die Reaktion des autonomen Nervensystems darauf meint), sondern es beschreibt einen von den Anfängen herrührenden Zusammenhang mit unserem Körper.

Musik rührt und berührt uns. Auch hier besteht ein von den frühesten Anfängen her »rührender« Zusammenhang zwischen Hörbarem und Fühlbarem, wie Schwingungen auf der Haut. Später sprechen wir dann von der empfindlichen Haut unserer Seele als »dünner Haut«. Es ist die Haut, mit der wir Schwingungen aufnehmen. Von Musik und von Menschen, die sich uns nähern. Und wir nähern uns fast immer mit unserer Stimme. Hautwiderstandsmessungen beim Musikhören sind somit als Körperantwort auf Musik zu verstehen. Sie ist untrennbar mit der »emotionalen Antwort« verbunden, und diese entscheidet über Akzeptanz oder Abwehr.

Noch als Erwachsene können wir die Verbindung zwischen Musikhören, Musikmachen und Körperwärme ebenso erleben wie die Verbindung von Musik und emotionaler Wärme – oder Kälte. In einem übertragenen Sinne gibt es sehr wohl »musikalische Erkältungen« in unserer heutigen Umgebung. Wir niesen, husten, schnupfen nur meistens mit einer einseitigen Vermutung der Gründe dafür und fragen uns zuwenig, ob diese oder jene soziale Klangumgebung auch genügend wärmt.

Diejenigen, die gerne mit ihrer Mutter schwanger waren, werden mit »guter Musik« später mitnichten bestimmte Stile oder Gattungen der Musik meinen, sondern immer auch jene Wärme, die sie ebenso verläßlich umhüllte wie der Herzrhythmus. Und da wir Menschen das eine immer mit etwas anderem zusammen erinnern – oder umgekehrt das andere mit dem einen – werden wir durch entsprechende Musik, unsere persönliche Musik oder die des Gegenübers, bewegt, und Bewegung erzeugt emotionale Reibung und damit auch Wärme.

Praktische Hilfen

Was guttut im Mutterleib

Die folgenden Empfehlungen beruhen auf Forschungsergebnissen und Erfahrungswerten von Menschen, die mit Musik umgehen.

Wohlgemerkt, diese Empfehlungen und Tips be-ruhen auf solchen Erfahrungswerten, das heißt, sie sollen auch beruhigen und ruhig machen in der Weise, daß sich lernen läßt, was guttut – und was nicht.

~ Musikalisch tut dem Kind im Mutterleib das gut, was die Mutter gerne an Musik hört. Die akustischen Belastbarkeitsgrenzen der Mutter sind zuverlässig auch für das Kind in ihr ausreichend und schützen es gegen akustisch-musikalische Überfütterung. Hauptsache, die Mutter und ihre Begleiter achten auf diese Belastbarkeitsgrenze.

Oberstes Kriterium ist, daß die Mutter sich möglichst mit der Musik einhüllen sollte, die sie gerne mag und die sie emotional positiv besetzt. Das Kind wird das alles mitmachen. Stil, Gattung, »Niveau« der Musik spielen dagegen keinerlei Rolle. Psychologisch gesehen wirkt jede positiv von der Mutter besetzte Musik über ihr Körpergefühl und ihre psychisch-emotionale Befindlichkeit auch auf das Kind positiv.

~ Besonders positiv reagiert bereits ein Fetus von gut vier Monaten auf selbstgemachte Musik: Summtöne oder Singen der Mutter, auch des Vaters und anderer entsprechend physisch nahestehender Menschen wie Geschwister, Großeltern oder andere bewirken beim Fetus deutliche motorische Körperantworten. Junge Mütter und Eltern von heute singen deutlich weniger und weniger gern. Mit fortschreitender Schwangerschaft fällt jedoch den meisten jungen Eltern das Singen immer leichter – wenn sie sich an ihre eigenen Kinderlieder von damals erinnern. Das Kind im Mutterleib bewirkt hier eine erste Ent-Hemmung, eine Un-Befangenheit aus der sonstigen Befangenheit jeglichem Spiel mit der Stimme gegenüber. Weitere Unbefangenheiten werden die Eltern im Verlauf des Lebens mit ihren Kindern noch lernen bzw. wieder lernen.

~ Wer nun gar keine Unbefangenheit dem Singen gegenüber fühlt, der kann sich darauf verlassen, daß in seiner Sprechstimme auch jede Musik enthalten ist, die das sich entwickelnde Kind braucht: Rhythmus, Dynamik, Klang, Melodie. Erzählen Sie dem werdenden Kind Geschichten, von der Arbeit, von der eigenen Kindheit, von den Menschen, die es erwarten. Das Erzählen, das Sprechen auch zwischen Erwachsenen, erreicht das Ungeborene als Musik von kommunizierenden Menschen. Und deren Kommunikation (lat. communicare: mitteilen) kann ein Kind zwar nicht verstehen, wohl aber kann es die Situation mitfühlen als »wir verstehen uns«.

~ Zeigt ein Fetus bei Musik besondere Unruhe, indem er strampelt und »boxt«, dann kann dies Zustimmung sein oder auch Abwehr. Dann gilt es für die Mutter und den Vater, herauszufinden wie sie sich selbst fühlen – dies ist der sicherste Anzeiger dafür, wie sich das Kind »mitfühlt«.

~ Was Partnerstreit, Ehekrach oder Aggressionen zwischen der Mutter und anderen betrifft, ist das ungeborene Kind relativ belastbar und lernt auch diese größeren bzw. schärferen akustischen Ereignisse als Bestandteil dieser Welt kennen.

~ Es gilt, wie bei der Musik, das Maß all dieser Dinge herauszufinden. Unmaße können natürlich schädigen. Von akustischer Nahrung in Form von Musik, Stimmen oder Klängen braucht ein Kind reichlich. Die Menge ist entscheidend, zu viel schadet dem Kind ebenso wie zu wenig.

~ Was Mutter und Kind guttut, sind Atemübungen, die wunderbar mit Tönen verbunden werden können. Ein Großteil der Atemübungen im Rahmen von Schwangerschaftskursen und Atmen ohne jeden Kurs einfach zu Hause oder beim Spazierengehen kann mit Musik verbunden werden, die sehr guttut: Das Ausatmen ist ideal, um einfache Töne bequem darauf zu transportieren. Diese auf dem ruhigen Ausatmen mitgehenden Töne, wie etwa »a – o – u – m – mo – mu – moa – me – e«, haben alle eine Wirkung auf das Kind. Spielen Sie mit den Vokalen und Konsonanten ihrer Sprache, mit ausgedachten Lauten, ahmen und wiederholen Sie Naturgeräusche oder Tiere. Nicht nur große, wilde Tiere, bitte. Das Kind ist ja auch noch klein …

Übungen und Spiele mit dem Atem und mit Tönen finden Sie in vielen Text- und Liedersammlungen, einige davon sind in der Literaturliste angegeben.

~ Guttut, wenn solches Klingen und Singen, Summen und Erzählen für das Kind im Mutterleib sowohl spontan, aus dem Augenblick heraus geschieht, als auch ritualisiert, das heißt, möglichst zu gleichbleibenden Zeiten im Tagesablauf. Ein Ritual hat etwas mit Wiederkehr zu tun, was wiederum Sicherheit vermittelt und Struktur. Rituale könnten kleine Lieder oder Summspiele zum Beginn eines Tages sein. Vielleicht singen Sie ohnehin immer unter der Dusche oder beim Haarekämmen oder beim Vollstellen des Geschirrspülers. Vielleicht aber tun Sie es nur jetzt – mit dem Kind und für das Kind.

Kleine Rituale dieser Art sind eine Strukturierungshilfe für den Tag von Mutter, Vater und Kind. Immer mehr Untersuchungen belegen, wie wichtig feste Rituale im Alltag von Säuglingen und Kindern sind. Säuglinge bieten mit ihren Zeiten, in denen sie nach Nahrung verlangen, einen wichtigen Beitrag zur Ritualisierung des elterlichen Alltags – und mancher Nacht. Oft sind es seit langer Zeit die ersten und einzigen Rituale der Eltern.

Zu musikalischen Ritualen kann auch ein sanfter Popsong gehören oder der vielgerühmte »Mozart für Pränatale«, den die werdenden Eltern sich am Frühstückstisch zum Ei gönnen – und damit auch ihrem ungeborenen Kind.

Was nicht guttut

~ Längere Beschallung mit hoher Lautstärke hat eine ungute Wirkung. Viele Diskotheken gehen immer noch nah an die 95 Dezibel, die vom Lärmschutzgesetz eigentlich verboten sind, heran oder darüber. Und auch für Kinder im Mutterleib sollten hohe Lautstärken ein Tabu sein. Der Mediziner Thomas Verny verweist auf Untersuchungen, nach denen Feten ihre Abwehr durch deutliches Strampeln zeigen: zu laut. Meist ging dies einher mit einem ähnlichen Erleben der Mutter.

Gleiches gilt für Musik und Beschallung zu Zeiten, in denen die Mutter normalerweise schläft. Das kann das Kind aufregen, muß es aber nicht. Auch Partys und Tanzfeste, geschweige denn Nachtwanderungen mit abschließendem Sonnenaufgang sind keinesfalls verboten. Nur: zuviel ist zuviel. Gleiches beobachtete Thomas Verny, wenn zu lange synthetisch hergestellte harte Rhythmen Kind und Mutter beschallen. Es ist zu vermuten, daß das Kind ohnehin mit dem Herzrhythmus der Mutter Gutes genug hat – und ihm künstlich hergestellte Rhythmen auf Dauer zuviel werden. Auch hier gilt für die Eltern: behutsam mitfühlen und für das Kind mithören, was da außen schallt.

Schließen wir dieses Kapitel nicht mit Warnungen, sondern mit dem Hinweis auf die gleichermaßen beste wie lebendigste Musik, mit der Mutter und Vater das Kind begleiten können: Singen und Summen. Vor diesem Hintergrund bekommt der Weisheitsspruch der Aborigines, der dieses Kapitel einleitete, eine lebensumspannende Bedeutung.

Kapitel 2
Die Geburt als Ende und Anfang

Das Trauma der Geburt hinterläßt
ein Streben nach Rückkehr in den Mutterleib.

(Otto Rank, Psychoanalytiker)

In der großen, weitverzweigten Familie eines japanischen Kollegen werden den hochschwangeren Müttern in der letzten Zeit vor der Geburt jene Blumensträuße und Glückwunschkarten, die glückwünschenden Briefe von Freundinnen und Nachbarn in das Haus bzw. in die Klinik geschickt, die hierzulande erst nach der Geburt die Patientenzimmer in Geburtstagsfeierräume umfunktionieren helfen sollen – als Belohnung für Getanes. Hilfreicher und eigentlich auch sinngebender sind Glückwünsche vor etwas und für etwas, damit alles gutgeht – und nicht erst, wenn es gutgegangen ist.

Mutter und Kind sind keine Patienten

Die meisten Kinder kommen hierzulande in Kliniken zur Welt. Für die Neugeborenen bedeutet es, daß sie ihr bisheriges Zuhause, die Gebärmutter, verlassen müssen und sich zusammen mit den Eltern in fremder Umgebung finden. Die meisten Kliniken in Deutschland haben sich bei Entbindungen an eine Praxis gewöhnt, von der sich andernorts zunehmend entwöhnt wird: geburtsbegleitende Medikationen. Angefangen mit einem weheneinleitenden intravenösen Tropf oder entsprechender Injektion reicht die Medikation über Medikamente, die den oft noch zu harten Muttermund aufweichen sollen bis zu akuten Schmerzmitteln, um der Mutter den letzten Teil der Geburt und den Austritt des Kindes zu erleichtern: Schmerzstillende Opiate und Tranquilizer sind die unteren Stufen der Leiter. Die Rückenmarksspritze oder die Epiduralanästhesie mit Dammschnitt, der die Zügigkeit der Geburt gewährleisten soll, führt auf dieser Leiter weiter bis zur Teil- oder Vollnarkose der Mutter als entsprechende Krisenintervention.

Dieses Kapitel soll kein genereller Einspruch gegen diese Hilfen für die Mutter sein, schon gar nicht gegen Medikationen in Krisensituationen für Mutter und Kind. Jedoch fällt auf, wie unterschiedlich schon in Mitteleuropa mit geburtsbegleitenden Medikamenten geboren wird, obwohl die wichtigsten und oft genug allein ausreichenden »Mittel« Mutter und Kind selbst sind. Die Soziologin Marianne Krüll führt Deutschland und England an, wo 80 Prozent der Geburten medikamentös begleitet werden. Im Vergleich dazu sind es in Schweden zwölf Prozent und in den im Gesundheitswesen vorbildlichen Niederlanden nur fünf Prozent.

Jeder rezeptierende Arzt kennt die unerwünschten Nebenwirkungen chemischer Medikamente, die für die Mutter hilfreich und schmerzstillend sind: Alle verabreichten Medikationen werden auch vom Kind aufgenommen, bis es aus dem Geburtskanal ausgetreten ist – und sie schaden ihm. Nicht erst Opiate beeinträchtigen beispielsweise die Atmungsfähigkeit des Kindes, das ohnehin bei seiner Geburt alle inzwischen erworbenen Kräfte zusammennehmen muß, um durchzukommen. Manche der Mutter verabreichten Medikationen bleiben über die Geburt hinaus in ihrem und im Körper des Babys.

Besonders kritisch müssen jene chemischen Einwirkungen auf Mutter und Kind betrachtet werden, die mehr am Dienstplan der Klinik orientiert sind als an Mutter und Kind. Derzeit kommt wegen Personalmangels, Tarifgesetzgebung und der Belastbarkeitsgrenze von Pflege- und ärztlichem Personal kaum eine größere Klinik ohne die Regelung aus, die Geburten am Wochenende medikamentös zu verhindern oder zu verringern – und möglichst auf den Wochenanfang zu verschieben. Wehenhemmende oder weheneinleitende Mittel sind in diesem Zusammenhang nicht mehr an Mutter und Kind und deren natürlicher Schlußgestaltung der Schwangerschaft orientiert. Insofern ist eine Klinik eine doppelt unnatürliche Antwort auf die Frage, wo die Mutter »natürlich« entbinden kann.

Denn das hieße, die einmalige Natur dieser einmaligen Zeitzone von neun Monaten zu respektieren – und den Dienstplan nicht etwa rücksichtsloser gegenüber dem Personal zu gestalten, sondern anders.

INTERMEZZ O

Die Manipulation des Geburtsdatums. In neuen Veröffentlichungen der Literatur wie der Psychologie wird der Geburtstag in seiner bisherigen Bedeutung relativiert. Das Schicksalhafte, die Zahlenmagie, die unseren Geburtstag umgab, ist in der heutigen Zivilisation endgültig Sache des Menschen geworden. Die Kliniken bestimmen unsere Geburt. Das in christlichen oder anderen religiösen Zusammenhängen unvermutete eines Geburtsdatums wird nun dem wöchentlichen Dienstplan überlassen. Auch astrologisch-esoterisch geprägte Zirkel werden sich umstellen und neu rechnen müssen. Hier und da wird halb zum Spaß halb ernsthaft angedacht: Das Datum unserer Zeugung wird in Zukunft wichtiger. Dieses gehört noch ganz in die Natürlichkeit persönlicher Intimität von Vater und Mutter, ist unbeeinflußt von sachlichen Kriterien der Außenwelt – hoffentlich. Ob wir in der Zukunft unsere Geburtstage noch weiter so feiern? Vielleicht lassen wir uns künftig angesichts der Geburtsdatums-Manipulationen das Datum der Zeugung berechnen, fixieren die vermutete Zeugung auf ein Datum und feiern dieses?

Inzwischen ist klar, daß ein Großteil der heute vielerorts selbstverständlichen geburtseinleitenden Anfangsmedikationen (ohne Krisenintervention) durch Musik ausgetauscht oder verringert werden kann. Musik ist ein Medikament ohne Nebenwirkungen, und es gibt Kliniken, die beweisen, daß es geht. Dabei handelt es sich nicht um Spezialkliniken, sondern um ganz normale Krankenhäuser. Dort wird eine Kombination von Medikation und Musik verwandt, indem konventionelle Medikation die beginnenden Schmerzen reduziert, während Musik diesen Zustand zu halten bzw. durch begleitende oder anschließende Entspannungsverfahren (zum Beispiel mittels der Atmung oder ebenfalls Musik) weiter zu verringern hilft.

Vorfreude statt Angst

Nicht überall, aber immer noch weitverbreitet wirkt die Geburtsterminierung bedrohlich, und die Spritze ist sogleich das Gegenmittel gegen die Verkrampfung, die oft aufgrund von Angst, nicht immer durch Schmerz entsteht, und auch nicht erst aufgrund von Komplikationen verabreicht wird: als ob Gebären eine Notlage, eine grundsätzliche Gefährdung, eine krankheitsähnliche Situation sei. Auch meine Frau Christine und ich sind auf die Geburt unseres ersten Kindes nach einer gesund verlaufenen Schwangerschaft mit einem Gefühl zugegangen, als ob es die beiden, Mutter und Kind bzw. wir alle drei, mit einer gefährlichen Situation zu tun hätten. Auch Ängste, die zunächst nicht einmal die eigenen sind, sondern erst durch Berichte von anderen zu angenommenen Ängsten werden, spielen hier eine Rolle. Die Vermischung mit der von außen angekurbelten eigenen Phantasie vor möglichen bedrohlichen Situationen mit den Erzählungen Dritter erzeugt eine Angst vor der Angst.

Psychologisch ist festzuhalten, daß dem der Geburt entgegenwachsenden Kind nicht nur jedes verabreichte Medikament mit eingegeben wird, sondern daß auch jede dieser Ängste und die Angst vor diesen Ängsten mittelbar auf das Kind übertragen wird.

Zum Glück gilt auch die Umkehrung: Lebt eine schwangere Frau mit ihrem Kind und dem Vater des Kindes in einer sozialen Umgebung, die sich mitfreut auf die Geburt und sie als spannenden Übergang von einer Zeit in eine andere sieht und diese mit vorbereitet in jener freudigen Gelassenheit, die kinderreiche Mütter und Großmütter noch heute ausstrahlen können, dann genießen Mutter, Kind und Vater die beste Begleitung.

Wie ein Kind die Geburt erlebt

Mit dem allmählichen Einsetzen der Wehen erlebt das Kind die rhythmische Beziehung von Druck und Nachgeben dieses Drukkes, empfindet es abwechselnd Enge und Weite, erlebt es Gepreßtwerden und kurze Erholungszeit davon. Alles in allem ist es das Empfinden von Polaritäten, von erst kleineren, dann immer stärker werdenden Gegensätzen. Schon lange vor der Geburt hat das Kind starke Gegensätze durch die Hörwelt in der Gebärmutter kennengelernt und geübt.

Die Polaritäten von Zeit, von schneller und langsamer Zeit, von lauter und leiser Zeit, von kraftvoller und kraftarmer Zeit hat es durch das Hören zum Beispiel des Herzschlags der Mutter in aktiven und in ruhigen Phasen erlebt. Eigenschaften also, die auch jede Musik enthält. Während der Geburt – und ein Leben lang werden wir Menschen Situationen spannend, anspannend oder gar dramatisch erleben, wenn sie mit solchen musikalischen Polaritäten einhergehen.

Das Empfinden dieser Eigenschaften einer Wehenfolge, von Druck und dessen Nachlassen, von Enge und Pause von dieser Enge, von Zusammenziehen und Auseinandergehen, von Lautwerden und wieder Abschwächen, von Betonung also und Unbetonung, erzeugt zusammen mit den immer kürzer werdenden Zeitabständen einen Rhythmus, der nichts mehr mit dem Komfort zu tun hat, den das Kind noch vor kurzem in seinem ersten Kinderzimmer genossen hat.

Neben all diesem Neuen hört das Kind auch Vertrautes: ihre Stimme. Es hört die Stimme der Mutter ganz sicher beim lauten Atmen, das diese in der Schwangerschaftsgymnastik geübt hat – vielleicht mit dem Vater zusammen, der jetzt neben ihr stimulierend mitatmet. Das Kind hört diese in den Frequenzen unvergleichlich vertraute Stimme stöhnen, es erlebt die höheren Töne dieser Stimme, wenn die Mutter schreit oder spitze, kurze Laute ausstößt. Und hoffentlich hört es auch diese tiefere Stimme, die seinem mutigen Vater gehört. Daß er sein Kind guten Mutes empfängt, zeigt er allein schon im Dabeisein bei der Geburt. Daß dieser Mut weit weniger mit Tapferkeit verbunden ist als mit Gesinnung und Stimmung, zeigt auch die althochdeutsche Sprachwurzel des Wortes (»muot«).

Das Hohe und das Tiefe, Mutterstimme und Vaterstimme repräsentieren für das Kind auch während der Geburt die Vertrautheit der Polaritäten dieser Welt, in die es sich aufmacht und die zu jeder Zeit aus Polaritäten und aus dem Raum dazwischen besteht, nie nur aus dem einen oder anderen. Eine Geburt ist die existentielle Erfahrung von Polaritäten, die in dieser Intensität und Dimension einzigartig ist. Vertraute Polaritäten wie unterschiedlich hohe und laute Stimmen sind dem Kind in dieser Situation eine Hilfe, weil es sie als bewältigbare Erfahrung aus ruhigeren Zeiten im Mutterleib wiedererkennen kann.

Die Kontraktionen der Gebärmutter, das Zusammenziehen und die anschließende Weitung, erleben manche Menschen, die sich später mit Geburtserinnerung beschäftigen, als Erdbeben. In der Erfahrung bebt der vertraute Raum, verändert sich radikal und nimmt bis zum Abschluß der Geburt nicht ein einziges Mal mehr die Eigenschaften an, die er bis dahin hatte und die zuvor verläßlich Schutz boten. Das Erleben der Geburt, das von der Psychoanalyse als Trauma gesehen wird, löst eine lebenslange Sehnsucht nach Rückkehr in die Zeit davor aus. Musik trägt zu dieser »Erinnerungssehnsucht« bei.

Keine sportive Anstrengung während der Schwangerschaft, kein Lastenschleppen der Mutter, kein noch so leidenschaftlicher Liebeskampf der Eltern oder gefühlsmäßig ebenso umwerfender Streit ist wohl vergleichbar mit der Massivität der räumlichen Veränderungen, die ein Kind während der dichter werdenden Wehen erlebt. Also wehrt es sich auch, wenn es gesund ist. Es geht mit all seiner Kraft dagegen an und tut damit genau das, was hilft, seine Geburt zu beschleunigen. »Das Kind, um das sich alles dreht«, heißt es in manchen Geburts-Erwartungsschilderungen oder Elternerinnerungen. Dabei ist Geburt auch umgekehrt zu sehen: Nicht nur dreht sich bei der Geburt alles um das Kind, sondern auch das Kind dreht sich, wie es sich später nie mehr drehen und wenden muß. Kein Autoscooter und keine »Krake« auf dem Jahrmarkt, diese Gondeln, die sich um alles gleichzeitig zu drehen scheinen – kommt den Anforderungen bei einer Geburt gleich – wohl aber in ihre Nähe.

Vielleicht gehen deshalb manche Menschen so leidenschaftlich und freiwillig in diese Gerätschaften auf den Jahrmärkten, weil sie uns an etwas sehr Frühes erinnern, was uns hielt, festhielt – trotz und gerade bei Gefahr. In der Geburt krümmt und wendet sich das Kind, dreht sich und zieht sich zusammen, es dehnt und streckt einzelne Teile und sich als Ganzes – bis es die ideale Lage im Becken der Mutter gefunden hat. Und hoffentlich bald und zügig erblickt es das vielbesungene Licht der Welt, das seit der Elektrifizierung der Kreißsäle eher Anlaß zur Klage gibt, zumindest zum Geschlossenhalten der Augen.

Nur einige Tropfen Fruchtwasser

Und die Ohren? Wie reagiert dieses Empfindungssystem, mit dem das Kind schon einen großen Teil der Klänge der sich jetzt rasant nähernden Außenwelt erkundet hat? Zwar gab es im Mutterleib schon eine Menge zu hören: alles, was die Mutter an Körpermusik spielte und was sich zudem von außen nach innen schwang. Aber wahrscheinlich war es niemals zu viel. Denn dieses erste Kinderzimmer in der Gebärmutter dürfte den sensibelsten, rücksichtsvollsten Lärmschutz geboten haben, der vorstellbar ist. Wenn wir als Erwachsene in den schönsten Hotels und an den ruhigsten Stränden dieser Welt dem leisen Wellenschlag des Meeres lauschen, holen wir uns bewußt oder unbewußt die Erinnerung an den Herzrhythmus unserer Mutter zurück. Oder erklingt jene Frühmusik in der donnernden Brandung? Schließlich tönt es im Mutterleib mit ungefähr der gleichen Lautstärke, die eine Diskothek heutzutage offiziell aufdrehen darf – mit 80 bis 95 Dezibel. Aber ein Kind im Mutterleib hört dies eben anders, denn es ist zunächst selbst noch Teil der durchs Fruchtwasser hör- und fühlbaren Schwingung und noch nicht das Gefäß für sie.

Wenn das Neugeborene unmittelbar nach der Geburt schon alles hören könnte, wären Lautstärke und das Spektrum zwischen hoch und tief unerträglich, und es würde einen ersten Schock bekommen. Aber es hat auf die Reise durch den Geburtskanal in die Außenwelt einen vorübergehenden Ohrenschutz mitbekommen, nämlich einen Rest vom Fruchtwasser. Dieses Fruchtwasser bleibt noch für etwa zehn Tage im Ohr und übt eine existentielle Schutzfunktion aus. Es hat eine dämpfende Filterfunktion gegenüber dem Lärm dieser Welt.

Durch diesen Dämpfer hindurch hört das Neugeborene in den ersten Tagen das Wichtigste, was es außer der Nahrung aus der Mutterbrust und der damit verbundenen taktil-haptischen, also berührenden Hauterfahrung gibt: die Stimme der Mutter. Sie erscheint dem Kind durch das Fruchtwasser im Ohr hindurch ganz ähnlich wie zu vorgeburtlichen Zeiten: Die hohen Frequenzen ihrer Stimme sind sich ähnlich geblieben und klingen für das Kind *nach* (von der Schwangerschaft her) und *vor* (in die Zukunft) – von der »Nadelspitze der Gegenwart« aus (Sigmund Freud). Vergangenheit und Zukunft fallen in der Gegenwart des Kindes zusammen, indem es die Stimme hört, wie sie das Kind begrüßt, willkommen heißt, streichelt, wiegt.

Wie diese Stimme Begeisterung, Glück und Dankbarkeit ausdrückt, wie Stolz und Erleichterung in ihr schwingen. Wie die Stimme das Kind liebt, so ist dann die Stimmung, von der der Psychoanalytiker Heinz Kohut sagt, daß sie auch die Liebesfähigkeit der Seele prägt, die sich in dem Säugling entwickelt. Der »Glanz im Auge der Mutter«, ihre Freude am Kind, ist in seiner Sicht die Voraussetzung für Geliebtwerden, und dieses ist die Voraussetzung für Liebenkönnen. Der »Glanz im Auge der Mutter«, der erste Spiegel, in den ein Mensch schaut, drückt sich ebenso oft und intensiv hörbar aus – als »Hörspiegel«. Wir werden ein Leben lang Personen, die wir lieben, selbst wenn sie uns fern sind, mit ihrer Stimme wieder-holen, herholen, um uns darin zu spiegeln. »Ach, du bist es!« Die Nuancierung einer solchen Erkennung ist es, die uns in diesen Hörspiegel und später in die persönliche Musik gerne oder befremdet schauen läßt.

Mutters Stimme klingt in dieser geburtsnahen Folgezeit wie eben noch, als das Kind in ihr war – wie damals. Auf die höheren Stimmfrequenzen der Mutter als wichtigster Person wird das Kind nun besonders deutlich reagieren, sie wiedererkennen können. Es wird ein Leben lang auf höhere und hohe Frequenzen besonders schnell, besonders aufmerksam reagieren und sich einer irgendwo singenden, also hohen Stimme spontaner zuwenden als einer laut im Baß rufenden Stimme. Der Grund ist diese erste Hörbeziehung zu der Person mit der höheren Stimme. Bezugsperson wird sie in der Wissenschaft genannt, und nur wenige denken dabei an den Wortsinn von Person (lat. per-sonare: hindurch-tönen), womit die griechischen Theatermasken gemeint waren, durch die die Stimmen der Personen hindurch-tönten.

Was durch das Fruchtwasser im Ohr während der Geburt und unmittelbar danach nun tönt, ist – außer der ähnlich klingenden und daher wiederzuerkennenden Stimme der Mutter – alles völlig neu: Die Welt klingt insgesamt lauter. Anders, nämlich sofort differenzierter, ist mit der Geburt (und dem neuen Hören) auch die Bewegungsmöglichkeit des Kindes, aufgrund des Zusammenhangs mit dem Gleichgewichtsorgan, sein Reagieren mit Bewegung und durch Bewegung: Ein Neugeborenes wendet sich dem zu, was es hört, zum Beispiel dem Geräusch eines Instruments im Kreißsaal.

Die Apparatemusik der modernen Medizin ist durch künstliche Schwingungen gekennzeichnet: Schwingungen in nach oben und unten gleichermaßen ausschlagenden Sinuswellen. Auch im Summen von Haushaltsgeräten sind sie anzutreffen, bei elektronischen Musikinstrumenten wie Keyboard, Synthesizer oder bei Chipmusik in der Warteschleife am Telefon. Dagegen zeigt jede menschliche Stimme wie auch jedes nicht elektronische Musikinstrument einen natürlichen Ausschwingvorgang mit abnehmenden Wellen der Schwingung. Diese Schwingungen verlaufen wie eine Meereswelle, die allmählich abnimmt und ausklingt. Auch wenn der Eindruck schwach ist und bewußt nicht erfaßt wird, ist dies die erste direkte Begegnung des Neugeborenen mit der elektronischen, synthetischen Klangwelt.

Am liebsten hört das Kind zunächst eine liebevolle und höhere Stimme. Und Väter werden sich denn auch meistens mächtig anstrengen, um mit ihrer Stimme zu klettern und eine hohe Stimmlage zu erreichen. Denn auf höhere Töne auch des Vaters dreht das Kind suchend die Augen zu ihm und wendet sich ihm zu. Woraus hoffentlich lebenslange Zuwendung wird.

Der erste Schrei

Das Kind hört nun viel Fremdes und neuerdings auch – sich selbst. Den ersten Schrei, den es ausstößt, den es hinausdrückt, hört es jedoch noch anders als wenige Wochen später die eigenen Lautäußerungen und Schreie. Der erste Schrei ist es wert, hervorgehoben zu werden: Er ist der erste Ausdruck des neugeborenen Kindes im Bereich der Hörwelt, seine erste Stimm-Musik.

Wenn es den ersten Schrei überhaupt tut und nicht sofort vor Erschöpfung und Müdigkeit schläft. In dem Fall läßt das Neugeborene das Klangereignis seiner Stimme einfach etwas später in diese Welt schwingen. Ertönt sie dann, diese erste, kurze Ankunftsmusik, dann handelt es sich keineswegs um den Kammerton »a«, nach dem sich die ganze abendländische Musikwelt richtet, wenn sie stimmen will. Sondern das Kind brüllt und schreit seine »Dabin-ich-Signalmusik« durchaus auf anderen Frequenzen als der von 440 Schwingungen pro Minute. Die Ankunftsmusik ist als solche natürlich nur eine Deutung der Erwachsenen, eine Interpretation. Denn das erste Schreien ist vom autonomen Nervensystem gesteuert, das bekanntlich nicht steuerbar ist. Es ist vegetativer Art und keine Adressierung an andere, kein Signal, das vom Kind ausgeht. Wohl aber hat es Signalwirkung für die, die Kind und Schrei erwarteten.

Der erste Schrei ist und bleibt ein einmaliges Großereignis. Denn das Kind hört sich zum ersten Mal selbst. Das Gehirn ist nun fertig dafür und das Gehör auch. Sich selbst hören zu können wird ab jetzt Voraussetzung für den eigenen Ausdruck, Voraussetzung für die baldigen Lall-Gesänge, für die ersten Duette mit den nächsten Menschen, für das spätere Sprechenlernen. Es ist irreführend, wenn in manchen Lehrbüchern zu lesen ist, daß das zweite Lebensjahr dem Sprechenlernen gelte und ein Kind dann am Beginn des dritten Lebensjahrs mit dem Sprachvermögen seine Identität gefunden hätte. Vielmehr entwickelt sich alles aus den vorgeburtlichen Anfängen. Sprechen mit dem Hören von sich selbst zusammen, das ein Neugeborenes eben schon kurz nach der Geburt erlebt.

Die Abbildung auf Seite 87 in Kapitel 3 stellt den Zusammenhang graphisch dar zwischen Eindruck und Ausdruck, zwischen Rezeption und Produktion, zwischen Aufnehmen und Gestalten. Diesen Zusammenhang symbolisieren die beiden Kreise vom Innenraum und Außenraum.

Kein Ausdruck ohne Eindruck

Von jetzt an baut das Neugeborene laufend seine Repertoires von Eindrucks- und Ausdrucksvermögen auf und damit die Fähigkeit zur Kommunikation, zum wechselseitigen Verstehen.

Wie wir Menschen unsere Liebe füreinander in den Klang unserer Stimme zu legen vermögen, wie wir etwas »zwischen den Zeilen«, das heißt zwischen den Worten auszudrücken vermögen und mit den Worten selbst, wie wir im Streit miteinander klar sind und uns abgrenzen können, wie wir auf Probleme zugehen können, um sie zu benennen und zu klären, manchmal zu lösen – die Basis dazu wird mit dem ersten Ausdruck stimmlicher Art geschaffen.

Auch wenn uns jemand nach dem gemeinsamen Musizieren oder nach einem Problemgespräch sagt: »Du verstehst mich«, weil wir ihm auf eine angemessene Weise zuhörten und danach auf eine angemessene Weise antworteten (woran wir dabei »Maß nehmen«, ist das Gegenüber, das Du) – dann hat das Training zu dieser Fähigkeit damals bei der Geburt begonnen. Denn die Kreise von Eindruck und Ausdruck berühren sich, manchmal überlappen sie sich ein wenig, manchmal mehr. Immer bedingen sie einander wechselseitig.

Das Neugeborene wird seinen ersten Schrei gedämpft gehört haben. Dies ändert sich nach etwa zehn Tagen, wenn das Fruchtwasser aus dem Ohr gelaufen ist.

Zum ersten Mal schwingt in dieser Zeit Hörbares durch einen Raum, dessen Schwingungen vom Kind selbst ausgelöst wurden. Es ist eine Rückmeldung an sich selbst und in diesem Sinne ein Hörspiegel, der nicht weniger wichtig ist als der Sehspiegel. Der erste Schrei ist für das Kind der Beginn einer lebenslangen Erfahrung:

Wo ich mich höre und gehört werde, da bin ich.
Und wie ich mich höre und gehört werde, so bin ich.

Die Geburt und das Hören des ersten eigenen Schreis ist übergreifend auch als Grenze zu sehen: zwischen der Schwangerschaft, die das Hören vorbereitet, und dem gleichzeitigen Anfang sprachlicher Kommunikation, die ein Leben lang steuernd wirkt. Auch wer hörgeschädigt oder taub zur Welt kommt, wird von diesem Hören- und Sprechenkönnen ein Leben lang gesteuert: Weil dieser Mensch dann die Aufgabe hat, mit seiner Hör- und damit Sprachbehinderung umgehen zu lernen in einer Welt, die von Sprache und Sprechenden beherrscht ist.

Die Geburt mit ihren Höreindrücken ist also Voraussetzung für späteres Ausdrucksvermögen und damit auch Grundlage des Hörens aller Musik, die das Leben so spielt. Musik, die wir hören und machen. Musik, die immer Anfang und Ende bietet und uns im Umgang mit Abschied und Neubeginn übt. Denn Musik ist eine Kunst in der Zeit, eine Zeitkunst für unsere Lebenskunst.

INTERMEZZO

Von Wasser und Musik. Gedankenspiele zum Hören – vor, während und nach der Geburt. Das lateinische «natio«, lernten wir , ist die Geburt; »natare« bedeutet schwimmen, überfließen. Weitere lateinische Begriffe, die mit dem Wortstamm »nat ...« zu tun haben (zum Beispiel unsere Zeitrechnung »vor/nach Christi Geburt« heißt lateinisch »ante« oder »post Christum **natum**«), bedeuten also immer auch etwas mit »Wasser«. Das uns alle umfassende Wort »Natur« macht die Vorbedingung jeglichen Lebens deutlich: Wasser. Nach keinem anderen Kriterium als dem Wasservorkommen wird auf anderen Planeten zunächst nach Leben gesucht. Erinnern wir uns: Wir haben im Fruchtwasser gelebt. Kein Wachstum ist ohne diese Flüssig-Nahrung möglich.

Weshalb ich dies alles aufzähle? Normalerweise wird der Begriff »Musik« abgeleitet von dem griechischen Wort »mousike«. »Mousike techne« war die Kunst der Muse und folgerichtig gehörte dann zur Musik auch untrennbar die Bewegung ... Alles hat aber in dieser Welt immer neue bzw. noch ältere Ursprünge und Hintergründe und so auch dieses griechische Wort »mousike«: Es hängt möglicherweise nicht nur, aber auch zusammen mit dem noch älteren alt-ägyptischen Begriff »moys«. Und dieses wird übersetzt mit – Wasser.

Es fällt auf, daß die meisten Menschen in völlig verschiedenen Kulturen und Sprachen Musik mit »Fließen« zusammen nennen. »Musik fließt ...«. Und dabei erinnern wir uns daran, daß Musik in eben allen bisher bekanntgewordenen Kulturen als Kunst in der Zeit, als Zeitkunst gesehen wird. Und Zeit fließt ebenfalls in unserem Verständnis. Wie Musik. Wie Wasser.

Vielleicht ist es zu kurz gegriffen, wenn wir als Elemente der Musik Rhythmus, Dynamik, Klang, Melodie und Form nennen – und in diesen schulmusikalisch gepaukten Begriffen die Eigenschaften, die Wesenheiten der Musik blaß bleiben: fließen. Wie Wasser. In unserem Leben im Mutterleib war unser erstes musikalisches Erleben noch untrennbar mit diesem Wesen von Musik verbunden, das sich vordergründig am deutlichsten in den Elementen Rhythmus, Dynamik und Melodie findet – hintergründig immer mit-fließt.

Vom Hören und Sehen nach der Geburt

Mit der Geburt beginnt ein Kind zu sehen, und es wird vorzugsweise dahin sehen, wo Elemente von Musik klingen, wo es deutliche akustische Reize mit »Appellcharakter« gibt. Während das Hörvermögen vergleichsweise fertig auf die Reise durch die Zeit der Geburt mitgenommen wird, lernt das Auge erst nach der Geburt differenzierter in Formen, Umrissen und Konturen zu sehen. Seit dem sechsten vorgeburtlichen Monat konnte das Kind mehr hell und dunkel unterscheiden und auch Rotstufen von Lila bis Hellorange erkennen als Form und Kontur.

Eine kleine Ahnung vom Sehen im Mutterleib ergibt sich mit einem kleinen Sehspiel (siehe Kasten auf der rechten Seite).

Mehr ist nicht zu sehen im Mutterleib. Nach der Geburt allerdings wird das Sehen für uns Menschen zum wichtigsten Gefäß, in das unsere Wahrnehmung am meisten von dem sammelt, was uns das Leben bietet und was wir dafür brauchen. Sehen wird eine Leitfunktion für uns einnehmen.

Zunächst einmal blickt ein Kind in Helligkeit, die unnatürlich ist: Die meisten Lampen in einem Kreißsaal strahlen mit bis zu 80 Lux Stärke. Hoffentlich bald sieht das Kind in all der Helligkeit und dem Gleißen in ein Gesicht. Und hoffentlich in Augen, die von jetzt an das zeigen, was schon zuvor als »Glanz im Auge der Mutter« beschrieben wurde. Er ist Ausdruck der unbedingten Freude an dem Kind, der Liebe zu ihm, der nötig ist als Voraussetzung, sich geliebt zu fühlen. Und dies Geliebtfühlen ohne Bedingung ist wiederum die Voraussetzung zur eigenen Fähigkeit, später auch andere lieben zu können.

Größer als die Differenzierungsfähigkeit des Auges wird zeitlebens die des Ohres sein. Bei der Einschätzung von Situationen, in

Setzen Sie sich einmal bequem mit dem Gesicht in die Sonne (es geht notfalls auch mit einer Lampe im Wohnzimmer, aber Sonne ist schöner). Nun schließen Sie die Augen und hören Sie auf Geräusche und Töne, die Sie um sich haben, dann hören Sie in sich hinein, ihre Atmung, ihre Körpermusik (Sie hören sie, wenn Sie ein Ohr zuhalten). Erlauben Sie sich eine kleine Zeit des Innehaltens.
Behalten Sie die Augen geschlossen und schauen jetzt einmal von innen gegen die Augenlider. Vielleicht sehen Sie jenes Rot, das Sie mit dem sechsten Monat im Mutterleib schon sahen, vielleicht mal dunkler, mal heller und immer auch mit ein wenig Bewegung verbunden …
Wenn Sie die kleine Zeit des Innehaltens verlängern und die Erinnerung an damals verstärken wollen, dann summen Sie sich einige bequeme Töne, indem Sie sie beim Ausatmen einfach mit nach draußen schwingen lassen.
Machen Sie die Augen auf, wenn Sie genug von jener Erinnerung an das Sehen im Mutterleib haben – oder keine Zeit mehr.

denen wir es mit Menschen zu tun haben, wird das Auge einen Ersteindruck bieten, etwa eine freundliche Körpersprache der in einem Raum Anwesenden. Das Ohr wird jedoch unter Umständen mehr differenzieren und uns melden: »Achtung – in den Stimmen der Menschen dort drüben schwingt Bedrohliches oder Gelangweiltes oder Gleichgültiges oder Ungeduldiges.« Was immer wir auch sehen – und wir werden auch alles erst sehen müssen, um es zu glauben –, es ändert aber nichts daran, daß wir unser Ohr immer zur Bestätigung brauchen. Und oft genug zur Korrektur.

Wahrnehmungspsychologisch und neurologisch gesprochen: Die Bandbreite des Hörens ist zehnmal größer als die des Sehsinns. Daran ändert auch ein gegenwärtig stark auf (Fern-)Sehen ausgerichtetes Leben nichts. Im Gegenteil: Es gibt gut begründete Annahmen in der musiksoziologischen Forschung, daß die auffallende Sehnsucht nach Hörspektakeln wie Techno-Partys, wie Love-Parades oder Street-Parades, nach Supermega-Rockkonzerten und allem, was mit Lautsprechern lautere und damit mehr Musik bietet, ein Ausgleich für das zu viele Sehen ist. Ein wenn auch nicht krankhafter, so zumindest ungesunder Ausgleich für das eigentlich gesunde, unbewußte Empfinden: Wir sehen zu viel – und hören zu wenig.

Musik als Hilfe bei der Geburt

Aus der Zusammenarbeit mit Musikmedizinern und Hebammen lernte ich, wie eine Geburt durch Musik leichter und verstärkt als das empfunden werden kann, was eine gesunde Geburt eigentlich ist: Eine der anspannendsten und spannendsten glückhaften Situationen des Lebens.

Der Wirkungszusammenhang von Musik und Medizin oder Musik in der Medizin kann nicht heilen und ist kein Heilmittel. Musik kann hingegen medizinische Hilfe und therapeutische Hilfe einleiten, unterstützen und verstärken. Und dies eben auch bei der Geburt. Das wichtige an Musikbegleitung während der Geburt (und überhaupt in Zusammenhängen der Musikmedizin) ist, daß sie auf Wunsch abgestellt werden kann, um konventionellen Medikationen Platz zu geben oder im Verbund mit diesen zu helfen.

Der amerikanische Gynäkologe Fred Schwartz und der führende deutsche Musikmediziner und Sportarzt Ralph Spintge, die mit Musik als Medizin in der Geburtshilfe arbeiten, haben in ausführlichen Langzeitstudien bewiesen, daß Musik in diesem Bereich helfen kann, Mutter und Kind enorme Medikationen zu ersparen, ohne Nebenwirkungen Schmerz zu lindern, zeitstreckenweise – in Verbindung mit anderen geburtserleichternden Vorbereitungen wie Atemkursen und Gymnastik – sogar Schmerzfreiheit zu ermöglichen. Zu dieser musikmedizinischen Seite, die Streßhormone wie auch Schmerzhormone abbauen hilft, kommt die Wirkung der Musik auf die Mutter – und über sie auf das Kind – als Mittel zur Entspannung und Angstlösung (anxiolytische Wirkung).

Die Begleitung werdender Mütter mit Musik ihrer Wahl ist in den USA und Skandinavien sehr viel verbreiteter, weil dort mehr Mediziner Musik in ihr ärztliches Repertoire aufnehmen und musikmedizinisch arbeiten. Diese Fachrichtung wird in Deutschland durch Ralph Spintge führend vertreten. Auch in seinem Krankenhaus, dem Sportkrankenhaus Hellersen in Nordrhein-Westfalen, wird mit Musikmedizin entbunden – und wo immer es geht, die kleine oder große Keule chemischer Medikation vermieden bzw. verringert.

Musik in der Medizin gehört in den Bereich der sogenannten »funktionalen Musik«. Die Mediziner setzen dabei auf das eigenständige Funktionieren der Musik. Sie können aufgrund langjähriger Forschung im musikpsychologischen und physiologisch-biologischen Bereich mit den Wirkungen der Musik und ihrer Bauelemente auf das Vegetativum rechnen, auf jenen vom Menschen nicht willkürlich beeinflußbaren Bereich des Nervensystems. Dabei wird dem Patienten Musik angeboten, die er sich vorher aussuchen konnte. Denn: Es gibt keine Musik, die auf zwei Menschen gleiche Auswirkungen hat, und der Patient muß die angebotene Musik »mögen«, wollen und emotional positiv besetzt haben.

»Funktionale Musik« wurde noch in den siebziger Jahren entsprechend dem damaligen Wissensstand eingesetzt, daß bestimmte Musik mit ganz bestimmten Eigenschaften auf die meisten Menschen denselben Einfluß habe. So hörten alle Patienten im Wartezimmer eine Musik, von der der Arzt gelesen hatte, daß sie eine beruhigende Wirkung habe. Mittlerweile ist klar: Musik, die beruhigend auf einen Menschen wirken soll, muß von diesem einzelnen Menschen auch als beruhigend empfunden werden. Und das geschieht nur, wenn er diese Musik (oder eine sehr ähnliche) schon vorher mit positiven Gefühlen besetzt hat, mit Erinnerungen an beruhigende Situationen.

Die jüngere Praxisforschung zeigt, daß ein bestimmtes Barockmusikstück für den einen zwar positiv und mit Ruheerinnerungen besetzt war – der andere jedoch ausgerechnet mit diesem Stück die Erinnerung an einen ungeliebten Musiklehrer verband und im physischen wie im emotionalen Sinne gereizt reagierte. Es gibt inzwischen unendlich viele Beweise für die individuelle Besetzung der Musik, und die kollektiv adressierte Musik in den Wartezimmern ist allmählich verschwunden: Bundesbahn und Fluggesellschaften bieten ihren Passagieren heute immerhin ein kleines Programm zum Auswählen am Platz.

Zahnärzte (die erste ärztliche Berufsgruppe, die Musik und ihre Trancewirkung systematisch einsetzte) fragen ihre Patienten, welche Musik sie wünschen, und wenn Produzenten von Beruhigungsmusik-CDs etwas auf sich halten, laden sie ihre Käufer ein, zumindest einen eigenen Suchpfad durch die Musikstücke auf der CD zu wählen.

Musikmedizin und funktionale Musik haben wenig mit »Musiktherapie« zu tun. Musikmedizin ist ein Musikhören des Patienten, währenddessen er allein mit der Musik ist. Musiktherapie dagegen ist im deutschsprachigen Bereich eine Richtung der Psychotherapie, die Musik als künstlerisches Mittel einsetzt. Musiktherapie ist eine Behandlungsform, bei der ein ausgebildeter Musiktherapeut mit einem Patienten zusammen ist und in der gemeinsamen Beziehung Musik eine zentrale Rolle als Ausdrucksmittel des Patienten bekommt: Der Patient gestaltet mit dem Therapeuten zusammen »seine« Musik, die nicht vorhersehbar, nicht zu ahnen ist – im Gegensatz zur Musik, die sich der Patient zum Hören in der Musikmedizin wünscht.

Praktische Hilfen

Musik und Klänge bei der Entbindung

Musik als Geburtshilfe bedient sich der Kenntnis der entspannenden Wirkung von Musik – vorausgesetzt, die Mutter kann sich ihre persönliche Musik aussuchen und diese mit der Erinnerung oder Empfindung von Ruhe oder Beruhigung und Entspannung verbinden.

~ Wenn die Mutter insgesamt mit Gelassenheit und Sicherheit der Geburt entgegengeht, kann Musik die vorhandene Ruhepotenz verstärken. Solchermaßen eingesetzte Musik wirkt auch immer gegen die Angst, gegen die Angst vor der Angst (zum Beispiel, was alles passieren kann) und überhaupt gegen die Angst, die die meisten von uns vor allen wichtigeren Übergängen in eine neue Zeit haben.

~ Der Rhythmus in der von den Eltern für die Geburt gewählten, vertrauten Musik oder auch einer ihr sehr ähnlichen Musik, der »Sound« und dessen Wiederholung wird das Kind daran erinnern, daß es etwas Verläßliches, Kontinuierliches, Sicherndes durch diese spannende Übergangszeit der Geburt hindurchträgt. Die von der Mutter gehörte Musik fließt zwar in ihr eigenes und in das Gesamterleben des Kindes ein, erreicht aber nicht die Sicherheits- und Vertrautheitsabstrahlung der Schwingungen der Mutterstimme selbst.

Welche Musik zu welcher Stimmung?

Auf einen aufgeregten, verspannten Menschen wirkt Beruhigungsmusik nur kontraproduktiv, das heißt, das Gegenteil produzierend. Denken wir zum Beispiel an den eigenen Zustand von Aufgeregtheit und Erregtheit oder Angst und wieweit darin das Gegenüber auf uns wirkt, wenn es mit betont ruhiger, betont gleichbleibender Stimme beschwichtigt. Das macht uns oft aufgeregter als ohnehin schon, weil wir uns nicht verstanden, nicht »abgeholt« fühlen. Etwas Ähnliches geschieht mit der Entspannungsmusik: Es muß unsere persönliche Ruhemusik sein, nicht eine allgemeine, nicht die des Gegenübers. Die Musik muß uns abholen können.

Merkmale ergotroper Musik
und ihre Wechselwirkung mit der Psycho-Physis des Hörers

Ergotrope (stimulierende, aktivierende) Musik ...	... kann folgende Reaktionen beim Hörer auslösen
~ rigidere Rhythmen / beschleunigend ~ Dur-Tonarten ~ Dissonanzen ~ größere Dynamik (Dezibel) ~ stark akzentuierte Rhythmik ~ starker Auftrieb und abrupter Abfall der Tonlinie, die innerhalb weiterer Höhenspannen verläuft ~ Stakkato-Charakter ~ erhöhte harmonische Aktivität ~ Betonung der Dissonanzen Beispiel: Beat.	~ Erhöhung des Blutdrucks ~ Beschleunigung von Atem- und Pulsfrequenz ~ vermehrtes Auftreten rhythmischer Kontraktionen der Skelettmuskulatur ~ erweiterte Pupillen ~ größerer Hautwiderstand ~ Emotionalisierung/Erregung/Rauschzustand bis zu Schmerz und ggf. Tod Wir sprechen hier von sympathikoner Beeinflussung, d. h. von der erhöhten Erregung des Sympathikus, jenes einen Teils des Nervensystems, der vom Willen nicht zu beeinflussen ist (Vegetativum).

Aber: Selbst eine noch so sorgfältig nach diesen Merkmalen aufgebaute Musik kann den Hörer, statt ihn zu aktivieren und zu stimulieren, desinteressiert und »abwesend« sein lassen. Der Grund dafür kann eine Übersättigung sein – oder die Erinnerung daran, daß, zum Beispiel, solche ergotrope Musik zu Hause immer zur Schlafengehenszeit gespielt wurde. Ergotrope Musik wird oft vor einer beabsichtigten Entspannung gespielt, um den Hörer bzw. Patienten in seiner Erregung »abzuholen«.

~ Ein nicht entspannter Mensch, eine nicht entspannte Mutter vor der Geburtszeit kann auch musikalisch abgeholt werden. Mit einer eher lebendigen, aktivierenden, ganz und gar nicht ruhigen Musik – der eine ruhige folgen kann. Diese Musik in ihrer Grundstruktur wird dann eine »ergotrope« Musik (griech. ergein: aktivieren) genannt. Die wichtigsten Merkmale solcher »ergotropen« Musik zeigen die obige Tabelle und die Abbildung rechts.

~ Die Mutter, die sich beruhigt und gelassen der Geburt nähert und sich solche Musik aussucht, die sie mit Ruhe und Entspannung verbindet, kann sicher sein, daß diese Musik sie während der Geburt auf dem Weg über ihr Vegetativum sehr unterstützt und Medikamente einsparen hilft, die ihr sonst zur Beruhigung gegeben worden wären. Die Musik wird ihr eine ähnliche emotionale Sicherheit und Geborgenheit geben, wie sie sie dem zu gebärenden Kind mit ihrem Herzrhythmus, ihrer Körpermusik, ihrer Stimme gibt. Solche schwebende, Ruhe und Entspannung unterstützende Musik mit sanftem Fließen der Melodie, wird »trophotrope« Musik genannt. Das griechische Wort »trophe« wird mit »beruhigend« übersetzt und nach anderen Quellen mit »ernährend«. In diesem Sinne ist die Funktion der Musik als

Ergotrope Musik

Ein Beispiel für den Einsatz von ergotroper Musik als funktionelle Musik in manchen Therapiebereichen (nicht identisch mit Musiktherapie) ist die »Internationale«:

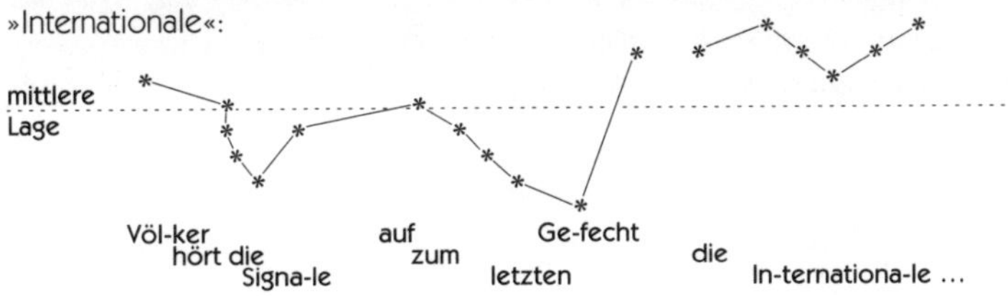

Ein Beispiel für die Stil- und Zeitunabhängigkeit von Musikwirkung: der Eingangschor zu Bachs Weihnachtsoratorium (»Jauchzet, frohlocket«):

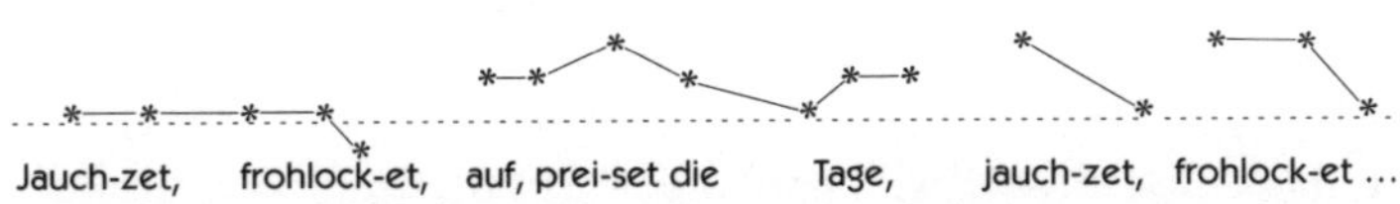

Beide Beispiele zeigen den starken Auftrieb sowie den abrupten Abfall der Tonlinie, die innerhalb weiterer Höhenspannen verläuft.

Merkmale trophotroper Musik
und ihre Wechselwirkung mit der Psycho-Physis des Hörers

Trophotrope (beruhigende, entspannende) Musik …	… kann folgende Reaktionen beim Hörer auslösen
~ schwebende, nicht akzentuierte Rhythmen ~ Moll-Tonarten ~ Konsonanzen ~ geringe Dynamik (Dezibel) ~ Vorherrschen von Legato ~ sanftes Fließen der Melodie ~ harmonische Bewegung Beispiel: pentatonische Formen im Kinderlied.	~ Blutdruckabfall ~ Verlangsamung von Atem- und Pulsfrequenz (Verminderung der respiratorischen Tätigkeiten = flacher Atem) ~ Entspannung der Skelettmuskulatur ~ verengte Pupillen ~ geringerer Hautwiderstand ~ Beruhigung/Lustgefühl bis zur Somnolenz Wir sprechen hier von »vagotoner Beeinflussung« (Vagus-Nerv = Komplementär-Nerv des Sympathikus).

Aber: Selbst wenn ein Musiktitel die o. g. Merkmale aufweist, hängt die beabsichtigte Wirkung (Entspannung) von der emotionalen Einstellung des Hörers zur Musik ab. Auch trophotrope Musik kann jemanden erregen – wenn seine Errinnerung Aufregendes mit dieser Musik verbindet. Daher: Jedem **seine** Musik!

Unterhalt zu verstehen, im Unterschied zu ihrer Funktion als Unterhaltung. (Siehe hierzu Tabelle oben und Abbildung Seite 77.)

Stimmen sichern den Übergang

Über diese Art des Musikhörens als Geburtshilfe hinaus können wir darauf bauen, daß das kommende Kind auch und gerade während der engen und zum Teil beängstigenden Geburtsphase (Enge und Angst hängen von der Sprachwurzel nicht umsonst zusammen) das Verläßlichste um sich hat, die Mutter. Sie kann sich auch hören lassen – was dem Kind in den Krümmungen, Windungen, Einengungen der Geburt auch Vertrautheit und Sicherheit geben dürfte. Für die gebärende Frau bedeutet das, wann immer es geht,

~ auf dem Ausatmen Töne mitschwingen zu lassen,
~ in den Wehen-Pausen Summtöne zur eigenen Entlastung und zu der des Kindes zu summen, wenn möglich mit dem Partner zusammen, der dies vorher üben sollte, falls er nicht ohnehin gerne mit der Stimme spielt.
~ Singen Sie, wenn Ihnen dies vertraut ist, wieder – wenn möglich – mit dem Partner.
~ Reden Sie mit dem Arzt, der Hebamme, dem Partner viel – jedes Hören Ihrer Stimme ist auch eine Geländerhilfe für das Kind beim Übergang in die Außenwelt.

Trophotrope Musik

Ein Beispiel für ihren Einsatz als Entspannungsmusik: »Schlafe, mein Prinzchen, schlaf ein …«:

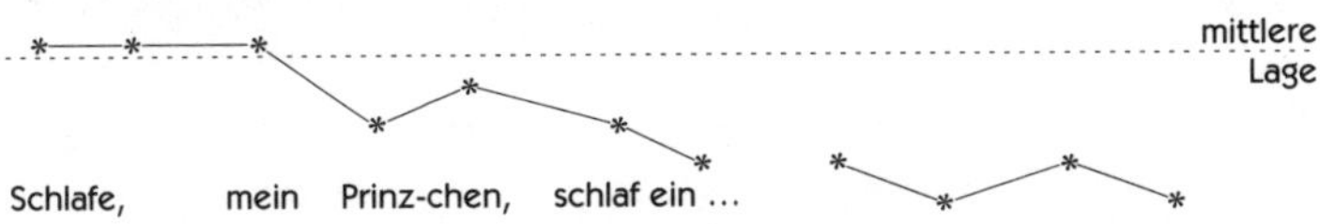

Aber auch eine Musik, die nicht als Schlafmusik komponiert wurde, wirkt (auf viele, nicht alle) beruhigend. Dazu das Beispiel »Bunt sind schon die Wälder«:

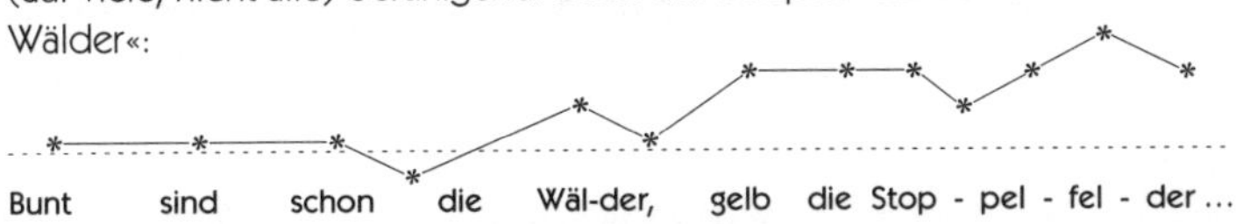

Beide Beispiele kennzeichnen das sanfte Fließen der Melodie und flache Melos-Bewegung. Bei allen aufgeführten Musikbeispielen müssen, wie bereits mehrfach erwähnt, noch weitere Merkmale hinzukommen.

~ Lachen Sie, wenn es etwas zu lachen gibt, und seufzen, stöhnen Sie, wenn dies angemessen ist.

Es geht bei diesen Anregungen auch immer darum, der Mutter eine Erleichterung zu ermöglichen, die nachweislich zugleich dem Kind guttut. Die Stimme der Mutter und des Vaters sind hier in der Rolle eines Ankers, den das Kind wiedererkennt, den es als vertrautes Instrument nutzt im Tosen und Türmen, im Schlingern und Dümpeln der Wehen.

Außerdem wird das Kind – zumindest im Kreißsaal – einer apparativen Umgebung mit elektronischen Klängen entgegengedrückt. Diese ungewohnten und unnatürlichen Schwingungsabstrahlungen bekommen durch Stimmaktivitäten der Mutter und des Vaters einen Ausgleich: Das Kind wird von natürlichen Schwingungen empfangen.

Was die Eltern auch immer stimmlich von sich geben, hat außer der Geländerhilfe für das Kind auch eine wichtige Entlastungsfunktion für sie selbst: Jeder Ausdruck eines Schmerzes erleichtert und teilt ihn mit dem anderen. Dieser Ausdruck kann durchaus durchgängig und leise sein und muß nicht mit dem punktuellen, befürchteten Kreischen oder lauten Schreien assoziiert werden, das sich löst, wenn das Kind sich löst. Ein in Entbindungen sehr erfahrener älterer Arzt entband meine Mutter 1945 von mir und ermunterte sie zum Wimmern als einer solchen Ausdrucksform des Schmerzes, die diesen erleichtert, tatsächlich und meßbar vermindert und tröstet. Dieser Arzt hatte ein anderes Verständnis von Tapferkeit gegenüber dem Schmerz und verstand Trost im handwerklichen Sinne als Beruhigungs- und Entspannungsmittel.

Wenn Sie als Mutter oder Eltern viel »stimmen«, also mit der Stimme dabei sind, dann stimmt es auch für das Kind, das sie nur hört und fühlt und noch nicht sieht. Denn diese Kombination von Hören und Fühlen prägt ja die Erlebensweise beim Hören von Musik, von Klängen und Tönen und Stimmen.

Kapitel 3
Die Musik des Stillens

Laßt Eure Nahrungsmittel Heilmittel sein
und Eure Heilmittel Nahrungsmittel ...

(Paracelsus, Arzt, Naturforscher und Philosoph, 1493–1541)

Der US-Bundesstaat Florida will künftig junge Mütter mit Klassik-CDs oder Kassetten versorgen, um musikalisch die Intelligenz von Babys zu fördern. Damit folge Florida dem Vorbild Georgias, berichtete Gouverneur Zell Miller im Deutschlandfunk. »Unzählige Studien belegen, daß sich Billionen Gehirnzellen schneller bilden, wenn ein Baby Musik hört.« Die Auswahl des Repertoires sei nicht so entscheidend. Wichtig sei aber, daß die Musik beruhigend wirke und eine Struktur habe, die das Gehirn anrege. Der Gouverneur warnte vor zu großer Ungeduld: Einige Jahre werde es dauern, bevor ein Ergebnis spürbar sei.

Ich möchte vor Meldungen und Gouverneuren dieser Art bzw. den Autoren der unzähligen Studien und ihren Forschungsergebnissen warnen. Denn ich sehe sie schon vor mir – die jungen Mütter, Väter oder Großeltern, die in die Musikalienhandlungen rennen, um Klassik-Musik-CDs zu kaufen, die sie als beruhigend empfinden. Mit der Zukunftsphantasie, das Baby würde Nobelpreisträger, zumindest aber (noch) besser in der Schule werden als sie selbst.

Eine Meldung wie diese führt aus mindestens zwei Gründen in die Irre: Einmal wird damit Musik als Mittel zum Zweck betrachtet, der wesentlich enger gefaßt ist als die Erfahrungen, die sich mit Musik wirklich machen lassen. Diese Erfahrungen sind viel umfassender in ihrer Auswirkung auf das reifende menschliche Leben eines Säuglings als nur auf die Geschwindigkeit der Ausbildung von einigen »Billionen Gehirnzellen«. Zum anderen wird Musik so in einen kausalen Zusammenhang gebracht, das heißt, in eine einfache Wechselbeziehung von Ursache und Wirkung: Wenn das Baby mehr klassische Musik hört, dann wird es ein Überflieger.

Von Babys und komplexen Systemen

Solcherlei monokausale Aussagen (eine Ursache – eine Wirkung) muß eine seriöse Wissenschaft vom Menschen zurückweisen. Das Wahrgenommene hat nie nur eine Ursache, sondern ist als Komplex zu sehen, als System, in dem alle Teile zeitgleich aufeinander wirken und Einfluß nehmen – wie auch in einer Musik alle Bauelemente zusammenwirken. Selbst wenn mal der Rhythmus oder die Dynamik, mal die Melodie oder der Klang eines Akkordes im Vordergrund stehen und deutlicher zu hören sind, sind dennoch alle Elemente am Geschehen und seiner Auswirkung auf das Hören beteiligt. Wird ein musikalisches Kunstwerk an einem seiner Elemente verändert, ändert sich damit auch das Ganze.

Ebenso werden Gesundheit und Krankheit heute gesehen. An einer Erkrankung in der frühen Kindheit ist niemals nur eine Ursache auszumachen nach dem alten Prinzip »Ursache → daraus folgende Diagnose → daraus folgende Therapie«, wie etwa »Erkältungsvirus → grippale Beschwerden → Antibiotikum«, oder wie etwa die Mutter, die bis heute immer noch schnell alleinverantwortlich gemacht wird, wenn es etwa zu Störungen im Kommunikationsbereich des Kindes kommt.

Vielmehr werden inzwischen alle Erkrankungen als ein komplexes Ganzes betrachtet, als ein Netzwerk. Wird nur ein Teil des Körpers oder der Seele behandelt, ändert sich mitnichten die ganze Ursache für die Erkrankung, sondern nur das, was sich als Krankheit zeigte und zur Diagnose führte – das Symptom. Weswegen die neuen Therapien das Ganze zu sehen versuchen, das von jedem seiner Teile beeinflußt wird. So werden heute – manchmal ganz überraschend für die Patienten – auch »Nichtsymptome« behandelt, die »gar nicht kranken Teile«. Mit dem Ergebnis, daß sich das Ganze bessert und mit ihm das Symptom.

Dasselbe gilt für die Musik. Denn auch in der Musik und ihrer Wirkungsforschung kann nichts mit einfachen kausalen »Wenn-Dann«-Begründungen festgeschrieben werden. Wir können daher von keiner Musik dieser Welt sagen, daß sie so und nicht anders wirke – zumal auf Babys. Wir können jedoch forschen, das heißt, darüber nachdenken, welche Rolle Musik allgemein und im besonderen jene Musik spielt, die ein heranwachsender kleiner Mensch in seiner unmittelbaren Umgebung antrifft. Und die er selbst produziert, indem er schreit und – nach und nach – diesen Schrei zu variieren und als Instrument einzusetzen lernt.

Die Welt klingt neu

Nach etwa zehn Tagen ist auch der letzte Rest von Fruchtwasser aus dem Innenohr herausgeschwemmt, und das Kind hört erstmals frei und ungeschützt. Besonders gern hört es die Stimme der Mutter. Es wendet die Augen in ihre Richtung oder dreht den Kopf zu ihr, den schwersten Teil seines Körpers.

Die Untersuchungen des französischen Neurologen Tomatis zur Wiedererkennung der mütterlichen Stimmfrequenz bei Säuglingen gehen bis in das Detail zum Beispiel einzelner Märchen, die die Mutter dem Kind vor der Geburt wiederholt erzählt hatte. Liest sie dieses selbe Märchen nach der Geburt, zeigt das Kind Reaktionen, die heute durch die Direktbeobachtung mit hochempfindlicher Audiovisions-Technik und speziellen Testanordnungen als positive Wiedererkennungssignale gelten. Andere Untersuchungen mit Liedern, die die Mutter während der Schwangerschaft bevorzugt sang und entsprechend wiederholte und die das geborene Kind jetzt durch besondere Aufmerksamkeitssignale mit Blick und Bewegung wiederzuerkennen schien, sind älter, werden aber bis heute immer wiederholt mit unterschiedlichen Testanordnungen und immer ähnlichen Ergebnissen: Ungeborene hören besonders gerne und gut intrauterin hohe Frequenzen (Frauenstimmen, Melodien) und erkennen sie nach der Geburt nur zu gerne in dieser ansonsten sehr fremden, neuen Welt wieder als akustischen »Anker«.

Ein Spielexperiment macht dieses Phänomen im folgenden leicht nachvollziehbar und führt zugleich an die ersten Hörerfahrungen heran, die ein Säugling in der ersten Zeit nach der Geburt macht. Es wäre am wirkungsvollsten, wenn Sie gerade mit zwei anderen Menschen zusammen sind oder diese zum Spiel einladen können.

Es geht aber auch allein und braucht nur jene Ruhe und jene Bedächtigkeit, die wir in uns fühlen können, wenn wir an die Wiege eines kleinen Menschen herantreten oder diesen Menschen auf dem Arm halten. Im nebenstehenden Kasten also die »Fingermusik solo« – und wie immer bei Spielen mit geschlossenen Augen: Bitte vorher ganz lesen, dann erst spielen …

Die »Fingermusik im Duo« ist das Spiel zu zweit oder mit mehreren Personen (bitte vorher das Spiel – im Kasten auf Seite 84 – lesen und während des Spielens möglichst nicht mehr sprechen). Nochmals die Vorstellungshilfe: Das Spiel kann Erwachsene an die frühesten Hörerfahrungen des Kindes heranführen – wenn die Mutter beim Stillen oder der Vater beim Im-Arm-Halten des Kindes ein wenig mit Geräuschen und Tönen spielt.

Dieses kleine Experiment mit der Fingerkuppenmusik einzeln oder zu zweit oder in der Gruppe kann an folgendes Phänomen aus der Säuglingsforschung heranführen, das Teilnehmer des obi-

Fingermusik solo

Suchen Sie sich eine »ruhige Ecke«.
Schauen Sie einmal auf eine Ihrer Hände. Und reiben Sie die Fingerkuppen dieser Hand leicht und sanft aneinander, indem Sie etwa den Daumen an den Kuppen der anderen vier Finger entlangstreichen oder umgekehrt die vier Kuppen am Daumen entlang …
Schließen Sie jetzt Ihre Augen, und nehmen Sie sich Zeit, um – wie immer bei solchen Spielen – mit dem inneren Auge auf Ihre Atmung zu schauen.

Wie atme ich gerade – ein?
Wie atme ich – aus?
Wie ist die kleine Zeit am Ende des Ausatmens –
… vor dem nächsten Einatmen? Diese kleine Zeit dazwischen …?

Sie behalten die Augen geschlossen, reiben wieder die Fingerkuppen aneinander und führen die sich reibenden Fingerkuppen langsam an ein Ohr – und achten darauf, was sich hören läßt, wenn Sie Ihre reibenden Finger an den äußeren Gehörgang annähern …
Sie werden »Fingerkuppenmusik« hören – und spielen Sie ein wenig, indem Sie den Druck der Kuppen aufeinander verstärken – und nachlassen – verstärken – nachlassen – ein wenig die Kuppen aneinander klopfen – usw.
Vielleicht spüren Sie auch die zarte Bewegung Ihrer Finger an den Haaren? Erinnerungen an Streicheln und Gestreicheltwerden? Wenn Sie dann noch leise, genüßliche Lippenbewegungen machen, öffnen, schließen, ein bißchen schmatzen – dann erinnert Sie das vielleicht an Ihr Zusammensein mit einem Säugling, oder erinnern Sie sich gar noch weiter zurück …?
Nun lassen Sie die eine Hand sinken, behalten die Augen geschlossen und spielen dasselbe Spiel mit der anderen Hand. Spielen Sie verschiedene kleine Fingermusiken mit der anderen Hand. Und dann wechseln Sie einmal die beiden Hände mit der Fingerkuppenmusik an den Ohren ab – spielen sozusagen eine Zeitlang im Duo … hören der einen wie der anderen »Hautmusik« nach …
Dann probieren Sie, wie es klingt, wenn beide Hände gleichzeitig ihre Hautmusik an den Ohren spielen … Und öffnen Sie wieder die Augen.

Fingermusik im Duo

Einer von Ihnen macht es sich bequem auf einem Kissen am Boden sitzend oder auf dem Stuhl. Das ist die Rolle des Kindes. Und dieses schließt die Augen, nimmt sich Zeit für sein Atmen und das Hören ...

Die zweite Person setzt sich hinter das Kind (wie beim Friseur) und übernimmt ab jetzt die Rolle der Mutter, indem sie den »Fingerkuppenmusikanten« spielt (vgl. das erste Spiel Solo): Langsam die eine Hand mit dem Fingerkuppenspiel einem Ohr des Kindes vor sich nähern – danach die andere Hand, dann mal beide abwechselnd, zusammen usw. Dabei kann die zweite Person (Mutterrolle) – wenn die Situation und die Menschen vertraut genug sind – ihr Gesicht dem Gesicht der vor ihr sitzenden (Kindrolle) annähern – und auf das Profil der vorderen Person schauen, um zu sehen, wie es ihr wohl geht ... Der mütterliche Fingerkuppenmusikant kann auch leise Summtöne oder Vokale beim Ausatmen mitschwingen lassen zur Musik der Fingerkuppen ... Ausprobieren – und immer wieder schauen, wie es im Profil des Kindes aussieht – wie es dem wohl geht, welche Nähe oder Distanz ihm erträglich und »wohl« ist.

Wenn zwei oder mehrere Paare anwesend sind, dann führt folgende Variante noch weiter:

Die »Kinder« sitzen im Kreis und machen – wie oben – die Ersterfahrung mit einer ersten Bezugsperson. Dann werden – auch in diesem Spielablauf ohne Sprechen und bei geschlossenen Augen der Kinder – die Fingermusikanten dadurch zwei- oder dreimal gewechselt, daß der ganze Kreis der »Eltern« im Uhrzeigersinn (oder umgekehrt) von einem Kind zum nächsten wandert und die Fingerkuppenmusik dort anbietet.
In einer Gruppensituation sollte dann Rollentausch stattfinden: Die Kinder werden Eltern – und ermöglichen auch ihnen diese elementare Hörerfahrung.

gen Experiments in der Gruppe auch erfahren haben dürften: Ein Säugling ist in der Lage, seine »erste Mutter« sicher und klar unter mehreren anderen Folgemüttern oder Bezugspersonen herauszuhören – und zwar allein schon an der Geräuschwelt, der Musik der Fingerkuppen, der Hautmusik, immer in Verbindung mit dem spezifischen Atem der wichtigen Bezugsperson und den Tönen, die diese auf ihrem Atem musiziert.

Das Spiel zeigt aber auch, wieviel von dieser Sensibilität des Säuglings im Laufe des weiteren Lebens wegtrainiert wird und verlorengeht, die ein Säugling noch hat. Weiter läßt sich in diesem Spielexperiment die besondere Bedeutung von Hauterfahrungen und Körpernähe in Verbindung mit dieser leisen, zarten, immer auch hörbaren Welt der (Reibungs-)Geräusche und (Atmungs-)Töne erleben, in die sich Säuglinge gleich nach der Geburt hoffentlich einleben können. Und die Erwachsene nicht umsonst als zart oder – als dessen Steigerungsform – als zärtlich beschreiben.

Hören und Gehörtwerden

»Laut« bezeichnet ein Wort, das wir in unserer Welt von heute ansonsten mit dem Extrem besonderer *Lautstärke* und Klangkraft verbinden, das jedoch in diesen frühen Zeiten der »Stille des Stillens« die andere Welt ist. Es ist die Welt der Töne und Geräusche, die wir als Säuglinge erleben, wenn wir das tun, weswegen wir Säuglinge heißen: Saugen. In der Situation des Stillens mischen sich Berührung, Schlucken, Hören mit stimmlichen Lauten und Tönen der Mutter – und unseren eigenen, die wir beim Absetzen vom Schlucken, beim Suchspiel mit der Brustwarze machen. Da grunzt es zufrieden, da schmatzt es, da stößt Luft auf … Und immer fühlen wir als Säuglinge Haut, streicheln, Berührung, weswegen wir später Musik meist mit »berührenden« Gefühlen bzw. Erinnerungen daran erleben.

Ein Kind macht also in dieser frühen Zeit auch die weitere bedeutende Erfahrung des Hörens von selbstgemachtem Hörbarem, nämlich zunächst von Körpermusik. Jugendliche haben dies Doppelerlebnis von gleichzeitigem Hören, was sie selbst machen, wenn sie im schallgeschützten Keller auf die Pauke hauen oder am Klavier einen klassischen Beatles-Song üben – das Modernste, was mittelalterliche Klavierpädagogen und Eltern sich so wünschen. Sie hören und fühlen dabei den Körper.

An dieser Stelle ist wichtig, daß wir uns über Folgendes klar werden: Dieser Kapitelabschnitt hat eigentlich zum Thema, was der Säugling hört. Das Spielexperiment oben zeigt jedoch die Untrennbarkeit von Eindruck und Ausdruck. Der Eindruck, den die Äußerungen der Mutter auf das Kind machen, bleibt nicht allein, sondern wird mit eigenem Ausdruck beantwortet. Was ein Abschnitt wie dieser also macht (»Was hört das Kind? Was drückt es aus?«) ist eine künstliche Trennung. Die Wirklichkeit ist ein derart schnelles Hin und Her von Kommunikationssignalen, die einander bedingen, voneinander leben, daß sie im Prozeß des Geschehens in dieser frühen Zeit kaum getrennt werden können.

Die Abbildung auf Seite 87 zeigt in Form einer einfachen Grafik, wie das Lebensgefühl unter diesem Aspekt von »Hören und Gehörtwerden« gesehen werden kann. Denken wir uns einen Mensch als Innenraum, seine jeweilige Umgebung als Außenraum. Auf den eigenen Innenraum treffen die Eindrücke von außen dadurch, daß Reize zugelassen und aufgenommen werden (zum Beispiel das Hören akustischer Reize, später das Erleben von Musik). Und zugleich wird aus diesem Innenraum Ausdruck gegeben: als Lallen, Schreien, Sprechen, Singen und als Körpersprache.

Die Wahrnehmungsfähigkeit eines Säuglings (auf allen Sinnesebenen von Hören, Sehen, Schmecken, Riechen, Fühlen und dem Gleichgewicht) kann sich nach der Geburt entweder gesund entwickeln – oder sie kann erkranken. Es handelt sich dann auch um gestörte Rezeption, die gestörte Aufnahme von Reizen. Ganze Therapien werden als rezeptive Therapien angeboten, zum neuen Lernen, Aufnehmen, gesünderem Erleben im Innenraum. Dazu gehört beispielsweise die Rezeptive Musiktherapie. Dort wird Musik angeboten, um die tieferen Schichten einer Persönlichkeit anzurühren, und geht so von außen nach innen.

Die Ausdrucksfähigkeit eines Menschen geht von innen nach außen und entwickelt sich nicht nur zeitgleich wie die Rezeptionsfähigkeit, sondern beide entwickeln sich zugleich – einander bedingend. Eine gesunde oder gestörte oder kranke Entwicklung des Ausdrucksvermögens wirkt sich immer auf die Aktivität der Person aus. Der Mediziner schaut daher auf die Bewegung (Motorik), forscht ob und wie diese »funktioniert«, auf Reize reagiert. Die Therapien, die auf den Ausdruck eines Menschen zielen, werden oft als aktive Therapien verstanden und bezeichnet. Zum Beispiel die

Musikerleben – Eindruck und Ausdruck

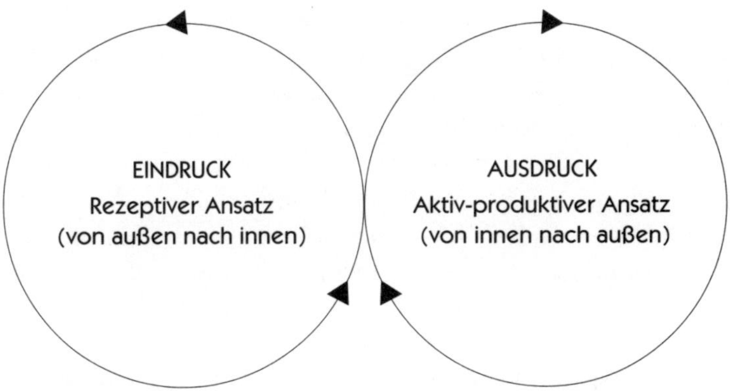

Die Bezeichnungen »aktiv« oder »rezeptiv« in der Musik, Musikerziehung und Musiktherapie sind künstlich: Tatsächlich **hören** wir auch jede Musik, die wir **spielen**, reproduzierend (nach Noten, Gehör) oder improvisierend. Ebenso setzen wir jede Musik, die wir hören, gleichzeitig auch in Bewegung um: Bewegung der Körperchemie, Bewegung der inneren Organe (weniger zu spüren) und veränderte Atmung, veränderter Puls (deutlicher zu spüren).
Am deutlichsten spüren wir die Bewegung in unserem Gefühlshaushalt, unseren Emotionen (lat. emotio: Herausbewegung, von emovere: herausbewegen). Die Musiktherapie setzt auf letztere Bewegungserfahrungen, Musikmedizin auf erstere.

Aktive Musiktherapie, in der Therapeuten mit Patienten Musik selbst gestalten und improvisieren. Musik wird dort aus dem Innenraum in den Außenraum gespielt, wo sie erst hörbar wird und mit ihr ein Teil des Innenraums.

Kein kleiner Mensch, der nicht hören kann, lernt sich auszudrücken, lernt sprechen. Eine Störung der Verbindung von außen nach innen hat eine sofortige Entsprechung im Außenraum, in der Verbindung von innen nach außen.

Die sensorische Seite eines Menschen ist abhängig von der motorischen Seite, mit der er sich in der Bewegung und durch Bewegung ausdrücken kann. Beim Sprechen ist es die Zunge als motorischer Teil, der sich bewegt. Und auch ein scheinbar nur dasitzender Mensch, der sich nicht rührt, der ungerührt wirkt, bewegt sich an nachweislich vielen Stellen seines Körpers – unmerklich für sein Gegenüber.

Die Graphik (Seite 87) setzt die beiden Kreise an einer Stelle in Berührung zueinander. Der Bereich der Berührung ist im Zusammenhang zwischen Rezeption und Aktivität, zwischen Zulassen und Loslassen, zwischen Aufnehmen und Abgeben, zwischen Hören und Antworten bei sich entwickelnder Gesundheit immer »im Gespräch« miteinander. Der Säugling prägt diese Schnittstelle mit jeder Reizkette aus, die er aufnimmt und mit jeder Bewegung, die er macht: Sichtbar oder unsichtbar. Menschen machen ihre Bewegungen, antworten und äußern sich jedoch immer in bezug auf etwas, zu etwas hin.

Im Alter von etwa zwei Monaten wird das Kind sogar fähig sein, sich selbst zu unterhalten. Indem es die Laute von sich gibt, sie nun richtig hört – und sofort neue Laute als Antwort darauf in den Raum setzt. Es beginnt zu singen, und die Erwachsenenwelt hat für diese Musik sofort einen Fachbegriff. Es sind Lall-Gesänge. Doch davon mehr im nächsten Kapitel.

Lassen wir ab jetzt diese künstlichen Trennungen beiseite und schauen in den Abschnitten von Mutter oder Kind immer auch auf die beiden, die ähnlich unzertrennlich sind wie die Rezeption und die Aktivität, wie der Innenraum und der Außenraum.

Von der Begabung, auf Sprache zu verzichten

Im Zusammenhang mit den Forschungen zur frühen stimmlichen Kommunikation verdichtete sich auch das Wissen über die – besonders für Männer – ans Wunderbare grenzende Verstehensfähigkeit von Müttern gegenüber dem Säugling. Als ob Mutter und Kind keinerlei Sprache brauchten, um sich zu verstehen, als ob die Mutter ihr Kind auf Ebenen genau versteht und verstehen läßt, wo andere nichts oder nur schwer Beschreibbares beobachten.

Die Forschungsgruppe um Daniel Stern kam in den achtziger Jahren mit Hilfe zahlreicher Video- und Tonbandaufnahmen dem Rätsel der frühen Mutter-Kind-Kommunikationen auf die Spur: Offenbar besitzt eine werdende Mutter in den letzten Wochen vor der Geburt die Fähigkeit, ihre Kommunikationsfähigkeiten als erwachsene Frau zurückzustellen und sich auf eine kindgemäße Kommunikationsebene rückzuentwickeln. Diese erstaunliche Regressions-Begabung (lat. regredi: zurückgehen) ermöglicht es ihr, sich nach der Geburt mit ihrem Kind – das sich ja zeitgleich zur Regression der Mutter auf die Geburt hin »weitergebildet« hat – auf einer lautlichen Kommunikationsebene zu treffen. Eine Begegnung – die wichtigste zwischen Mutter und Kind – bereitet sich vor.

Von eben dieser lautlichen Kommunikation ist bekannt, daß in Vorstufen unserer heutigen Menschheitsgeschichte ausschließlich mit ihrer Hilfe kommuniziert wurde, als es noch keine Sprachen in heutigem Sinne gab. Es wäre zu kurz gegriffen, sich darunter eine mindere, eine gröbere Kommunikationsform vorzustellen. Es war zwar eine Vorstufe unserer heutigen sprachlichen Kommunikation, aber gleichzeitig eine Stufe, in der neben der lautlichen auch die Körpersprache unvorstellbar gut verstanden und beherrscht wurde. Menschen »laut-sprachen« damals miteinander, hörten einander in Zwischentönen und sahen aneinander und nutzten jene reiche Sprache und jenes reiche Verstehen, das wir aus der Tierwelt kennen.

Auch Erwachsene lassen sich im Zoo von Tieren mit lebhafter Familienunterhaltung faszinieren oder beobachten am Wasser Fütterungs- und Jagdspiele von Ente und Schwan, schauen sich auf der Straße und im Café nach der bemerkenswerten Begegnungsgestaltung verschiedenster Vierbeiner um. Unbewußt lassen sie sich dabei von einer Kommunikationsform faszinieren, die sie vor ihrem Spracherwerb auch noch kannten und konnten. Als Erwachsene versuchen die Menschen, sich überwiegend auf der Sprachebene zu verständigen. Ausnahme sind die Menschen, die neben der sprachlichen Kunst auch die Kunst der Körperwahrnehmung pflegen. Und die Kunst des Hörens und Gestaltens der Sprache der Musik.

Weiter ist zu beobachten, daß die lautliche Kommunikation zwischen Säugling, Mutter und weiterer Umgebung (Männer sind da hocherfreulich lernfähig) bereits alle Sensibilitäten ausübt und ausbaut, mit denen Menschen an der Stimme des Gegenübers abhören können, wie die Stimmung ist, wie sich diese Stimmung mitteilt, wie sie übernommen und buchstäblich geteilt wird. Allgemein tritt dies Spiegelphänomen unter Erwachsenen auf, die sich selbst räuspern müssen, wenn sie jemandem mit belegter Stimme länger zuhören.

Ein Säugling wird seine Mutter vielleicht hier und da auch in solcher Stimmung stimmen hören – und auf sie entsprechend reagieren, nämlich anders als sonst.

Stimmen sind Signale

Verwandt ist auch die Übertragung am Telefon, an dem wir Menschen uns einander besonders auf der auditiven, also hörbaren Ebene begegnen, auf diese völlig angewiesen sind: Da hören wir uns plötzlich mit Pausen dem anderen antworten, mit Unterbrechungen im Atemfluß der Stimme, wir finden Wörter nicht mehr – weil die Stimme am anderen Ende sich so mitteilt. Und umgekehrt: Eine Stimme, die spontan Freude an der Begegnung äußert, klar und frisch wirkt und ihre Vitalität durch den Äther schwingen lassen kann – kann selbst einen Morgenmuffel in den Tag katapultieren oder aus einem Stimmungstief herausholen.

Wobei wir wieder bei dem Phänomen sind, daß höhere Schwingungen, also die Stimme der Mutter, alle höheren Töne der Musik eine besondere Rolle spielen. Lautliche und andere außersprachliche Äußerungen wie zum Beispiel die Körpersprache, die Millionen Berührungssignale mit verschiedenster Botschaft, waren immer schon überlebensnotwendig. Unsere Vorfahren haben sich mit Rufen und Schreien gewarnt, im Kreischen gefürchtet, im Brüllen Schmerz ausgedrückt. Damals waren die hörbaren Schwingungen schon weit mehr als die Laute in der Lall-Zeit des Säuglings: Das Lallen wird zum Laut, und Laute werden Signale, signalisieren dem anderen etwas Bestimmtes.

Übrigens hören wir vermutlich auch schon sehr früh unser eigenes Schreien, Weinen, Rufen – und dieses verstärkt den Anlaß noch zusätzlich, dessentwegen wir schreien, weinen, rufen. Wir forschen immer noch an dem Zusammenhang: Wann weint ein Kind, weil es traurig ist – und wann ist es traurig, weil es weint? Einerseits. Andererseits stöhnt es vor Lust, brüllt vor Lachen, grunzt vor Zufriedenheit und Sattheit, kichert bei Spaß und Vergnügen. Diese Kommunikationssignale gelten für frisch geborene Säuglinge, die sich hörbar ein-leben. Sie gelten aber auch für alle erwachsen gewordenen Menschen und galten schon bei den Menschen aller noch so frühen Zeiten, Kulturen und Orte.

Kinder durchleben in der Zeit zwischen dem ersten Schrei bei der Geburt und ihrem Spracherwerb auf verbaler Ebene (lat. verbum: Wort) die ganze Menschheitsgeschichte nochmals sozusagen in Schallgeschwindigkeit – und das weitgehend durch die Schwingungen geprägt, die der Schall von Stimmen auslöst. Das Hören im Mutterleib hat seinen Vorbereitungsbeitrag dazu geleistet.

Stillen als Urerlebnis

Die Musik aus der Stille des Stillens ist in dem Sinne keine stille Musik, weil die Pausen auf etwas neues Hörbares hindeuten. Völlige Stille erwartet uns erst wieder am Ende unseres Lebenskreises, nach dem unser Hören uns als letzter Sinn verläßt.

Dieses frühe Leben an der Mutterbrust wird zu einer elementaren Verbindung von Milch-Nahrung und Haut-Nahrung (Streicheln, also Berührung taktil und haptisch) sowie Hör-Nahrung werden (Spiele, wie die »Fingermusik« auf Seite 83 f.). Das Kind wird diese Hör-Nahrung nie mehr vergessen – und nur in ganz bestimmten, intimen Situationen später mit einem anderen Menschen zusammen wahrnehmen, genießen, wiedererkennen können: im Auf-dem-Schoß-Sitzen als Kind, im Vorspiel zur Liebe, in der Umarmung des Liebesaktes selbst, im Nachspiel, im Ausschwingen ... Immer wird eine solche Hörnahrung auf lautlicher Ebene mitschwingen. Das ist die soziale Wiedererkennungsmöglichkeit, die wir erleben können.

Außer dieser sozialen Wiedererkennungs- oder Wiedererinnerungsmöglichkeit frühester Nahrungssituationen werden wir uns an diese frühe Hör-Nahrung immer auch dann erinnern, wenn wir Musik hören, die uns grundsätzlich an unseren Grund zurückführen kann. Entspannungsmusik empfinden wir deshalb als entspannend, weil sie Erinnerungen an Situationen auslöst, die mit physisch-vegetativen Entspannungen verbunden waren. Zudem wirken die Schwingungen der als Entspannung empfundenen oder angekündigten Musik immer auch direkt auf den Hörer, seine Haut, Körperchemie, Atmung und Herzfrequenz.

Es geht dabei auch immer um »Homöostase«. Der Begriff beschreibt das »Gleichgewicht der physischen Körperfunktionen«, das wir als Säuglinge (und hoffentlich auch später) empfinden, wenn Schlaf und Hunger und weitere Grundbedürfnisse gesättigt sind. Dann vermittelt die Stabilität des Verhältnisses von Blutdruck und Körpertemperatur, dem pH-Wert des Blutes und anderer Faktoren jene Ausgeglichenheit. Es gibt in diesem Zustand verläßlich regulierende Hormone in der Nebennierenrinde, genau dort, wo in den extrem anderen Situationen jenes Adrenalin ausgeschüttet wird, was bekanntlich höchste Erregtheit, Aufgeregtheit und Panik markiert.

Auch bestimmte Musik als Hör-Nahrung kann diese Extreme bewirken. Im Zusammenhang dieses Buches ist interessant, daß manche Musik eine solche Sättigung, eine der Homöostase ähnliche Befriedigung bewirkt, die so leichthin Entspannung genannt wird. Welche Strukturmerkmale solche Musik hat, kann zur Erinnerung auf Seite 76 (»Trophotrope Merkmale der Musik«) nachgeschlagen werden. Typischerweise sind es dieselben Strukturmerkmale, die Säuglinge seit ihren frühesten Mahlzeiten als Zeichen für Ruhe, für Entspannung, für Sicherheit, für Sattwerden erfahren. Die frühe Musik beim Stillen, beim Füttern zeigte diese Merkmale zum ersten Mal.

In bestimmten klinischen Situationen, etwa in der Begleitung mancher Koma-Patienten oder Menschen, die aus der Narkose begleitet werden, ist solche »Musik der frühesten Zeit«, die Verbindung von Berührung und Tönen, das Streicheln der Haut mit dem Streicheln leisen Summens diejenige »Be-Hand-lung«, die von den Patienten er-hört und später besonders genau erinnert werden kann. – Wahrscheinlich, weil eine solche Behandlung der ersten Behandlung als Säugling am ähnlichsten und die Erinnerung daran am tiefsten ist.

Gehörte Töne als Strukturhilfe

Musik beginnt in der Stillzeit diese Ankerfunktion zu festigen, die sie ein Leben lang behalten wird. Ein Säugling wird jetzt verschiedenen Erlebniswelten ausgesetzt sein. Da ist die Welt der tausend Wohlgefühle auf der einen Seite – und auf der anderen Seite die Welt der Unwohlseins-Gefühle. Extreme also, neue Polaritäten. Ein enorm wichtiges Bedürfnis entsteht aus dem Erleben von etwas, das ein Baby in einer gesund verlaufenen Schwangerschaft vorher nicht kannte: Hunger. Und ebenso wie es unzählige Arten von Wohlgefühl und Unwohlgefühl gibt, gibt es unzählige Arten von Hunger.

Menschen haben nie denselben Hunger, weder als Jugendliche oder Erwachsene und am allerwenigsten als Säugling, wo Nahrung das Zentrum ist, und dieses Zentrum heißt abermals: Mutter. Sie nähert sich längst mit der Nahrung, bevor sie körperlich beim

Säugling ist – mit ihrer Stimme. Sie bereitet noch dies und jenes vor und spricht oder summt oder singt bereits mit jener für Säuglinge jeweils unverkennbaren Stimmusik, die »Nahrung« verheißt.

Dasselbe gilt für die Stimme des Mannes, der uns tags oder aber nachts zur Schlafentlastung der Mutter aus der Wiege holt und zur Mutter bringt, die wiederum auch im Halbschlaf ganz unverkennbare Stimmusik macht als Ouvertüre, als Vorspiel, als Präludium zu dem, was das Unwohlgefühl Hunger in baldiges Wohlgefühl verwandelt. Eben wieder Nahrung.

Einige Monate oder längere Zeiten später wird das Baby nicht mehr gestillt, sondern mit spezieller Kost ernährt. Dann gibt es neben der Mutter- und Vaterstimme weitere hörbare Anker, die das Kind hoffen lassen. Da ist zum Beispiel der Heißwasserboiler mit dem spezifischen Summen, der präzise anzeigt: »Bald, jetzt gleich bekomme ich, was ich brauche gegen dies immer wieder neue Gefühl namens Hunger.« Das Baby lernt die Stimmen von Mutter und Vater, die Klänge von Heißwasserboilern und sich nähernden Schritten zu unterscheiden. Es kann differenzieren, ob die Mutter zum Stillen kommt oder zum Verabschieden, oder ob nur normaler Besichtigungsbesuch sich nähert, der etwas mitbringt, was das Kind derzeit überhaupt nicht brauchen kann für bzw. gegen seinen Hunger.

Säuglinge werden in der anfänglichen Unsicherheit der ihnen unbekannten Hungergefühle und Zeitaufteilungen die Stimmen ihrer Bezugspersonen und Geräusche aus dem Raum sowie von Geräten, Uhren und Schritten als eine solche Sicherheit empfinden und immer mehr differenzieren können. So sind etwa die Annäherungssignale einer Mutter deutlich anders, wenn sie sich nähert zum Windeln oder Waschen oder wegen anderer Handlungen – und der Säugling stimmt sich darauf ein. Er nimmt besonders Hörbares (und dieses zeitlich früher als das Sichtbare, die geöffnete Bluse der Mutter zum Beispiel oder der verheißungsvolle Geruch der Brust) als Anker, als Sicherung, als Strukturhilfe in diesem großen Topf von jener Zeitlosigkeit, die die Erwachsenen aufteilen in Tag und Nacht, in Stunden, in genaue Fütterungszeiten.

Jenseits von Tag und Traum

Schon das Ungeborene erlebt Tag und Nacht. Da ist die Mutter als Hülle, und diese Hülle ändert sich in großen Zeitabständen namens Nacht und Tag durch Verändern des mütterlichen Herzrhythmus (der im Schlaf auf etwa 68 bis 72 Schläge pro Minute zurückgeht). Dann gibt es auch Veränderungen dessen, was sich an Rottönen durch die Bauchdecke und Bettdecke sehen läßt – viel weniger als in der aktiven Zeit.

Natürlich hat schon das Ungeborene wachsende Dunkelheit mit weniger und langsameren und leiseren Höreindrücken verbunden, was es später als Nacht kennenlernen wird. Und es hat wachsende Helligkeit mit mehr und schnelleren und lauteren Höreindrücken verbinden gelernt, mit dem, was später Tag und Alltag werden soll. Dennoch ist Schlafen für Säuglinge nicht das Gegenteil von Wachsein, nicht das Zeit-Drittel des Tages und ein Drittel seines ganzen Lebens, das der Mensch im Schnitt mit geschlossenen Augen liegt. Für den Säugling ergeben sich unendlich viele Zwischenstufen zwischen Schlaf- und Wachsein, die nichts mit der Drittelrechnung der Erwachsenen zu tun haben.

Der Säuglingsschlaf nach der Geburt ist der bedeutendste Rhythmus, den Babys nach der Trennung von der Mutter und deren Schlafrhythmen erfahren. Er ist mehr als der Rhythmus nur von Tag und Nacht, von Hell und Dunkel. Der Rhythmus des Schlafens bei Säuglingen ist der erste Rhythmus mit großen Zeitbögen: von einem Hell auf das nächste Dunkel, und wieder zum nächsten Hell – der Zeitbogen vom Wachsein zum nächsten Schlafen. Es sind Grundrhythmen, die wir jetzt für ein ganzes Leben ausprägen. Während Erwachsene zu ziemlich festen Zeiten Schlafen gehen und die Zeit des Schlafens zeitlich bemessen, also ihren Rhythmus bestimmen bzw. vom Wecker bestimmen lassen, schlafen und wachen Säuglinge in einem viel flexibleren, offeneren Rhythmus.

Noch spielt allerdings derjenige Spieler nicht mit, der schon bald das Sagen haben wird: der Zeitplan. Schon bald werden Babys in den Zeitplan »eingepaßt«. Weil die Zeit ihrer Bezugspersonen die Zeit diktiert. Die meisten Fütterungspläne von Säuglingen in dieser zivilisierten Welt orientieren sich an den Essenszeiten der Erwachsenen (oder deren Arbeitszeiten, Freizeiten ...) – nicht an dem ersten großen, schönen, weil noch flexiblen Rhythmus von Wachen und Schlafen.

Das Wachsein und Schlafen des Säuglings mit all seinen Zwischenstufen von Dämmern und Träumen ist für Erwachsene kaum noch nachzuvollziehen. Dennoch ist der Schlaf mehr als nur eine dunkle Erinnerung an jene Zeit, die uns in den tiefsten Schichten unserer Instinktreste nachts anders sein läßt als tags. Einige australische Aborigines-Stämme hinterließen uns Bilder, die Menschen in liegenden, kauernden Körpern während des Winters in einem Umfeld voller Punkte zeigen – als Magnetfelder sind sie zu verstehen. Diese frühesten Menschen sahen sich nicht im Winterschlaf, sondern in der Ruhe-Zeit am dichtesten, am nahesten verbunden mit der Umgebung – ganz bewußt eins mit ihr. So könnten sich auch Säuglinge in ihrer »Schlaf«-Phase empfinden. Wir Erwachsene dagegen leben mit der Einstellung, daß Schlaf ein Einkernen, Absondern, Zumachen sei. Die Aborigines und andere ältere Kulturen lebten mit der genau umgekehrten Einstellung: Schlaf war nicht Zumachen, sondern Aufmachen. Im Schlaf werden unsere Sinne mit ihren bisher am Tage ungeöffneten Gefäßen geöffnet und der Schlafraum mit allen seinen Impulsen, seinen Schwingungen, seinen Reizen hineingelassen in unseren Körper- und Seelenraum.

INTERMEZZO

Schlafen, schwimmen, singen. Unser Schlaf ist sicher auch verwandt mit dem Zustand von Urlebewesen, unseren Vorfahren, die vor Millionen von Jahren in den Meeren der kalten Jahreszeit in einen ruhigeren, energieeinsparenden Zustand gerieten als im wärmeren Wasser der milden Jahreszeit. Die Wissenschaft bezeichnet dieses frühe Leben als »poikilothermes« Stadium. Darin steckt unser eingedeutschter Begriff der »Therme«. Seit es diese Bäder gibt, holen wir uns jene wunderbar umhüllenden Wärmeerfahrungen im Fluß des Wassers ahnungsweise wieder. Auch im heimischen Badewasser oder unter der warmen Dusche nähern wir uns solchen tiefsten

Schichten unserer Herkunft – und was tun wir, um die Lust daran auszudrükken? Wir summen, manche singen … Einige von uns schmettern gar ganze Arien. Uns wird dieser Zusammenhang von warmem Gefühl und musikalischem Ausdruck noch beschäftigen. Wir holen uns mit solchem Tönen sehr viel Umfassenderes, Umhüllendes wieder – wiederholen mit Tönen …

Erst im hohen Alter werden wir Menschen diese Zwischenstufen zwischen Wachsein und Schlafen wieder erleben – wie so vieles, was uns am Anfang unseres Lebenskreises begegnete und dann verschüttet wurde unter den Schichten und Geschichten des mittleren Lebens. Auch die Stimme der Mutter werden wir erst wieder so genau erinnern können, wenn wir altern und ganz alt sind. Dann rufen wir auch wieder nach ihr und sehen sie hereinkommen. Auch wenn es die diensthabende Pflegerin oder das Enkelkind ist.

INTERMEZZO

An Stimmen vor Anker liegen. Als Anker wird etwas bezeichnet, was Sicherheit in unsicheren Gefilden bietet. Ein Anker ist ein Halt, an dem das Boot inmitten der Unruhe bewegten Wassers ruhig schlingern, sich winden, ausweichen, wackeln, gehoben und gesenkt werden kann (alles das erleben Kinder als reale Bewegungen während der Geburt) – der Anker hält es sicher. Die Geburt ist eine stürmische Situation. Das Kind ist wie in diesem Bild das Boot, das alle diese überraschenden, beunruhigenden Wasserbewegungen aushält – wenn es am Anker der Stimme der Mutter ist – ob diese nun wimmert, stöhnt, summt, singt oder ruft …

Das ist und bleibt lebenslang ein schwieriger, abenteuerlicher Weg, den wir Menschen in unserem Boot da nehmen, das ja nicht ununterbrochen am Anker hängt und schlimmstenfalls schlingert wie während der Geburt. Wir können auf dem Ruderwege unseres Lebens nach der Geburt etwas tun, was dieses Schwere ausgleicht, zeitweilig wunderschön sein läßt: Wir können den Anker der Stimme der Mutter mit uns in das Boot, in uns selbst hineinnehmen. Und die Erfahrungen, die wir mit der Mutter (hoffentlich) erlebten, auf andere Menschen übertragen.

Wir können miteinander von Boot zu Boot reden oder bootsübergreifend miteinander Shanties oder ein Weihnachtsoratorium von Bach singen oder gemeinsam Techno-Musik hören. Wir können uns einander in die jeweiligen Boote einladen und Gruppen bilden, die ihre eigene Musik machen. Wir werden dann immer im Grunde dasselbe tun: uns die Sicherheit und Wärme, die Kontinuität und Basis-Nahrung für kurze Zeit wiederherstellen, die uns zu Anfang unseres Lebens gegeben wurde und die mit der Geburt abgeschlossen wird.

Der Schrei als Schritt ins Leben

Der Schrei und etliche seiner Folgeäußerungen in dieser frühen Säuglingszeit sind Ausdruck dessen, daß Säuglinge sich Luft machen wollen und müssen – zunächst aus der Enge der Geburt. Wie sie auch später Schreien oder Brüllen oder Kreischen, um sich aus der Enge eines äußeren oder inneren Schmerzes (zum Beispiel des Hungerschmerzes) zu befreien, wieder, um sich Luft zu machen. Säuglinge tun dies buchstäblich im Sinne der Biologie, um sich freizumachen, etwas von Innen nach Außen zu bringen und dieses damit loszuwerden …

Der Schrei und seine Folgeäußerungen – zunächst den jeweiligen Hunger anzeigend, der in diesem zarten Alter ja kein »Gefühl« ist, wie wenn die Mutter oder der Vater Hunger haben, sondern bei Säuglingen körperliches Unbehagen bis Schmerz auslöst – entsteht folgendermaßen: Die Luft, die aus den tiefen Luftwegen steigt, wird zum Überdruck, der dann eine Explosion der Stimmlippen auslöst. So heißen sinnigerweise jene flexiblen Bindegewebs-Stränge, die den Außenlippen des Mundes weit, weit vorgelagert sind. Doch die einen Lippen können nicht ohne die anderen.

Weiter wird der Schrei gestaltet durch die Schwingungen, in die die Stimmlippen versetzt werden und die bei jedem Säugling bereits individuell schwingen. Entscheidend sind die jeweilige Druckintensität des Innenüberdrucks, die Spannungsintensität sowie Beschaffenheit und Einstellungswinkel des ganzen Stimmapparates und besonders der Stimmritze darin.

Alles, was später unsere unverwechselbare, individuelle Stimme ausmacht, was unsere Stimme jedem, der uns kennt, zum Signal werden läßt: »Jetzt ist sie da!« (am Telefon, im Stimmengewirr hinter der Tür), ist angelegt in diesen ersten Zeiten unserer stimmlichen Äußerungen, wird trainiert und ausgeformt. Der Musiksoziologe und Psychologe Karl Adamek sieht im Klang einer Stimme die »Klanggestalt der Person«, ein »klingendes Hologramm der Persönlichkeit«. Zunächst dient das Schreien von Säuglingen nicht zur Kommunikation, zur Verständigung, sondern viel elementareren, vitalen Zielen. So ist der erste Schrei nach der Geburt vor allem Gasaustausch von Kohlendioxyd und Sauerstoff. Weil während der Geburt Atmen schwer möglich war, führt der Nachholbedarf zum ersten Schrei.

Wenn sich die Aufregung der Geburt für das Baby gelegt hat und die nahende Stimme der Mutter Nahrung verheißt, wenn es einen verläßlichen Austausch von Innenwelt und Außenwelt im vitalen Sinne dadurch pflegt, daß es einfach atmet, gibt es oft auf dem Ausatmen ein kleines Stöhnen, ein Seufzen, ein Pfeifen mit, tönt also, ist hörbar. Jetzt wächst seine Stimme in ihrer Bedeutung zunehmend zum Signal »Hier bin ich«. Sie wird zum Appell an andere, um mehr Wärme zu bekommen, Nahrung und alles das, was bisher noch der Mutterleib garantierte.

Solche Funktionen der Verständigung sind Funktionen unserer stimmlichen Äußerung, die erst in der nachgeburtlichen Zeit wachsen – meinen die einen und gründen ihre Forschung dabei auf die Menschheitsgeschichte, an deren Anfang sicherlich nur diese vitalen Funktionen standen, wo unsere Stimmäußerungen unbewußt gesteuert und nicht »adressiert« waren.

Wieder andere – so die Musik- und Atemtherapeutin Sabine Rittner – sehen in den Stimmäußerungen des Menschen schon bald nach der Geburt mehr als die vitalen Funktionen (Atmung und durch diese Gasaustausch, also der ganze »Kreisverkehr« zwischen Körper-Innen und Körper-Außen). Sie erkennen darin ein »emotionales Ventil«, mit dem die Säuglinge ihre Enge (nicht nur sprachverwandt mit »Angst«) ebenso ausdrücken wie ihre Ausgeglichenheit von Brauchen und Bekommen, ihre »Lust«. Während die rein vitalen, vegetativen, also unwillkürlich gesteuerten Stimmfunktionen (»Primärfunktionen«) zu Lauten führen, die die Herkunft aus der Tierwelt zeigen, ist das Verstehen der frühen und frühesten stimmlichen Äußerung als emotionales Ventil eine menschliche Beimischung mit neuen Funktionen (»Sekundärfunktionen«).

Die Fülle des Ausdrucks

Ein Baby zeigt mindestens zweierlei, wenn es »Laut gibt«: Es nutzt die Stimme zum »organismischen« oder zum »emotionalen« Reagieren (S. Rittner) und übt dabei – wie früher im Mutterleib begonnen –, die Welt durch ihre Polaritäten kennenzulernen und zu beantworten. Extreme, die also zusammengehören und erst zusammen ein Ganzes bilden, suchen sich durch die Stimme des kleinen wie großen Menschen, des ganz jungen wie ganz alten Menschen auf dieser Erde Ausdruck.

Natürlich lassen sich Extreme immer nur zeitlich nacheinander ausdrücken. Im Gegensatz zum Erleben: Denn in bestimmten Situationen lassen sich durchaus Angst und Lust gleichzeitig erleben oder Ekel und gleichzeitige Faszination oder Sehnsucht nach Nähe und zugleich Abgrenzungsbedürfnis usw. Jedoch lassen sich das Ganze und seine Polaritäten nur nacheinander ausdrücken, und deshalb seien hier einmal zur Erinnerung, was alles zu einem Ganzen gehört, einige Gegensatzpaare zusammengedrängt. Es sind mal weiter auseinander, mal eng zusammenstehende Extreme, die sich alle stimmlich ausdrücken lassen. Sie umfassen alle Bandbreiten der verschiedenen Formen des Daseins, als Säugling und später …

~ Hungrigsein – Sattsein
~ Alleinsein – Zusammensein
~ Gern Zusammensein (Liebe) – ungern Zusammensein (Angst)

- Wohlsein – Unwohlsein (Hunger bis Schmerzen)
- Müdesein – Wachsein
- Starksein – Schwachsein

… und so viele andere, wie es Menschen gibt.

Was wir Menschen später in unserem Alleinsein oder sozialem Zusammensein, in unserem In-uns-Sein oder Außer-uns-Gehen positiv oder negativ, erfreulich oder deprimierend, erleichternd oder belastend erleben – drücken wir aus. Je jünger Menschen sind, um so mehr drücken sie sich mit der Ganzheit von Körper und Stimme aus. Je älter sie werden, desto mehr ziehen sie die Stimme als spontanen, differenzierten Stimmungsbarometer zurück und in sich hinein. Und ziehen es vor, sich meistens nur noch in zwei Extremen stimmlich auszudrücken: in disziplinierter, zivilisierter Lautstärke oder in jener Lautstärke, die signalisiert: »Wir (oder die) haben Krach.« Allein mit einem einzigen musikalischen Element (dem der Kraft, der Dynamik) läßt sich das Spektrum zwischen Liebe und Haß ausdrücken: in der Liebe leiser und leiser werdend, im Haß das Gegenteil.

Die Melodie-Vielfalt und die Rhythmus-Variationen, die feinen Klangfarben, die Säuglinge in den frühen Musiken mit ihrer Mutter und den Bezugspersonen kennenlernen, üben und virtuos auszubauen lernen – die verlernen sie später im Verlauf ihres Hineinwachsens in diese Kultur. Dieses Schicksal der Stimmentwicklung beim Verlassen der Kindheit ist ein Prozeß, den der Musikpädagoge und Musikwissenschaftler Friedrich Klausmeier die »Enkulturation der Stimme« nennt. Nur in der Kindheit, die mit der Säuglingszeit beginnt, klingt die Stimme unverfälscht, unbefangen. Mit der Schulung durch die Schule oder auch schon früher mit der Hausordnung (Ruhe zwischen 13 und 15 Uhr, Spielen nur auf dem Spielplatz) gehen Kinder mit der Stimme befangener um. Ab wann nur gab es jenes Verlegenheits-Räuspern und die belegte Stimme im Leben des einzelnen? Kinder und Jugendliche beginnen ganz unterschiedlich früh oder spät sich zu räuspern – und das geht von den sie umgebenden Menschen aus. Nicht von ihnen.

Praktische Hilfen

Musik aus der Konserve

Nichts kann die menschliche Stimme und ihre Musik ersetzen, nichts ihre Kraft zur Nähe, ihre Kraft zur Begleitung, ihre Kraft der Lenkung und nichts die Freiheiten, die sie einem gibt. Musik und die gesamte Hörwelt sind ein Mittel zum Leben, ein Nahrungsmittel in vielerlei Hinsicht und Bereichen von Biologie, Medizin, Psychologie und übergreifender Lebensphilosophie. Der Gedanke von Musik als Lebensmittel – wie im Zitat von Paracelsus abgeleitet – umfaßt zunächst nur die Welt der natürlichen Ausschwingvorgänge, nicht die Musik aus der Konserve, mit der wir uns im folgenden beschäftigen wollen.

Dennoch erfüllen die unvermeidlichen konservierten Klänge unserer heutigen Unterhaltungs-»Industrie« nötige, oft genug not-*wendende* Funktionen. Es ist jedem Heranwachsenden und Erwachsenen zu wünschen, daß er nicht nur im eigenen Musizieren seine tiefen Persönlichkeitsschichten anrühren läßt. Sondern daß er sich auch im Rockkonzert oder Weihnachtsoratorium berühren läßt, wo Musiker ihm Musik spielen – und ebenso über Walkman oder Discman. Durch diese Geschenke der Neuzeit ist es möglich geworden, Rock und Bach, eine Gitarre oder ein Symphonieorchester in tiefster Einsamkeit zu erleben. Es gibt auch psychische Schlüsselerlebnisse mit nährender Kraft, die Menschen über kleine und große Lautsprecher aufnehmen.

Ebenso verhält es sich mit Musikkassetten und CDs, bei deren Abspielen der Säugling Signale der Zustimmung ausdrückt. Sofern ein Säugling im Wachzustand gerne und aktiv auf eine solche Musik reagiert.

Solche Musikkonserve ist zwar nicht ideal als erstes Spielmittel für das Baby zum Er-Hören dieser Welt, geht aber in die Richtung des eigentlichen »Ideals«: Die Stimmen derjenigen, die dieses Baby lieben. Die Geräusche und Töne, die das Kinderzimmer von sich gibt. Die Musik der Geräusche und Töne, die sich von oben und unten und seitlich aus einem Haus in ein Kinderzimmer schwingen und damit in das Kind.

Dem Kind nachweislich willkommene Musik vom Band sehen Mediziner als wichtigen Beitrag für die Hirnnahrung des Säuglings an. Tiefenpsychologen betrachten sie als wichtige »Erinnerungsstütze« an die schöne Zeit der jüngeren Vergangenheit (die Zeit im Mutterleib). Und möglicherweise ist die Musikzeit als Beschäftigung für den Säugling eine kleine Zeit für die Eltern, wo sie bei einer Tasse Tee auf der Terrasse auch einmal einander – ohne den Säugling zwischen sich – in die Augen schauen können. Obwohl diese Funktion von Musik – die Beschäftigung des Säuglings zugunsten der Freistellung von verantwortlichen Erwachsenen – nur denjenigen gegönnt sein sollte, die sich ansonsten viel und gerne um diesen gerade beschäftigten Säugling kümmern.

Weiteres Material, das in den USA häufiger auf den Markt kommt, sind Musikkassetten, in die der ruhige Herzschlagrhythmus der Frau eingesampelt wurde. Ganze Klinikketten in den USA arbeiten mit diesen Musikprogrammen, um gestörte, unruhige Babys zu beruhigen. Eine grundsätzlich vegetative Wirkung ist dabei, ausgelöst durch die Ankerfunktion des Herzschlages, sicher festzustellen: für den einzelnen Säugling zu Hause wie für ganze Babysäle. Dennoch würde ich privat zu Hause wie »auf Station« immer empfehlen, dem Kind ein solches »Mutterleibs-Musik-Material« zunächst anzubieten und dabei die eigene emotionale Reaktion auf diese Musik ebenso in die Entscheidung »Kassette ja oder nein?« einzubeziehen wie die positive Reaktion des Säuglings auf diese Musik.

Dasselbe gilt für die sogenannte Beruhigungsmusik zum verbesserten Einschlafen des Säuglings, mit der ahnungslose Gratulanten immer öfter in die Klinik zum ersten Besuch kommen. Solche Musik vom Band als Einschlafmittel für den Säugling zu nutzen, würde bedeuten, daß wir bereits diesen Säugling daran gewöhnen, Musik vom Band (also ohne natürliche Ausschwingvorgänge) als Mittel zu einem Zweck, als Vehikel zu gebrauchen. Wenn die Eltern das tun – Musik als Einschlafmittel für sich selbst zu nutzen (hoffentlich getrennt: die Mutter hört dieses lieber, der Vater lieber jenes ...) – dann ist dies eine gewachsene und selbst getroffene Entscheidung. Für den Säugling wäre es allerdings Fremdbestimmung und ein Eindringen von Reizen in seinen Innenraum – wie wenn wir eine Spritze injizieren.

Gleiches gilt für Musikprogramme für Säuglinge und Kleinkinder mit irgendeiner »Lernzielsetzung« im Intelligenzbereich – wie etwa jener Gouverneur Miller in Florida sie ankündigte. Das würde wiederum ein Musik-hören-*Müssen* bedeuten und außerdem die schulische und vorschulische Bildung des Kindes weiter vorziehen und damit die Spiel-Zeit nochmals verringern.

Live-Musik: Abend- und Morgenrituale

Ganz anders und sehr zu verstärken ist hingegen jede Art von musikalischem Einschlafritual: Mütter, Väter und andere Bezugspersonen, die dem Säugling zum Tagesende ein Einschlaflied singen, das sie selbst gerne mögen, werden erleben, daß der Säugling nicht nur positiv darauf reagiert, sondern dieses oder ein ähnliches Lied sehr bald als Anker annimmt. Und wirklich zügig und gerne mit diesem Höranker des Liedes einschläft.

Im Blick auf Lautstärke und Ereignishandlungen in einem solchen Lied können Eltern sich durchaus und mit Erfolg daran orientieren, was sie selbst gerne als Kinderlieder zum Einschlafen erinnern. Selbst Eltern, die jahrelang nicht mehr sangen oder noch nie (zusammen) sangen, berichten von dem Vergnügen gemeinsamen Übens von Einschlafliedern oder Aufwachliedern und der Freude an der Freude ihres Säuglings, wenn der Anker für die Nacht – oder den Tag – zu halten beginnt ...

Sollten keine Kinderliedersammlungen für Morgen und Abend, für All- und Sonntage erreichbar sein oder zuviel Hemmungen gegenüber Noten bestehen, dann sind Musikkassetten oder CDs mit entsprechenden Inhalten eine zweite Hilfe für die Eltern. Für den Säugling bleiben die Stimmen der Eltern in jedem Fall die erste Hilfe. Grundsätzlich gilt: Die Eltern sollen sich mit dem Musikangebot an ihr Kind wohl fühlen können – und infolge des Gefühls der Eltern ist das Lied eine Hilfe für das Einschlafen oder Aufwachen des Kindes.

Anstelle von Einschlaf- oder Morgenliedern gehen auch alle anderen ruhigen oder aber aktivierenden Lieder, die die Eltern als solche empfinden. Ich sang abends vorzugsweise langsame Sätze aus Bach-Motetten, eine Cousine von mir Love-Songs der Beatles – mit jeweils gutem »Erfolg«. Die Gefühlswelt der Eltern, die dem Kind vermittelt wird, spielt dabei mindestens ebenso mit wie die musikpsychologisch oder medizinisch erforschte vegetative Wirkung der Musik auf das autonome Nervensystem des Säuglings.

Im »Kleinen Prinzen« von Antoine de Saint-Exupéry sagt der Fuchs: »Es muß feste Bräuche geben.«

»Was heißt fester Brauch?« fragte der kleine Prinz.

»Auch etwas in Vergessenheit Geratenes«, sagte der Fuchs. »Es ist das, was einen Tag vom anderen unterscheidet, eine Stunde von den anderen Stunden.«

Anregungen für Väter

Wenige Väter von heute üben Berufe aus oder stammen aus einem Elternhaus, wo Singen, Summen, überhaupt das Spiel mit der Stimme Platz hatte. Im Gegenteil, die Schwelle unserer Befangenheit, etwas Ungewohntes mit der Stimme zu machen (zum Beispiel zu singen), steigt mit unserem Hineinwachsen (Enkulturation) in unsere »Kultur der Konsumtion«. Diese Kultur verweist andere Äußerungen als Sprechäußerungen baldmöglichst auf die dafür zuständigen »Profis«: Musiker, Sänger, Schauspieler, Musiklehrer. Da dies Buch keine Anleitung für Väter zum Singen sein soll, sondern nur eine Erinnerung daran, hier eine weitere Anregung zu einem oft benutzten väterlichen Musikbeitrag, der viel zu wenig bewußt genutzt wird: Pfeifen.

Meine Anregungen an junge Väter, mit den Säuglingen zu singen, basieren auf meiner eigenen Beziehung zum Singen – eine Liebesbeziehung durch Jahrzehnte, die ich zunächst meiner Mutter und Großmutter und vielen Tanten zu danken habe. Sowie meinem Großvater und vielen Onkels, die allesamt gerne sangen. Und nie darüber nachdachten, ob Singen zu Männern paßt oder nicht.

Leider führten meine derart begründeten Anregungen an junge Väter zu neuerlicher, eher blockierender Verlegenheit, zum Verlust letzter Unbefangenheit. Hingegen hatte ich Erfolg mit Zehn-Minuten-Workshops unter dem Thema »Kannste pfeifen, Joachim?«, in denen die Männer mit Lust die alte Jungen-Unbefangenheit gegenüber Pfeiftönen aufleben ließen und mit teilweise erheblicher Virtuosität an den Rand der Wiege mitnahmen – wo wir noch oft in diesem Buch stehen werden, um über »höhere Töne« nachzudenken.

Einschlafprobleme – Einschlafhilfen

Nähern sich Menschen einem Säugling mit der Musikkassette und dem verborgenen Ziel, das Kind möglichst bald durch Schlaf »loswerden« zu wollen – werden sie das Gegenteil erleben. Das Kind spürt dieses Loswerdenwollen und wird darauf reagieren.

Einschlafprobleme von Säuglingen sind oft ein Zeichen dafür, wie fließend die Grenzen von Tag und Nacht von den Eltern gehandhabt werden – zu Lasten einer Klarheit, die ein Säugling als Strukturhilfe braucht. Diese Struktursicherheiten im Tagesablauf müssen aber auch nicht zu streng gehandhabt werden: Es ist nicht notwendig, auf Reisen, auf Flugreisen – wegen der Zeitumstellung –, auf nächtliches oder spätabendliches Unterwegssein mit Säuglingen ganz zu verzichten. Aufmerksamkeit sollte jedoch der Häufigkeit gelten. Ein Übermaß würde sich schädigend auswirken.

Einschlafstörungen von Säuglingen können oft sehr einfach dadurch verringert und gar aufgehoben werden, indem sich die Eltern an die Wiege begeben und – möglichst zu einer jeweils ähnlichen Zeit an einem ähnlichen Ort mit ähnlichen Klängen und Lichteinfällen – ihrem Kind etwas singen. Dann werfen Säuglinge den Anker aus (ausgelöst durch die Wiedererkennung derselben oder zumindest ähnlicher Signale von Lied, Klang, Berührung, Licht und Temperatur), um im Meer der Zeitlosigkeit des Schlafes Halt zu haben. Und – eine gute Nacht.

… und singt dabei

Unbegrenzt förderlich, im Sinne des Gouverneurs aus Florida und aus der komplexeren Sicht des »Systems Eltern-Kind« ist das Singen an der Wiege des Kindes, das beiläufige Summen während auch anderer nötiger Arbeiten. Bei uns zu Hause wirkte das Abwasch-Summen auf das in der Wiege liegende wache Kind und uns Singende deutlich anders als der Nähmaschinen-Singsang der Großmutter oder das staubsaugerbegleitende Opern-Drama des jungen Onkels …

Geteilte Gunst beim Stillen

Gegen diese arbeitsbegleitenden Gesänge für das Kind seien die sehr schädigenden Nebentätigkeiten gestellt, denen manche Mutter beim Stillen und mancher Vater beim Wiegen und Halten des Kindes ahnungslos nachgehen: Fernsehen beim Stillen oder gar Telefonieren während des Stillens. Es gibt seit langer Zeit schlimme Folgen solcher gesplitteter Aufmerksamkeit der Eltern oder anderer Bezugspersonen für das Kind, die spätestens beobachtbar sind, wenn es aufwächst.

Es sind narzißtische Störungen, es sind Eßstörungen oder Konzentrationsschwächen, die alle eines zeigen: geteilte Aufmerksamkeit, die das Kind erfuhr. Meine Großmutter sagte vor über fünfzig Jahren zu einer ihrer Töchter (aus gegebenem Anlaß): »Ehe du keine Zeit für dein Gör beim Füttern hast, gib es einer Amme, die Zeit hat.«

Wenn eine Mutter sich während des Stillens und Fütterns mit einem lebendigen anwesenden Menschen wie dem Vater unterhält, ist das aus dem Erleben des Säuglings eine zumindest bessere Hörwelt als die Unterhaltung mit dem Fernseher oder Telefonhörer. Am zweifellos schönsten und damit am gesündesten ist die Mahl-Zeit – für Kind und Mutter – wenn die Nahrungsaufnahme mit einer natürlichen, zentral dem Kind zugewandten Hörwelt, Riechwelt, Berührungswelt verbunden ist. Jedes Musikmachen für das Kind oder in der Nähe des Kindes bedeutet eine weitere Erfahrung und Einführung des Kindes in das Hin und Her von Aktion und Reaktion (Interaktion) der Singenden. Auch wenn ein Mensch singt und auch nur summt, bedeutet es weiteres Kennenlernen der Verschiedenheiten musikalischer Elemente (hoch–tief, laut–leise, Klang–Zusammenklang, dicht–dünn usw.) und damit das Kennenlernen von Polaritäten, von Unterscheidbarem, von Extremen. Das Kind wird später weniger erschrecken, eher Vertrautes wiedererkennen, wenn es woanders Verschiedenes, Polares, Extremes erlebt.

Schrei-Babys

Zwei besondere Baby-Typen, besonders in ihrem Eindrucks- bzw. Ausdrucksvermögen in der ersten Zeit nach der Geburt, sollen am Schluß dieses Kapitels auch besonders betrachtet bzw. angehört werden. Sogenannte Schrei-Babys fallen eben durch ihren intensiven und langandauernden Ausdruck auf.

Schrei-Babys sind Babys, die an mehr als drei Tagen der Woche drei Stunden oder mehr schreien. Der Hintergrund für ihr Schreien ist immer eine nicht vorhandene Ausgeglichenheit. Ein Baby wird zum Schrei-Baby, weil eines oder mehrere seiner Grundbedürfnisse noch nicht erkannt und unerfüllt sind. Noch ist sich die Forschung nicht im klaren darüber, was zu der gegenwärtig zunehmenden Zahl von Schrei-Babys führt – zumal diese zum Teil sehr bemühte, liebevolle Eltern haben. Die große Zahl von Schrei-Babys ist eine Zeiterscheinung, wie auch die Zunahme narzißtischer Störungen, also Störungen der Selbstakzeptanz und daraus folgender Beziehungsstörungen zu anderen.

Selbstverständlich ist, daß längerfristig ein Schrei-Baby mit seinen Eltern, mindestens mit seiner Mutter, zu einer Therapeutin gehen sollte – allein schon deshalb, um sich in dem Dauerstreß des Schreiens Entlastung und Hilfe für sich selbst zu holen.

Musiktherapeutinnen arbeiten damit, daß Schrei-Babys in ihrem aktuellen Schreianfall äußerst positiv darauf reagieren, wenn jemand in ähnlicher Frequenz mitschreit, also ähnlich hoch, ähnlich laut. Oder mindestens hoch mitsingt. Ganz offenbar empfinden sich manche dieser Babys dann nicht mehr so allein und besser verstanden als vorher – und werden ruhiger. Auch Musikinstrumente mit anderen, tieferen Frequenzen wie Xylophone und sogenannte Ocean-drums können in die Beziehung zu dem Säugling einbezogen werden – mit viel Erfolg, den eine begleitende (Musik-)Therapeutin noch vertiefen und »auf den Grund verankern« würde.

Aspekte des Autismus

Babys mit autistischen Merkmalen sind nicht gleichzusetzen mit dem Krankheitsbild Autismus, auch wenn die Merkmale sich ähneln. Babys mit einem autistischem Eindruck auf uns wirken besonders in sich gekehrt, abgeschlossen, scheinbar desinteressiert am Geschehen um sich herum.

Der »normale frühkindliche Autismus«, der sich als Bezeichnung der ersten Zeit des Säuglings einbürgerte, weil Säuglinge nun einmal zeitweise in für Erwachsene schwer erkennbaren Zwischenzonen des Wachseins und Schlafens leben und von daher abgeschottet und desinteressiert wirken, ist nicht mit dem Krankheitsbild Autismus zu verwechseln. Jedes Baby zeigt streckenweise Zeiten der Abwendung von seiner Umgebung, »schließt sich ab« – bei allen möglichen Kommunikationsangeboten. Und manchmal derentwegen …

»Frühkindlicher Autismus« hat sich in der Literatur als Beschreibungsbegriff für eine normale Durchgangsphase eingebürgert. Dies ist aus zwei Gründen zunehmend umstritten. Zum einen ist es nicht einsichtig, warum eine Kommunikationserkrankung, die sich diagnostizieren läßt, als Bezeichnung für eine normale, gesunde Zeitstrecke herhalten soll. Zum anderen wird in der neueren Forschung mit Instrumentarien zur Direktbeobachtung an Säuglingen festgestellt, daß diese bisherigen »normal autistischen« Signale kaum unter die Rubrik »Abwendung von der Umgebung« fallen können: Die Säuglinge sind – selbst wenn unsere Beobachtung dies suggeriert – selten im autistischen Sinne »ganz weg« oder »zu« abgeschlossen.

Dennoch ist es wichtig, auf diese Zeiten der Abwendung beim Säugling dann zu achten, wenn sie nach dem Gefühl der Mutter und anderer Bezugspersonen auffällig lang sind und besonders bei Kommunikationsangeboten an den Säugling beibehalten werden. Wenn Säuglinge auf das »Hallo, du da!« und »Hier bin ich!« und andere Einladungen reagieren, indem sie nicht reagieren – dann ist eine ausführlichere Untersuchung über die Regeluntersuchungen hinaus nötig. Beobachten die Eltern jedoch Reaktionen, die deutlich an sie adressiert sind, dann ist wichtiger, *daß* der Säugling auf sie bezogen reagiert. Und weniger wichtig ist die Dimension, das Temperament seines Ausdrucks. Am wichtigsten ist, daß wir keine ganz bestimmten Erwartungshaltungen an den Ausdruck, an die Reaktionen des Säuglings haben.

Der Neurologe A. Tomatis führt in der Säuglingszeit beobachtbare Abwendungen, die auffällig lange anhalten, auf ein Hörerlebnis mit Schockfolge bei der Geburt zurück. Schock bedeutet immer auch eine Reaktion auf eine Verletzung, auf ein Zuviel von etwas oder ein Zuwenig. Abgesehen davon, daß andere Forscher auch schon vorgeburtliche Erfahrungen als einen Hintergrund für späteres autistisches Verhalten vermuten (zum Beispiel der innere Widerstand der Mutter und Eltern gegen das Kind oder medikamentöse Überreizung), sind autistische Verhaltensweisen immer auch eine Botschaft des Kindes, daß ihm etwas von den bisherigen Erfahrungen in dieser Welt zuviel wurde.

Kapitel 4
Frühe Duette

Man gibt zu, daß die Musik nur Seelengefühle erzeugen kann ...
Lassen wir also der Musik den Ausdruck der Gefühle.

(Friedrich II von Preußen, 1738)

Nimm ihn mal«, sagt die Mutter zum Vater, und das Kind wechselt den Arm, die Wärme, den Geruch und die Stimme, die es halten. Es ist Zeit zur Mahl-Zeit, und während die Mutter sich den Stuhl an das Fenster zieht, durch das die Drei in einen weiten Himmel schauen können, der von einem starken, grünbelaubten Ast des Baumes vor dem Haus aufgegliedert wird, beginnt der Vater mit der Tochter einen weiteren Abschnitt seiner Erziehung: Er sagt ihr was.

Zunächst grummelt die Stimme des Vaters zärtliche Laute, die er selbst nicht hört, weil er zu sehr seine Tochter anguckt. Für die Tochter sind das die ersten Erfahrungen mit einem Mann, der sich so ver-guckt. »Hm, ja, hm ... didadada, didadada.« Immer zwischendurch, eingestreut wie Körner, kommt mehr halblaut gestammelt als gesprochen ein kleines Gedicht: »Ja, da bin ich, da bin ich, da bin ich ...«. Dabei wandert die Betonung vom ersten zum dritten Mal von Wort zu Wort: *»Daaaa* bin ich – da *biiiin* ich – da bin *iiich* ...« und endet in einem schier endlosen Refrain des »Ja, iiich, ja iiich ...«.

Am längsten verweilt die Stimme bei der ersten und dritten Fassung, wiederholt sie mehrfach. Beim ersten »Daaa bin ich –« hebt der Vater seinen Kopf wie ein Gockel, schiebt den Kopf auf dem Hals nach vorne wie ein Schwan, so daß die unteren Barthaarspitzen sich dem winzigen Kinn seiner Tochter nähern – immer wieder und wieder. Und genau in dem Augenblick, wo das väterliche, vorgeschobene Haupt samt Barthaar absinken und die Haarspitzen das töchterliche Kinn berühren, kommt die letzte Gedichtzeile »Da bin iiich, bin iiich ...« Auch diese wird häufig wiederholt – offenbar zur Sicherheit für den Fall, daß die Tochter es immer noch nicht begriffen haben sollte, daß sich ihr Vater ihr zuwendet.

Vielleicht aber auch zur Versicherung der eigenen neuen Identität als Vater. Während die Tochter wahrscheinlich eine Empfindung von gleichzeitigem Piken und Streicheln erlebt und auch mit diesem Erleben gleich etwas übt für den späteren Umgang mit Männern, von denen die meisten das provozierende Piken zwecks späteren Streichelns als Repertoire mitbringen, geschieht etwas, das die vorbereitende Mutter kurz innehalten und auf Vater und Tochter sehen läßt: Es ist die Kurve, die die tiefe Stimme des Vaters von unten nach oben genommen hat – und zwar über mehr als eine Oktave.

Bei dem »Da« war es noch die tiefe Grunz- und Grummelebene, die derselbe Vater beim morgendlichen Aufwachen bei seinen ersten Tönen nutzt. Vorsprachliche Laute beim Recken und Strecken, die deutlich tiefer als seine normale Sprechlage (Bariton) liegen. Bei dem »biiin« hingegen kurvte seine Stimme schon weit höher in die Ebene des Singsangs. Beim »iiich« schließlich war die Stimme klar eine None, also eine Oktave und eine kleine Sekunde höher angelangt, und dennoch war sie nicht zuende. Das »Friederiiike« –

so der Name der Tochter, den die väterliche Stimme nach seinem Vorstellungsliedchen als Coda, als Schluß setzte, ließ alle bisherigen Töne hinter sich und machte einem Mezzosopran alle Ehre.

Kaum, daß diese Krönung mit den »iii« im Namen vorbei war, kam das Dakapo: Der Vater repetierte das ganze Werk von neuem, beginnend mit der letzten Zeile der Textdichtung: »Da bin iiich – Friederiiike«, kurvte noch einen halben Ton höher über die None (Neuntonabstand) hinaus – und fing abermals von unten an – nicht einmal die Barthaare vergessend, die pünktlich im Moment des »iiich« an das Kinn des Kindes pikten. Um dann kurz gehoben und bei dem Namen des Kindes wieder abzusinken und auf der Kinnhaut ihr Hin und Her aufzunehmen, das die Menschen streicheln nennen.

»Und du sagst immer, du könntest nicht singen«, sagte die in Blick und Hören von Vater und Tochter vertiefte Mutter, schüttelte den Kopf, lachte und näherte sich, um das Kind zu nähren. Denn Nahrung setzt immer Nähe voraus, wenn es schmecken soll. »Wieso singen?« fragte der Vater. Und er sprach wieder baritonal, erwachsen geworden.

Die Lust am Lallen

Die Szene eben kann sich überall dort abspielen, wo Väter sich mit ihrem neuesten Nachwuchs beschäftigen. Unnatürlich ist an der Szene nur, daß ich den Part der etwa zwei Monate alten Tochter beim Vater-Tochter-Dialog künstlich weggelassen habe. Natürlich nur, um ihre Kunst besonders hervorzuheben.

Denn im Zeitraum zwischen der sechsten und zehnten Lebenswoche beginnen Babys nun endgültig, ihre eigenen Laute, ihren eigenen Ausdruck etwa in der Weise zu hören, wie sie ihn ihr weiteres Leben lang hören werden. Bis dahin haben sie immer noch anders gehört. Der erste Geburtstag ist zwar noch weit, aber das Hören und infolge davon der Ausdruck feiern eine weitere Geburtszeit. Denn um den zweiten Lebensmonat herum tritt die Schnecke im Ohr (vgl. Seite 43) ihre stille Hauptrolle an. In Verbindung mit den jetzt zu ihrem Auftritt gereiften lauteren Hör-Spielern. Alle zusammen führen erste kindliche Gesänge auf, die diesen Namen verdienen: Lall-Gesänge.

Das Kind hat schon seit der Geburt gelallt, aber was es zu diesen Lauten brachte, waren eher jene Schwingungen und Vibrationen im Bereich der Zungen- und Lippenmuskeln und innerhalb des Mundes, war seine Bewegungsfreude an dem, was sich von diesen Schwingungen auch fühlen läßt. Das Lallen war noch nicht Antwort auf den Ruf der Erwachsenen, auch wenn diese es so empfanden. Um das bisherige Lallen des Kindes auch als Erwachsene nachfühlen zu können, denken wir an jenes Kitzeln, das beim Spielen von Mundorgeln entsteht oder beim Anblasen eines Grashalms oder beim Spielen auf einem Kamm. Ihr erstes Lallen haben Säuglinge jedoch nicht so gehört wie das neue Lallen, welches das Prädikat »Gesang« in der Wissenschaftsliteratur errang. Sie haben bisheriges Lallen noch nicht so besonders gefunden, lallen ab jetzt aber besonders im Sinne des Absondern-Könnens.

Lall-Gesänge – Musik zum Ausprobieren

Säuglinge beginnen jetzt zu unterscheiden, was sie hören. Die Schnecke mit ihrem ungeheuer feinen Differenzierungsvermögen für die Welt der Frequenzen, teilt jetzt auf, was von Mutter (oder Vater) tönt – und was von ihnen selbst. Die Schnecke macht das Absondern aus, das Besondere, das Säuglinge nunmehr noch genauer als zuvor am Klang hören: »Da ist Mutter, da ist Wärme, da ist Nahrung. Und da ist der ›Da bin iiich‹-Vater mit seiner Wärme und seinem Piken auf meinem Kinn. Und jetzt höre ich auch mich – meine eigenen Laute.«

Bis zu dieser Geburtszeit der Lall-Gesänge hat das Kind auch die Werkzeuge noch anders benutzt, die jetzt seinen Ausdruck gestalten: Kehlkopf, Lippen- und Mundmuskeln und Zunge. Jetzt wird alles zusammen eingesetzt, um auf die hörbaren Laute anderer mit eigenen zu reagieren. Und umgekehrt. Denn natürlich hat die Friederike ihrem Vater in der Szene vorab nicht nur ihren betörenden graugrünblauen Blick geschenkt, faszinierende Fingergestik zum Anlocken und neckenden Wegschieben eingesetzt, sondern auch jede Menge Töne lallgesungen, gejuchzt, gegrunzt – lauter Antworten auf Fragen, lauter Fragen auf Antworten, unmöglich das eine vom anderen zu trennen.

In dieser Zeit dürfen Kinder das noch: gleichzeitig miteinander reden, in das Wort fallen, in die Töne, die der andere macht. Später wird dieses Agieren und Reagieren, wird diese ganze Interaktion säuberlich getrennt – dann dürfen Stimmen nur noch nacheinander genutzt werden. Mit einer Ausnahme: In der Musik bleibt es erlaubt, zeitgleich miteinander zu tönen, die Stimmen schwingen zu lassen.

Die Aktive Musiktherapie, in der sich Patienten wegen verschiedenster Erkrankungen mit Musiktherapeuten treffen, nutzt diese frühe Unbefangenheit des Ausdrucks – und lädt ein zum Spielen mit Tönen, nacheinander und gleichzeitig. Auch das ist ein Grund, weswegen Musiktherapie an frühkindliche Begabungen und Ressourcen spielerischer Kreativität zurückführen kann, von denen einige sich mit in das gegenwärtige Leben nehmen lassen.

Das Lallen des Kindes in dieser Phase bedeutet, daß es das ganze Koordinieren seiner Muskelwerkzeuge zu einem Ausdruck adressieren kann, zu einer Antwort auf das jetzt auch genau Gehörte. Das Sensorium nimmt auf, die Motorik reagiert. Die Vorstufe des Sprechens hat bewegungstechnisch ebenso begonnen wie durch die Ausbildung der Schnecke im Hören.

Der Zusammenhang zwischen Hören und Ausdruck, zwischen Rezeption und Produktion wurde schon angesprochen (vgl. Abbildung auf Seite 87). Daß Hören Voraussetzung für Ausdrücken ist und somit das Hören der Umwelt die Basis für erste Lall-Gesänge bildet, zeigt auch das Beispiel taub oder hörbehindert geborener Kinder. Diese lallen nämlich ebenfalls in der ersten Zeit nach der Geburt, in der Kinder nur dem Bewegungsimpuls im Mundbereich folgen – etwa verwandt dem ebenfalls noch unkoordinierten Strampeln und Tanzen, das später ja als Begeisterungsausdruck oder Schockausdruck adressiert wird.

Kurz nach dieser Zeit, wenn bei gesunden Kindern die Lall-Gesänge beginnen, hören taube Kinder auf zu lallen. Die Voraussetzung, die lebendige Außenhörwelt, fehlt. Es fehlt das, was ein Kind jetzt langsam vorzubereiten beginnt: Wahrnehmen und Nachmachen dessen, was es wahrnimmt. Nur so lernt es sprechen. Das Lernen über Imitation des Gehörten – und so geschieht ja das meiste Lernen – entfaltet sich erst ab dem neunten Monat nach der Geburt ganz, so daß die Erwachsenen es hören und überprüfen können. Die Vorbereitungen dazu haben aber bereits begonnen. Es braucht zum zweiten Mal den Zeitraum der Schwangerschaft im Mutterleib bis ein Kind »ganz hört«. Lall-Gesänge unterscheiden sich von dem vorherigen Lallen durch die Artikulation. Das Kind drückt sich jetzt artikuliert aus, das heißt es spielt mit dem, was seine Stimmwerkzeuge auf dem jeweiligen Ausatmen gestalten. Meistens sind es Artikulationen im Bereich des Lallens und Gurrens.

Lall-Gesänge lassen sich auch in der Natur studieren, an Tauben oder Möwen oder an Enten, zu denen größere Kinder wie Erwachsene eine besondere Beziehung nicht nur wegen ihres Äußeren beibehalten, sondern auch wegen ihrer Äußerungen: Sie plappern, lallen, gurren und zischen. Ich denke, daß Enten auch wegen dieses Spiegels der eigenen frühen Ausdruckswelt später Kopfkissen und Betten von Kinderzimmern zieren. Und auch noch später Kaminsimse, edle Vitrinen, Fensterborde und Zierteiche. Enten aus Holz, aus Porzellan, aus Chemo-Faserfedern oder Plastik. Enten übertreffen in diesem Punkt den Teddy, den die meisten sich nur bis zu einer gewissen Altersstufe halten dürfen. Wenn sie nicht jenseits der Kindheit als auffällig gelten wollen, was dann passiert, wenn Erwachsene überall Teddys hinstellen würden. Enten weisen nie auf psychische oder geistige Erkrankungen ihrer Besitzer hin.

Der Schrei und andere Appellwerte

Das meiste von dem, was kleine Kinder jetzt an Ausdruck im Zusammensein mit Mutter, Vater, Geschwistern und anderen Bezugspersonen zeigen, verlieren sie wieder – zugunsten ihrer Sprache.

Was sie nicht verlieren, ist die Kraft zum Schreien. Der Schrei gehört jedoch nicht zur Sprache und auch nicht zum Lallen als einer Vorstufe zum Sprechen. Beim Lallen lächelt das Kind meistens, beim Schreien nie. Es behält sich das Schreien für höchste Nöte im Alleinsein vor. Und auch für höchste Nöte beim Zusammensein mit einem Menschen oder mehreren. Manche Säuglinge erleben schon in sehr frühen Zeiten große Leiden.

Schreien im Streit unter Menschen kündigt ebenfalls diese höchste Not an und zeigt auch Wirkung. Mindestens dadurch, daß der Streitpartner bereit ist, einzuhalten und sich den Rückzug zu überlegen; oder aber er zeigt die eigene Hilflosigkeit dadurch, daß er mitschreit, dagegen schreit, noch lauter schreit: »Nein!« – »Doch!« – »Nein!« – »Doch!«. Das sind in Dynamik und Ton »hochkurvende« Spiralen des Streits, mit denen Menschen zeigen, daß sie in dieser Art des Streits zurückgehen – in die Kindheit, in damalige Abhängigkeiten und damalige Ungebremstheit.

Das zärtliche Klettern der männlichen Stimme bis über eine Oktave in die höheren Frequenzen der Tonbereiche von Musik ist als Phänomen bei allen Männern, älteren Brüdern nach dem Stimmbruch, Patenonkeln und Onkeln zu beobachten. Sie singen sich in die höchsten Töne hinein, wenn sie einem Säugling begegnen. Und sie werden rot und verlegen, wenn jemand Rücksichtsloses oder ein Säuglingsforscher ein Tonband mitlaufen läßt und ihnen ihre Antwortgesänge und Rufgesänge spiegelt.

Welches sind die Gründe für diese unerwartet musikalischen Ausflüge nach oben?

Zum einen ist es der intensivere Appellwert, den hohe Stimmen für Säuglinge besitzen und dem diese sich schneller als tiefen Tönen zuwenden. Dieser höhere Appellwert ist dadurch zentral mitbestimmt, daß Hohes an die Hörwelt vor der Geburt und an die Stimme der Mutter erinnert, die mit Wärme und Nahrung verbunden ist.

Väter und andere Männer werden zwar auch gehört vom Säugling, aber eben nicht so hoch, als daß sie die Begeisterung der Wiedererkennung zeigen könnten wie bei der Mutter oder bei anderen Frauenstimmen, die sie zunächst grundsätzlich für ihre Deutlichkeit in der höheren Frequenzwelt honorieren.

Männer sind sensibel. Außerdem sind sie auch kommunikativ ehrgeizig, und vermutlich auch deshalb spüren sie, daß aus Säuglingen mehr herauszuholen ist. Was machen sie? Sie versuchen, sich in die Rolle der Mutter buchstäblich emporzuschwingen und stimmlich deren Schwingungswelt, deren hohe Frequenzen zu erreichen. Das sind die Augenblicke, in denen selbst Männer singen – mindestens summen oder brummen –, die sonst heftig abstreiten überhaupt singen zu können.

Und was machen die Babys auf den Armen dieser Männer oder in der Wiege? Sie belohnen die Anstrengungen und lächeln, gurren und lallsingen zurück. Sie sind es, die die Tonkünste der Männer provozieren (lat. provocare: hervorrufen, locken). Sie antworten jetzt mit Begeisterung auf die Vertrautheit, die Wärme und Nähe, die sie mit hohen Frequenzen verbinden. Ein Leben lang reagieren Menschen auf höhere Frequenzen besonders aufmerksam, besonders spontan, fühlen sich besonders angesprochen – wenn gesungen wird.

Höhen und Tiefen der Verständigung

Dieser uneinholbare Appellwert der singenden Stimme ist auch im Alltag ein Phänomen, das Sie beobachten, ja sofort auslösen können – dazu ein Phantasiespiel (siehe »Spiel mit Tante Ulrike«, Seite 119). Den Appellwert der hohen Frequenzen oder der hohen Töne können Sie auch in einem weniger aufwendigen Spiel als auf dem Bahnsteig sofort ausprobieren: am Telefon von zu Hause aus (siehe »Vom Singen am Telefon«, Seite 120).

Vielleicht haben Sie allein schon beim Durchlesen der Spiele und der inneren Vorstellung der ersten oder zweiten Szene etwas gefühlt, das in Richtung Verlegenheit oder gar Peinlichkeit geht? Bei der Vorstellung, Sie könnten wirklich so etwas machen – wie das Herbeisingen von Tante Ulrike oder den Begrüßungssingsang am Telefon? In der Tat braucht das Verlassen der gewohnten, normalen Sprechstimme – Mut. Es würde erhebliche Anstrengung und Energie kosten, sich derart mit der Stimme zu präsentieren.

Säuglinge und Kinder haben diesen Mut nicht nötig, weil sie unbefangen genug sind, jeden Ausdruck außerhalb des Sprechens zu nutzen. Schließlich haben sie keinen anderen. Etwas älter – so um die zwölf oder vierzehn Jahre – werden sie eben diesen spielerischen Ausdruck der Stimme, sobald er von der Sprache der Erwachsenen abweicht, meiden wie die Pest. Eben weil er ihnen »kindisch« vorkommt und sie ja am Ende der Kindheit nichts so intensiv betreiben, wie eben diese Kindheit so schnell wie möglich zu verlassen, um endlich erwachsen zu werden.

Interessant ist, was Pubertierende nicht wissen: Während sie sich in allem anderen von der Elternwelt abzugrenzen versuchen,

Spiel mit Tante Ulrike

Stellen Sie sich eine Szene auf einem Bahnsteig vor, wo Sie jemanden, nennen wir den Menschen Tante Ulrike, vom Zug abholen wollen. Der Bahnsteig ist rappelvoll, weil viele jemanden abholen oder wegreisen wollen. Der Zug kommt an, und Sie sehen über die Köpfe von zig Menschen hinweg, gut 150 Meter weiter entfernt Tante Ulrike auf dem Bahnsteig, die sich suchend umschaut. Sie können jetzt in dem Bahnsteiglärm »Tante Ulrike« rufen, mehrfach, auch brüllen. Da tut sich nichts. Sie haben sofort Erfolg, wenn Sie Ihre Stimme deutlich heben und nur einmal kurz singen »Hallo, Tante Ulrike!« Sie werden sich nicht mal anstrengen müssen (wie beim Brüllen): Tante Ulrike wird sofort in Ihre Richtung schauen und winken. Und zusammen mit Tante Ulrike werden sehr viele andere Menschen, die zwischen Ihnen und der Tante stehen, schieben, drängeln – innehalten, den Kopf heben und ebenfalls in Ihre Richtung schauen. Da war doch was?
Da wurde eben – gesungen. Ganz kurz nur.

Vom Singen am Telefon

Bisher haben Sie sich vermutlich eher mit normaler Sprechlage am Telefon gemeldet. »Hier Schmidt – bitte?« Oder wenn es ein näherer Mensch ist, sagten Sie – etwas weicher vermutlich und ein bißchen höher gelegt mit der Stimme: »Ja, du – hier bin ich, Ernst ...« Jetzt rufen Sie einmal einen Menschen »Ihres Vertrauens« an – und melden Sie sich gleich in jenem Zwischenbereich von Sprechen und Singen, den wir Singsang nennen. Üben Sie eine kleine Zeit vorher, überlegen Sie sich, wen Sie anrufen wollen. Dann sprechen Sie einmal »Hallo, ja du, hier bin ich ...«, dann legen Sie diesen bedeutenden, weil anmeldenden Satz höher – noch ein wenig höher ... Und so melden Sie sich jetzt am Telefon ... beherzt und nicht zu leise. »Hallo, ja du, hier bin ich ... Ernst« (falls Sie Ernst heißen).
Sie werden dem Angerufenen eine besondere Erfahrung vermitteln. Er oder sie wird am anderen Ende zuerst ruhig sein. Dann sich selbst melden – und wahrscheinlich wird er mit einer höheren Tonlage antworten, als Sie es sonst kennen. Dann wird er vielleicht fragen: »Ist was?« oder vielleicht sagen »Hast du was zu feiern?«
Sie können es sich natürlich ganz einfach machen – und zu jemandem nebenan gehen, Ihrer Frau, Ihrem größer gewordenen halberwachsenen Kind oder Ihrem Mitbewohner – und dasselbe probieren. Etwas wird in der Reaktion des Gegenübers auf Sie anders sein ... höchstwahrscheinlich wird die der Überraschung eigene Freundlichkeit, Neugier, Amüsiertheit folgen. Irgend etwas ...

indem sie das Gegenteil von ihr zur eigenen Kultur, zur Subkultur erklären – sie wählen absurd andere Haar- und Textilienmoden, wählen die bei Eltern ungeliebteste Musik zu ihrer Musik, lesen Gegenwelt-Literaturen und rotten sich zusammen, um der Kindheitsabhängigkeit zu entfliehen – nutzen sie gleichzeitig gerade dasjenige Kommunikationsmittel, das die Erwachsenenwelt kennzeichnet, von der sie unabhängig zu werden hoffen: die Sprache.

Wirksamer und augenfälliger, provokanter und spektakulärer würden sich Jugendliche in der Pubertät verhalten, wenn sie nur singend durch die Straßen in ihre Schulen drängten, lautlich untereinander zu kommunizieren versuchten, was alle anderen ausgrenzen würde.

Erwachsene Gefühle

Als Erwachsene spüren wir, wie anstrengend es ist, sich zum Beispiel vor einer Gruppe von Zuhörern mit der Stimme zu äußern. Noch dazu im Stehen, während andere sitzen, oder gar vorn auf der Bühne. Unser Unbewußtes weiß zu genau: Meine Stimme bin ich. Und mit diesem Ich-Ausdruck Stimme zeigen sich viele Erwachsene nur ungern. Aufgrund unangenehmer Vorerfahrungen. Wir räuspern uns dann, werden innerlich oder sogar äußerlich rot, brauchen einige Zeit, bis wir uns an diese Situation gewöhnen, wo andere – unserer Stimme zuhören.

In dieser Einstellung liegen auch noch uralte Instinktreste. Nicht erst die heutige Zivilisation hat uns stumm gemacht in allem, was außerhalb des Sprechens liegt. Die Instinktreste stammen aus der Zeit, als es sicherer war, in einem Rudel von Menschen, heute heißt das »Gruppe«, zu verbleiben. Wer aus der Gruppe heraustrat, führte die Gruppe vielleicht oder ging vor ihr her, um die Richtung zu zeigen oder um Feinde auszuspähen und zu melden – derjenige war gefährdeter. Daran hat sich bis heute kaum etwas geändert.

Mit einer Ausnahme: Im Spiel mit Kindern können wir diese Befangenheit der Stimme im selben Tempo durch Spielfreude austauschen wie jener Vater mit seinem »Da bin iiich« in den höchsten Tönen. Kaum daß wir uns auf den Teppichboden oder den Sandstrand niederlassen, um mit Patenkindern, Kindern von Freunden oder Nachbarn zu spielen oder mit Kindern, die uns beruflich anvertraut sind (Kindergarten, Spielkreis im Krankenhaus usw.). Kaum nehmen wir wieder den Blickwinkel unserer frühen Kindheit ein, gelangen wir auch an diese Potentiale der nichtsprachlichen Kommunikationen und schlüpfen mit wachsender Begeisterung in alle möglichen Rollen von Zootieren: schmatzen, grunzen, brüllen, summen, singen …

Wenn sich jedoch während eines solchen begeisterten Spiels des Erwachsenen mit den Kindern auf dem Teppichboden plötzlich die Tür einen Spalt öffnet und darin ein anderer Erwachsener erscheint, der auf das Treiben schaut – dann passiert (wie mir bei manchen Besuchen an Praktikumsstellen meiner Studenten), daß der mit seiner Stimme spielende Erwachsene da unten den anderen da oben stehenden Erwachsenen sieht, sich verlegen aufrichtet und sich – entschuldigt: »Verzeihung – ich spiele nur mit den Kindern.«

Wenn wir glauben, uns für das Spielen mit Kindern entschuldigen zu müssen, brauchen wir mehr Kinder. »To be adult« heißt im Englischen nicht nur »erwachsen sein«, manche Wörterbücher weisen als Zusatzbedeutung auch »verfälscht sein« aus. In Spiel und elementarem Musizieren und Singen sind wir erwachsen – und verfälschter, je erwachsener wir sein wollen. Das Spiel mit Kindern ist für Erwachsene eine kostenlose Ressourcen-Entdekkung. In den verschiedenen Psychotherapien kostet solche Entdeckung der frühen Ressourcen pro Stunde gleich viel wie eine Stunde Inspektion am Auto. Ersteres macht Erwachsenen im Gegensatz zum letzteren allerdings mehr Angst: Da geht es nämlich um Gefühle. Die Säuglinge, die gerne Säuglinge sind, haben diese Gefühlsängste noch nicht. Sie sind weitgehend Gefühl.

Drum singe, wem Gesang gegeben …

Im größeren Zusammenhang fällt auf, daß wir eine Nation geworden sind, die zwar nicht mehr singt – aber immer mehr singen läßt.

Mit merkwürdiger Treue und mit manchmal suchtähnlichen Merkmalen hocken wir vor TV-Sendungen, in denen nicht erst Fischers Riesenchöre uns begeistern. Andererseits stirbt auch die Welt der vielbelächelten weltlichen Gesangsvereine einfach nicht aus – sondern wächst seit einigen Jahren und zeigt deutlich weniger Nachwuchsprobleme. Und dies sicher nicht deshalb, weil es dort bereits für zehnjährige Sängertreue attraktive Urkunden und Abzeichen gibt.

Der Musiksoziologe und Psychologe Karl Adamek beschäftigte sich in seiner Forschung ausführlich mit dem Singen und den damit verbundenen Lebensqualitäten. Mit Lebensqualität ist in seiner Arbeit keineswegs nur die künstlerische oder ästhetische Ebene des Singens gemeint. Vielmehr zeigt Adamek, auf wie viel sogar »meßbare Gesundheit« ein Mensch verzichtet, der singen *läßt*. Adamek arbeitet die biologischen, medizinischen und psychologischen Vorgänge heraus, die im Menschen beim Stimmen einsetzen und ihn lebendiger und gesünder leben lassen – ganz gleich, in welcher ideologischen und technischen Richtung er auch immer mit der Stimme oberhalb seiner meist »eingeschlurften« Sprechstimme umgehen, singen oder spielen mag.

Inzwischen bieten manche Firmen für Manager in Geschäftsführungsetagen Workshops an, in denen der spielerische Umgang mit der Stimme geprobt wird. Das heißt dann nicht »Singen«, sondern beispielsweise »Stimmliches Kommunikationstraining« oder »Richtig Atmen«, aber meistens sind hinter den verschlossenen Türen lauter Töne zu hören – und zunehmende Vergnügtheit. In der Schweiz hat sich der Psychologe Peter Müri auf diese Workshops speziell für Führungskräfte der Wirtschaft spezialisiert, und so kommen und gehen bei ihm zwar Nadelstreifenanzüge ein und aus, aber die Herren sind sehr spielbegabt mit der Stimme geworden. Frauen im Management benötigen diese »Renaissance der Spielstimme« im Singen offenbar nicht so sehr: Sie sind einfach höher (mindestens in den Frequenzen).

Der Verruf des Singens, des »Stimm-Spielens« durch seinen Mißbrauch besonders in der deutschen völkischen Vergangenheit, eingeschlossen die politisch instrumentalisierte Rolle des Liedes in Schule und Militär Kaiser Wilhelm II. und die Hitlers Propagandaminister Goebbels dem Lied zuwies, hat heute zur »Leere-Badewannen-Situation« geführt: Wir haben das Kind mit dem Wasser ausgeschüttet.

Daniel Stern: Chancen der Kindheit

Die Bedeutung seiner Theorie für die frühe Kindheit und die Rolle der Musik

Viele Kräfte wirken in einem Säugling wenige Wochen nach der Geburt. Der Säuglingsforscher, Arzt und Entwicklungspsychologe Daniel Stern beschreibt diese Kräfte und die Entwicklung des Kindes aus einer neuen Perspektive, und die Arbeiten des in der Schweiz lebenden Amerikaners haben mittlerweile internationalen Ruf erlangt.

Besonders in Ausbildungsbereichen und Berufen, die sich mit Säuglingen, Kleinkindern und Kindern beschäftigen, wie zum Beispiel Kinderkrankenschwestern, Erzieherinnen, Lehrberufe, Medizinberufe, ist die Beschäftigung mit den Arbeiten und Erkenntnissen Daniel Sterns zur Säuglingsforschung dringend zu empfehlen, um damit jene Bilder abzulösen, die die früheren Generationen von Psychiatern und Psychologen von der Säuglingszeit und Kindheit vermittelten.

Seine Motivation, die Entwicklung des Kindes neu zu sichten und zu erforschen, begründet Stern damit, daß ihm in seiner Ausbildung zum Psychiater und Psychoanalytiker die bisherige Theorie über die Bedeutung der Kindheit und der ersten Jahre für das ganze übrige Leben zu überlastet schien. Durch die ausgeprägte Störungsorientierung dieser bisherigen Theorien, die mehr auf Krankheit ausgerichtet sind als auf Gesundheit, spielt seines Erachtens die Kindheit in der Behandlung von erkrankten Erwachsenen eine »spekulative und dunkle Rolle«.

In der Tat hatte die bisherige Entwicklungspsychologie der unmittelbaren Sigmund-Freud-Nachfolger für das Säuglingsalter lange genug Begriffe wie etwa »Autismus« und »Symbiose« benutzt. Symbiose gilt als jener »Ich-lose« Zustand zwischen dem dritten und zwölften Monat, in dem das Kind – nach dem »normalen Autismus« – noch keine Grenzen zwischen sich und der Mutter erlebt, kein eigenes Selbst fühlt und ist, völlig in ihr als Ganzem aufgeht, unfähig ist ohne sie. Dieselben Begriffe werden in der traditionellen Krankheitslehre zur Beschreibung von psychischen Verformungen bei Erwachsenen benutzt. Hier zeigte sich nun immer mehr ein Widerspruch, dem Stern nachforschte: Wie kam es, daß Begriffe aus der Krankengeschichte erwachsener Menschen zur Beschreibung der Säuglingszeit und Kindheit herangezogen wurden? Und welche Folgen hatte diese Nutzung der Begriffe?

Es kam zu einem pathologisierenden, also leidensorientierten, krankmachenden Bild von Kindheit dadurch, daß die Beschreibungen der Kindheit in der psychiatrischen und klassisch-psychoanalytischen Fachliteratur sehr oft von erkrankten Erwachsenen stammten, die entsprechend auf eine meist kränkende, krankmachende Kindheit zurückschauten. Die klassische Psychoanalyse hat zugunsten des heutigen Verständnisses von Gesundheit und Krankheit den Aspekt einer ständigen Wechseldynamik zwischen Psyche, Geist und Körper hinzugefügt und dadurch Erkenntnisse und Hilfe beim Verstehen des Unbewußten und dem des Gegenübers ermöglicht. Das Verstehen der Kindheit als einer vitalen, gestaltenden, gesunden Zeit (liebende Eltern vorausgesetzt) hat sie allerdings gebremst, teilweise gestoppt und hier und da in einen dauerhaften Rückwärtsgang gezwungen.

Es verhält sich wie mit Musik: Wenn sie mit Zwang verbunden ist – dann wird sie ihrer positiven Kräfte beraubt. Wer zu sehr und zu lange in die »dunkle« Kindheit schauen und spekulieren muß, welche heutigen Schwierigkeiten wohl von damals stammen – der mindert Teile seiner positiven Kräfte. Denn die Erinnerung an die Kindheit ist für viele zum Verwundern schön.

Neue Horizonte in der Therapie

Stern gelang mit seiner Forschung der Durchbruch, den vor ihm andere Autoren schon länger vorbereiteten: Das Bild der Kindheit wurde von früheren Sichtweisen früherer Patienten befreit. Mit den modernen Mitteln der Direktbeobachtung (Audio-Video-Medien, computergestützte Auswertungsverfahren feinster Kommunikationen des Kindes) wurde erforscht, was der Säugling selbst macht und was nicht – und abgetrennt, was vorher von Erwachsenen in dieses Kindsein hineingelegt war.

In der neueren Entwicklungspsychologie treffen sich heute viele Strömungen von Medizin, Psychoanalyse, Psychologie und Lerntheorie, die auch fächerübergreifend arbeiten. Diese Entwicklungspsychologie zeichnet sich durch einen ganzheitlichen – Leib, Seele und Geist als Ganzes sehenden –, holistischen Ansatz aus, der das Kind im umgebenden komplexen System sieht und der die Auswirkung des erwachsenen Forschers auf das Kind (als Forschungsobjekt) mit einbezieht. Drei Zitate von Daniel Stern sollen die Dimension des »neuen Blicks auf den Säugling« kennzeichnen:

~ *»Das soziale Erscheinungsbild des Säuglings (hat) sich völlig verändert, wenn er zwischen dem zweiten und dritten Lebensmonat ein Lächeln erwidern kann, den Eltern in die Augen blickt und zu ›erzählen‹ beginnt.«*

Mit einer solchen Sicht heutiger Forschung hat sich das Bild vom abhängigen und symbiotischen Säugling verändert hin zum Bild eines Säuglings, der kommuniziert, aktiv ist und gestaltet.

~ *»Das subjektive Erleben des Kindes, das diesen Verhaltensänderungen zugrunde liegt, erweckt einen anderen Eindruck und veranlaßt uns gegenüber dem Kind zu anderem Gebaren und Denken.«*

Hier bestreitet Stern, daß der Säugling »niemals eine Phase völliger Undifferenziertheit zwischen dem Selbst und dem Anderen« durchlebt, sondern selbst schon ein Selbst ist.

~ *»Die Organisationsveränderungen des Säuglings und deren Deutung durch die Eltern fördern sich wechselseitig.«*

Säuglinge gestalten ihre Umgebung durch gänzlich eigene, aktive Investitionen in die »Unterhaltungen« mit der sozialen Umgebung.

Das Ergebnis dieser Forschungen ist ein positives Bild der Kindheit, ist die Sicht auf Säuglinge als »kompetente Wesen«, als von

Anfang an (im Mutterleib beginnend) begabte Menschen, deren Fähigkeiten inzwischen nicht nur Entwicklungspsychologen faszinieren. Neue Entwicklungspsychologie ist zudem ungemein erleichternd für die Theorie und die sich ändernde Praxis des Umgangs mit gesunden und besonders auch mit erkrankten Menschen.

Für die Therapien wandelt sich infolge dieses neuen Denkens die Aussicht auf Behandlungsmöglichkeiten erwachsener Patienten aller Altersstufen. Was bisher als aussichtsarm oder aussichtslos galt, erscheint in einem neuen Licht. Die Entdeckung der Potentiale des Säuglings, seine Begabungen und Kompetenzen stellen auch Ressourcen dar, auf die in den Therapien zurückgegriffen werden kann, wo diese bekannt sind. Musiktherapie nimmt darunter eine besondere Rolle ein.

Von »Selbstempfinden« und »Bezogenheit«. Stern benutzt für die Beschreibung der Entwicklung von Säuglingen die Begriffe »Selbstempfinden« und »Bezogenheit«. Stern und seine Mitarbeiter fassen mit Selbstempfinden die zentral wichtigen, ersten eigenen Perspektiven zusammen, die ein Säugling sammelt, erlebt und selbst – empfindet. Das soziale Erleben des Säuglings, sein Innenleben in Verbindung mit dem Außenleben, wird von diesem Selbstempfinden organisiert. Stern beschreibt vier verschiedene Arten der Selbstempfindung, die Säuglinge während der ersten drei Jahre ihrer Entwicklung entwickeln. In der Abbildung auf der folgenden Seite sind diese vier Phasen zusammengefaßt.

Das Selbstempfinden taucht während der ersten zwei Monate auf. Dahinein mischt sich jedoch – wie eine Welle fließend und sich mit der vorigen mischend – bereits der Kern des Selbst, den das Kind mit etwa acht Monaten empfindet. Wieder eine reifende Zeit weiter mischt sich in beide vorigen Empfindungsebenen das subjektive Selbst (das heißt der Kern ist so stabil und klar abgrenzbar, daß das Kind jetzt dauerhaft zwischen »Ich«, »Du«, »Wir drei« und noch mehr unterscheiden kann). Als Krönung dieser geschichteten Wellen nähert sich das »verbale Selbst«: Das Kind spricht aus,

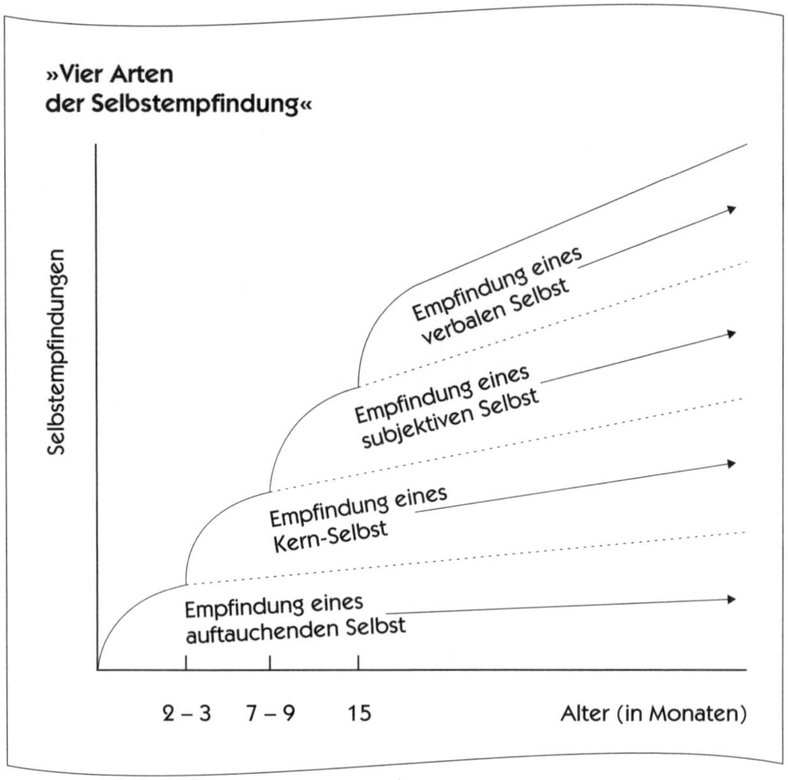

was es schon vorher empfunden hat: »Ich« und »Du« und was die beiden voneinander halten, wollen, nicht wollen … – Obgleich das Kind diese Bedürfnisse, etwas haben oder nicht haben zu wollen, längst schon ausdrücken konnte, empfindet es seine sprachliche Ebene als Krönung seiner Entwicklung, und das ist auch so.

Leider hindert die Sprache manche Menschen später, auf ihre Kindheits-Begabungen und -Kompetenzen zurückgreifen zu können. Sie maskieren sich mit ihr – und merken meistens selbst nicht, welch niederdrückendes Gewicht die Sprache, die Krönung ihres Ausdrucks, hat. Aber die Sprache läßt sich auch anders handhaben.

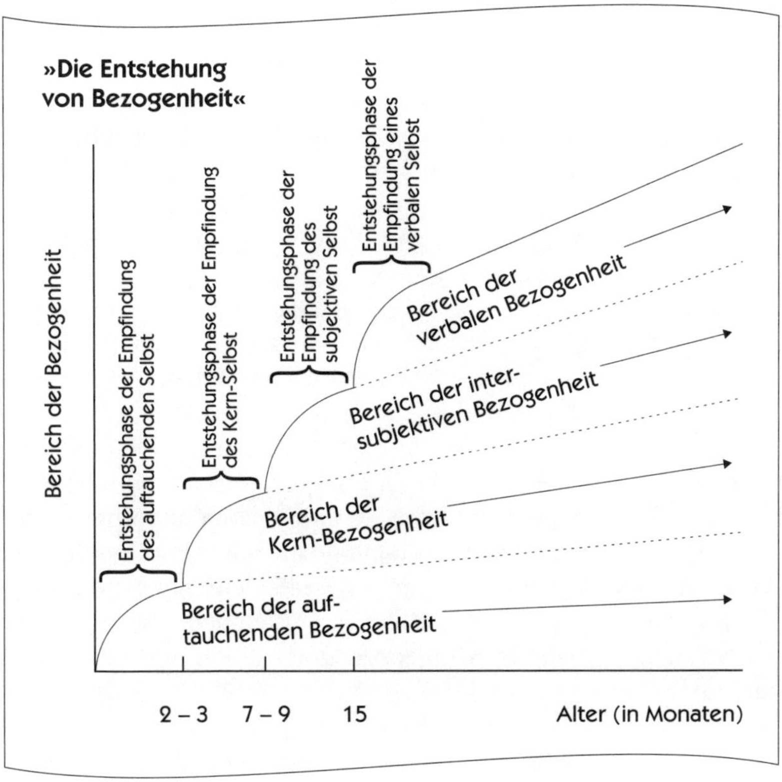

Was Menschen an körpersprachlichen, musikalischen, stimmlichen Kommunikationsmethoden in der Säuglingszeit lernten (erinnern Sie sich, wie schnell das Kind zu Beginn dieses Kapitels seinen Vater zum Singen brachte und zu fleißiger, lebhafter, freudiger Kommunikation bewegte) – das verlernen sie zwar wieder, dennoch prägen diese frühesten Dialogformen zwischen Säuglingen und Bezugspersonen bereits die Art und Weise, wie diese Menschen sich später im Dialog zeigen und fühlen.

Die Wellenform der vier Phasen der Selbstempfindung soll auch symbolisieren, daß sich eine Phase aus der anderen ergibt und darauf aufbaut – ohne daß die vorangehende Kraft und Fähigkeit verlorengeht. Außerdem bedeutet die Darstellung in verschiedenen Wellen, daß alle späteren Empfindungen und daraus wachsenden Kräfte bereits in der vorherigen Welle angelegt sind. Im Mutterleib wird die Disposition gelegt für das Überstehen der enormen Anstrengung der Geburt und die ganze Zeit danach. In der Zeit als Säugling disponiert das Kind für sein ganzes weiteres Leben die Selbstwahrnehmung und die Wahrnehmung des anderen, die Fremdwahrnehmung.

Jede dieser Wellen beschreibt einen weiteren Bereich des Selbsterlebens des Säuglings – und sein Erleben der sozialen Umgebung, seiner Bezugspersonen. Stern nennt dies das Erleben der »Bezogenheit«, mit dem der Säugling die Beziehungswelt um sich, seine Bezüge erlebt, organisiert, strukturiert. Die Entwicklung des Säuglings in die Beziehungswelt hinein findet *zeitgleich* zum Erleben des Selbstempfindens statt (siehe Abbildung auf der vorhergehenden Seite). Insgesamt erleben Säuglinge ihr Selbstempfinden wohl als wachsende »innere Ordnung« – die sie gleichzeitig Beziehungen zu sich selbst und zur Außenwelt aufnehmen läßt. Und dazu gehört auch das Hören, Schmecken und Fühlen und das innere Fühlen.

Amodale Wahrnehmung: Der geniale Säugling

Hier einige Fähigkeiten, die Säuglinge haben und die ihnen früher ganz oder teilweise abgesprochen wurden. Nach Sigmund Freud waren Säuglinge überhaupt erst ab dem zweiten Lebensjahr »bildbar«.

~ *Säuglinge suchen von sich aus nach sensorischer Stimulierung, nach Reizen für ihre Sinne und deren Entwicklung.*

Zwar sollten wir Säuglingen weiterhin Spielwerkzeug und auch uns selbst zur Verfügung stellen und anbieten, aber wir können auch sicher sein, daß sich der Säugling holt, was er braucht. Er wird auch mit Reizketten differenzieren lernen, die wir nicht ausdrücklich an ihn adressieren, wird sie als »Spielzeug« auffassen. Ob die Wiege, das Bettchen neben der arbeitenden Mutter oder dem Vater oder woanders steht – das Kind sucht und versucht alles, solange es will.

~ *Säuglinge haben angeborene Vorlieben bzw. Abneigungen für bestimmte Sinneseindrücke.*

Der Säugling kann zum Beispiel von den ersten Tagen an den Kopf seitlich drehen – und tut dies verstärkt in die Richtung, in der die Stilleinlage der Mutter liegt. Ein anderes Beispiel betrifft die Drehung des Kopfes in die Richtung, aus der die Mutter zu dem Kind spricht oder singt. Das Kind antwortet mit Saugbewegungen des Mundes, wenn sich die Stimme nähert oder auch nur Geräusche ihres Schrittes, ihrer Kleidungsreibung. Umgekehrt kann sich das Kind abwenden von etwas, was ihm fremd ist oder bereits Abneigung auslöst.

~ *Säuglinge erleben die spezifischen Eigenheiten von Menschen und Dingen so umfassend, daß sie eine Fähigkeit ausprägen, die aus der Erwachsenenperspektive »genial« wirkt. Diese Fähigkeit ermöglicht Säuglingen, eine Wahrnehmung von einer sensorischen Ebene auf eine andere zu übertragen.*

»Amodale Wahrnehmung« wird diese Fähigkeit bei Stern genannt und bedeutet die Übertragung von einer Sinneswahrnehmung auf eine andere. In einem Experiment ließ man zum Beispiel drei Wochen alte Säuglinge einige Zeit mit verbundenen Augen an einem bestimmten Schnuller saugen. Dann nahm man ihnen die Binde ab und zeigte ihnen zwei verschiedene Schnuller. Die Kinder brauchten nur kurze Zeit, um wiedererkennend *sehen* zu können (nicht mit der Zunge zu fühlen), woran sie vorher saugten.

Säuglinge erleben Soziales. Alles, was mit menschlicher Gesellschaft um sie herum verbunden ist, auch mit ihrer »physiognomischen Wahrnehmung« verknüpft, die ebenfalls schon mit dem auftauchenden Selbst einsetzt. Mit der physiognomischen Wahrnehmung werden Menschen wie Gegenstände als froh oder traurig, als wütende oder friedliche erlebt, also als »Affekte« und Gefühle. Zusammen mit der amodalen Wahrnehmung können Säuglinge bereits Töne und Farben als freundlich oder abweisend wahrnehmen.

Es ist sehr förderlich für die Entwicklung des Säuglings, daß sich mit dem neuen Erkenntniszuwachs nochmals mehr Kliniken mit Entbindungsstationen Gedanken über die Farbausstattung der Säuglingszimmer bzw. der Mutter-Kind-Räume machen, über Helligkeitsstufen, Lichteinfallswinkel, Zimmergeräusche, Umgebungsklänge, Geruchsumgebung usw. und diese Gedanken auch umsetzen. So kann die klinische, konstruierte Umgebung für den Säugling normalisiert werden – und so ein Beitrag für die Erhaltung seiner »angeborenen Begabungen« geleistet werden, die immer schon vermutet, jetzt beweisbar wurden.

Angeboren heißt in bezug auf die überraschenden und erstaunlichen Wahrnehmungsfähigkeiten der Säuglinge, daß das, was sie jetzt nach der Geburt an Kompetenz, an Können und Potentialen zeigen, bereits vor der Geburt wuchs, sich die ganze vorgeburtliche Zeit über entwickelte – und nicht angeboren ist im Sinne von genetischem Vorhandensein. Die enorme Unterscheidungskraft der amodalen Wahrnehmung des Säuglings bezieht nicht nur Gegenstände ein, sondern auch unterschiedliche Intensitäten.

Klänge sehen – Farben hören

Der Säugling baut zum Beispiel eine innere Brücke zwischen seinem Hören und Sehen, indem er sehr lauten Klängen sehr helle Lichtstufen zuordnet oder leisen Klängen dunkle Farbtöne und umgekehrt: Dunkles wird Leisem zugeordnet. Die amodale Wahrnehmung befähigt Säuglinge also, starke Hörreize starken visuellen Reizen zuordnen zu können. Erst durch die Mikroaufnahmetechniken computergestützter Audio-Video-Dokumentations-Medien in den achtziger Jahren wurden diese Zusammenhänge belegbar. Stern vermutet als Grund für diese Begabung einen besonderen Speicher, in den der Säugling Erfahrungen ablegt, die sein umfassendes Erleben von Zeit, Intensität und Form betreffen.

Hier nun können wir anhand des Säuglingserlebens von großen Rhythmen (Schlaf-, Wachphasen) und kleinen Rhythmen (Essenszeiten) die Brücke weiter bauen zur Musik. In ihr kann der Säugling mit seiner amodalen Wahrnehmung die verschiedenen Bauelemente in sein Erleben und Reifen einbeziehen: Das Bauelement Zeit (Tempo) oder das Element Dynamik oder das Element Melodie bedeutet für den Säugling weit Umfassenderes als für uns Erwachsene. Wir können normalerweise nicht mehr auf diese Begabung zurückgreifen, der Säugling hört jedoch Farben, er sieht Farben klingen, er schmeckt beim Befühlen und beim Befühlen riecht er usw.

Manche Eltern schauen aufgrund individueller Abweichungen ihrer Säuglinge von Entwicklungsstufen und damit verbundenen Äußerungen mit Sorge und Ängsten auf ihr Kind. Jeder Säugling spürt diese Erwartungshaltung und macht das, was die besorgten Eltern eigentlich auch immer tun, wenn von ihnen etwas Bestimmtes in bestimmter Zeit verlangt wird: Sie ziehen sich zurück, machen etwas anderes, eigenes.

Eltern können jedoch die Kindheit als dies nehmen: als helle Zeit, als kreative, unbefangene Zeit nicht als eine dunkle, ungewisse, sorgenvolle Zeit, in der niemand weiß, was wohl die Zukunft für die kleinen Wesen bringen könnte, sollte, müßte …

Jede tatsächliche Abweichung von der gesunden Entwicklung, jede psychische und geistige Erkrankung bedeutet eine Schwächung oder Störung in unserer Selbstwahrnehmung oder in der Fremdwahrnehmung. Infolge einer gestörten und erkrankten Selbst- oder Fremdwahrnehmung (Krankheit oft als Folge einer frühen Kränkung) entwickelt das Kind entsprechende Störungen in seinem Gefühlserleben, in seinem »emotionalen Haushalt«.

In der Therapie der verschiedenen Störungen setzen Therapeuten meist mit Aufgaben an, die dem Patienten seine Verzerrungen in der Selbst- und/oder Fremdwahrnehmung bewußt machen, damit sie sie dann eigenständig korrigieren können. Bis das Leben, das heißt die Wahrnehmung, wieder lebenswerter ist. Da hilft es, auf die Potentiale der Kindheit als Ressource zurückgreifen zu können, in denen Stern Säuglinge noch relativ ungestört sieht.

Vitalitätsaffekte

Neben der amodalen Wahrnehmung spielen nach Daniel Stern die »Vitalitätsaffekte« im Leben eines Säuglings eine besondere Rolle. Vitalitätsaffekte sind auch für das Verstehen der lebenslangen Wechselwirkung zwischen Musik und Mensch von entscheidender Bedeutung: Gemeint sind damit die Gefühlsqualitäten, die nicht einfach Gefühle oder Affekte *sind,* sondern deren Art und Weise beschreiben. Wie der Säugling wahrnimmt, wenn er gestreichelt wird, auf den Arm genommen, gewindelt, oder wenn mit ihm gesprochen und gesungen wird. Alle diese Erfahrungen können verschiedene Qualitäten haben:

- ruckartig – fließend,
- anschwellend – abschwellend,
- explosionsartig – schleichend,
- berstend – beruhigend,
- explosionsartig – verebbend usw.

Die Art, wie ein Säugling angesprochen, hochgenommen oder gewickelt wird, wie sich die Eltern ihm nähern mit ihrem Schritt (gehetzt und laut oder leise tappend), wie ein Kind gestillt wird (mit der ungeteilten Aufmerksamkeit der Mutter oder gleichzeitig mit TV-Nachrichten oder Mord und Totschlag) – das alles wirkt sich bei Säuglingen im Erleben der Vitalitätsaffekte aus.

Zusammen mit der amodalen Wahrnehmung heißt dies auch, daß es nicht wichtig ist, auf welchem Sinneskanal sich die Eltern dem Kind zuwenden, ob lautlich mit der Stimme oder schweigend streichelnd. In beiden Fällen können dieselben Vitalitätsaffekte hervorgerufen werden. Das Kind reagiert jeweils entsprechend und zeigt, wie es das Angebot annimmt: zurückziehend – entgegenkommend, zunehmend – abnehmend, lauter – leiser werdend, abschwächend – aufwallend. Es drückt in diesen Vitalitätsaffekten – die *Qualität* seiner Gefühle aus.

So wie Erwachsene etwa Musik empfinden, so empfinden Säuglinge die menschliche Umgebung in deren Vitalitätsaffekten: Die Mutter tröstet ihr Kind »Ja, nun bin ich ja da … Ja, nun bin ich ja da …« und fängt die Worte höher an und lauter – und klingt zum Ende hin tiefer aus und leiser. Gleichzeitig streichelt sie das Kind mit Bewegungen und Berührungen, die anfangs rascher und stärker sind, schließlich langsamer und behutsamer werden.

Wir werden ein Leben lang Begegnungen untereinander mittels dieser Vitalitätsaffekte empfinden. Wir werden uns oft genug gegenüber jemandem in einer bestimmten Art und Weise fühlen, ohne ein konkretes Gefühl fühlen oder gar benennen zu können. Wir erleben dann Vitalitätsaffekte. Das Medium Musik lebt und zeigt eben diese Vitalitätsaffekte wie kein anderes. Daß wir lebenslang direkter auf die »Vitalitäten der Affekte« in einer Musik reagieren als auf Sprache hat hier seinen frühen Grund.

Vitalitätsaffekte und Musikerleben

Besonders deutlich wird die Bedeutung der Vitalitätsaffekte für das musikalische Erleben des Säuglings und für Menschen jeden Alters beim genauen Betrachten der Gefühls*qualitäten* (etwa beruhigend oder berstend, anschwellend oder abschwellend usw.), die schon in Kontrasten formuliert wurden.

Es sind alles Ereignisse oder Zeitabläufe, die sich im Erleben musikalischer Bauelemente wiederfinden. Wir erleben das musikalische Element Dynamik als anschwellende oder abschwellende Kraft (crescendo und decrescendo). Wir erleben Rhythmen als ruckartig oder fließend, Melodien als heller oder dunkler werdend, als näher oder ferner rückend …

Musik ist eines der besten Medien für den menschlichen Ausdruck von Vitalitätsaffekten. Dieselbe Fähigkeit übernimmt natürlich Musik, wenn sie gehört wird – sie drückt dann Vitalitätsaffekte

Zwischenspiel mit Vitalitätsaffekten

Nehmen Sie sich einmal einige Minuten und schauen Sie dorthin, wo Sie Menschen im Zusammensein miteinander beobachten können. Wie sie sich begrüßen, verabschieden, miteinander reden, einander etwas zeigen ... Das können Sie vielleicht schon an Ihrem Fenster hinter der Gardine. Sie können auch weniger versteckt und offener in ein Straßenrestaurant oder in eine Bar, auf einen Bahnsteig gehen und von dort aus forschen.
Die Aufgabe ist: Beobachten Sie das Hin und Her, mit dem Menschen sich einander zuwenden, und schreiben Sie auf einem Papier Begriffe auf, die Ihnen dazu einfallen. Schreiben Sie irgendwelche Wörter auf, die Ihre Empfindung für dieses Hin und Her, die **Qualität** der Interaktion der beiden anderen da schildern. Desjenigen, was Sie zwischen zwei oder mehreren Menschen beobachten können, während diese in ihr Zusammensein Körpersprache, Sprache, den Klang der Sprache (Timbre) investieren.
Wie finden, wie empfinden Sie den einen oder die andere oder das Ganze zwischen den beiden oder den mehreren, die Sie beobachten? Schreiben Sie die Wörter untereinander ... es geht nicht um die Benennung der Gefühle, es geht um die Beschreibung der Gefühls-**Qualitäten.**
Das Ziel: Hinterher lesen Sie einmal, was Sie sammelten und überlegen, welche Wörter darin typische Vitalitätsaffekte beschreiben. Einige oder sogar sehr viele dürften Wörter sein, mit denen Sie auch – Musik beschreiben.

in sensibelsten Schattierungen aus. Und sie kann diese Vitalitätsaffekte in den Emotionen des Hörers hervorrufen. Musik berührt uns Menschen seelisch über unseren emotionalen Haushalt wie körperlich über unser nicht beeinflußbares, vegetatives Nervensystem. Wir geben bei jedem Hören und Gestalten von Musik psycho-vegetative Antworten auf Musik.

Musik in jeder Form ist Zeitfluß, Ereignis in einer kleinen oder langen Zeit, in der alle diese Ausdrucksformen von Vitalität und deren Affekten geschehen. Und Zeit spielt jeweils eine Hauptrolle in den Vitalitätsaffekten. Menschen im hohen Lebensalter empfinden und zeigen Gefühle und deren Qualitäten wieder mehr, direkter und unmaskierter – wie als Kinder. Sie erleben den Zugang zu einem Menschen weniger über den Verstand, die ratio, sondern zunehmend mehr über Vitalitätsaffekte, die im Zusammensein mit dem Gegenüber wachsen, während die beobachtende Ebene zurückgeht.

Wer Menschen im hohen Alter kennt und um sich hat oder im Altersheim besucht, wird die Bedachtsamkeit im Fühlen des Augenblicks bei alten Menschen erleben, die Orientierung auf die Zeitgemeinsamkeit und die Empfindung, wie diese Zeitgemeinsamkeit gerade ist: eilig werdend (je näher der Abschied, der nächste Termin für den Besucher rückt) – ruhiger werdend (je mehr sich der Besucher von der Ruhe des Besuchten »anstecken« läßt). Gleiches kann ein Besucher auch an der Wiege eines Säuglings oder am Bettrand eines schlafenden Kindes erleben.

In Krisen verkümmern oder blockieren die Ausdrucksdimensionen unserer Vitalitätsaffekte, die unsere Gefühlswahrnehmung,

Hören Sie nun eine kleine Musik, die Ihnen vertraut ist – oder auch eine Ihnen neue Musik – und machen Sie dasselbe wie eben im Café oder Restaurant: Schreiben Sie Wörter auf, die Ihnen zu Ihrer Empfindung dieser Musik einfallen. Lesen Sie hinterher, welche dieser Wörter Ihr Empfinden beschreiben. Hier sind weitere Wortbeispiele, mit denen Vitalitätsaffekte und auch Musik empfunden werden:

~ flutend – verebbend,
~ punktuell – durchgängig,
~ stürmisch – abflauend.

unser »Empfinden für das Empfinden« flexibel halten. Wir reduzieren uns nur auf die belastenden, negativ empfundenen Vitalitätsaffekte. Wir vermissen die jeweiligen Kontraste zum »harten – abrupten – wilden …« oder dem »abschwächenden – verkümmernden – versickernden«. Wir leben nicht mehr in der lebenserhaltenden Spannung zwischen Polaritäten, sondern fühlen uns »statisch« in der Nähe des einen oder anderen. Und Statik ist das Gegenteil von Vitalität und deren Affekten.

Stern benutzt zur Veranschaulichung für die Vitalitätsaffekte eines lebendigen Menschen ein einfaches Beispiel: In einem Marionettentheater sind Wesen ohne Vitalitätsaffekte zu sehen. Die agieren und »leben« zwar auf der Bühne – jedoch ohne jeden Vitalitätsaffekt in ihren Mienen und Körpersprachen. So basiert die Empfindung »marionettenhaft« auch auf Vitalitätsaffekten wie zum Beispiel eckig, abgehackt, stockend …

Mit und in solchen Empfindungswelten wachsen leider etliche Säuglinge auf.

In der Neuen Musik, der Musik der jeweiligen Avantgarde, die die Gegenwartswelt abbildet, finden sich etliche dieser marionettenhaften, roboterhaften Empfindungen als Vitalitätsaffekte wieder und wesentlich mehr als in der Musik vergangener Zeiten wie der der Romantik, der Wiener Klassik, des Barock. Ganz sicher ließe sich die in unseren westlichen Gesellschaften auffällige Vorliebe für diese »harmonischen« Musikwelten auch mit der Spiegelung unserer Vitalitätsaffekte im Ausdruck dieser früheren Komponisten begründen.

INTERMEZZO

Vitalitätsaffekte und Wetterkunde. Ich schrieb diesen Teil des Buches auf einem Segelboot auf der Ostsee, was mir das »Welt-Umfassende« der Vitalitätsaffekte nochmals verdeutlichte, die Welt des Säuglings umfassend – und weit darüber hinaus. Denn: Die Beispiele für die Gefühlsqualitäten (also vorwiegend Intensitätsqualitäten, wie sie der Säugling und der alternde Mensch besonders wahrnehmen) sind zu einem Großteil in der Wetterkunde wiederzufinden.

Seit Stern die Vitalitätsaffekte als besondere Erlebensebene in der Kommunikationsentwicklung des Säuglings beschrieben hat – und relativ ahnungslos damit auch einen Schlüssel für die Wirksamkeit von Musik fand – höre ich die normalen TV- und Rundfunk-Wetterberichte nicht ohne Staunen darüber, wie identisch die entwicklungspsychologische Beschreibung für Vitalitätsaffekte mit der Entwicklung von Wetter ist. »Zunehmende Verdichtung des Hochs über Island – abnehmender Sturm im Skagerak. Wolkentürmung im Norden und sich verflüchtigende Nebelschleier im Süden ...«

Offenbar hat Entwicklung von Wetter, in dem wir alle leben, noch mehr mit menschlichen Vitalitätsaffekten zu tun, als die Medizin bisher dachte. Hat die Psychologie dies zu wenig berücksichtigt? Die Möglichkeit, diesen Gedanken als nettes Feuilleton einzustufen, wird geringer, wenn ich mich frage, woher diese Identität in der Sprachwelt von Vitalitätsaffekten und der Wetterkunde stammt – und schon sind wir bei der Morphologie, einem Zweig der Psychologie, der seine Geschichte seit Goethe schreibt und zum Beispiel die Entwicklung seelischer Prozesse als einen ununterbrochenen Prozeß der Veränderung beschreibt: wie eine Wolke, deren Gestalt sich keine Sekunde unseres Hinsehens gleichbleibt. Wie Wellenringe um einen in den See geworfenen Stein, die sich immer weiter verändern ...

Hier geht es um das Phänomen, daß wir – ob mit kleinem Segelschein oder großem Kapitänspatent, ob auf Eintagestörn oder Kreuzfahrt – Wetterberichte hören, die der Sprache der Seele viel näher sind als die »harten Seefahrer« glauben. Die Engländer sprechen deshalb so oft bei ihren Begegnungen vom Wetter – erzählte mir der amerikanische Psychologe und Kunsttherapeut Shaun McNiff, der aus Irland stammt – weil sie während der Erörterung der Wetterlage Zeit dafür haben, beiderseits Witterung aufzunehmen.

Wettergespräche, um Witterung voneinander zu bekommen? Ich nehme den Zusammenhang seitdem ernst. Außerdem fällt mir auf diesem Segelboot ein, daß die Sprache der Wetterkunde wie die psychologische Beschreibung von Vitalitätsaffekten des Säuglings beide eng mit Wasser zusammenhängen. Beide – sich entwickelnde Wetterlagen und sich entwickelnde Säuglinge – kommen nicht aus ohne die Flut- und Ebbe-Bilder ...

Der Arzt und Psychoanalytiker Fritz Riemann hat in seinem Buch über die »Grundformen der Angst« die Polaritäten der seelischen Kräfte jeder Persönlichkeit in Verbindung mit den ebenfalls polaren Kräften unserer Mutter

Erde gesetzt (Magnetische Kraft, Fliehkraft, Rotation um sich selbst und Rotation um die Sonne).
Ich schlage vor, die Untersuchungen über die Vitalitätsaffekte im menschlichen Leben nicht nur in Verbindung mit musikalischem Erleben zu sehen, das unsere Vitalitätsaffekte besonders im Erwachsenenalter »hinüberrettet«, sondern beider Strukturen auch mit Strukturen der Wetterausbildungskräfte und der Erdkräfte in Verbindung zu sehen. Und sei es nur, um uns weitere Strukturparallelen bewußt zu machen, die uns immer schon steuerten, die wir aber zu wenig verstanden.
Vitalitätsaffekte sind Ereignisse in der Zeit, in der der Säugling »wittert«, ebenfalls Witterung über »die Lage« aufnimmt. Kleinere Reste dieser Begabung halten sich bei uns danach auch und nehmen wieder zu, wenn wir altern. Wie viele andere »Begabungen der Kindheit« auch, zum Beispiel das Singen, das Spielen mit der Stimme. Großeltern waren immer schon begabter zum Singen mit Enkeln, als sie es selbst als Eltern waren …

Affektabstimmung

Die »Affektabstimmung«, die Abstimmung von Gefühlen und ihren Qualitäten aufeinander, zielt bei dem Entwicklungspsychologen Stern auf die »Stimmung« ab, die entsteht, wenn zwei Menschen ihre Gefühlswelten aufeinander abstimmen. Nicht das Abstimmungsergebnis ist dabei wichtig, sondern wichtiger ist der innere Prozeß, die Zeit, die »Psycho-Dynamik«, die ein Mensch mit diesem Abstimmen erlebt. Und die kann sehr erfreulich sein – etwa bei freudigen Mutter-Kind-Dialogen oder bei der Gefühlsabstimmung während der Verliebtheit.

In der Affektabstimmung zwischen Säugling und Mutter spiegelt die Mutter den von ihr wahrgenommenen Gefühlszustand des Kindes oder den vermuteten Gefühlszustand. Sie spiegelt ihn in ihrem eigenen Gesichtsausdruck (lacht zum Beispiel freudig, weil das Kind sie freudig anlacht) – zugleich spiegelt sie auch stimmlich, musikalisch (»Jajaja – da biiin ich ja«) – oder sie streichelt das Kind dazu und strahlt.

Bei der Affektabstimmung bedienen sich Erwachsene derselben Instrumente wie Säuglinge:

- Intensität (also die Bandbreite von mehr oder weniger Kraft in die Mimik, Motorik, Stimme, Berührung),
- Zeitmuster (die Bandbreite zwischen schnell und langsam, engen und weiten Zeitabständen, Rhythmen),
- Gestalt (zum Beispiel die Gestalt einer Melodie der Stimme, die Bandbreite zwischen hoch und tief).

Am häufigsten erleben Säuglinge die Affektabstimmung auf der Intensitätsebene. Stimmt die Intensität in einer mütterlichen Aktivität nicht mit der des Kindes überein – dann bricht das Kind ab. Ein Säugling gerät beispielsweise in freudige Erregung wenn die Mutter sich nähert, strampelt, juchzt, lächelt. Die Mutter ist gedanklich aber gerade ganz woanders. Vielleicht denkt sie an die Durchsicht der Klassenarbeitshefte, die sie noch vor sich hat, oder es hat Streit gegeben oder rote Zahlen auf dem Kontoauszug. Stimmt die Mutter auf der Affektebene nicht überein, stimmt also nicht so ab, wie der Säugling gestimmt ist – dann unterbricht das Kind seine Abstimmung. Teile dieser Sensibilität für das Anderssein des anderen verlieren wir mit der Kindheit. Diese Sensibilität der Abstimmung aufeinander ist hingegen wieder zwischen sehr alten und sehr jungen Menschen beobachtbar. Und in der Musik ist sie ständig erlebbar. Ob wir als Erwachsene Musik brauchen, um diese verlorengegangene frühe Kunst auszugleichen?

Mißlungene Affektabstimmung. Als die zweite Tochter eines befreundeten Kollegen in Hamburg anderthalb Jahre alt war, hatte ich endlich Zeit, zu ihrer Geburt zu gratulieren. Ich versuchte dabei das Unsinnigste, was Zeitnot hervorbringt, nämlich all das Versäumte der vergangenen Zeit in der kurzen Gegenwart des Besuchs nachzuholen. Ich klingelte und – als mir der Vater aufmachte und ich die besagte Tochter hinter ihm auf dem Boden krabbeln sah – ließ ich mich noch in der Eingangstür auf alle viere nieder, kroch auf das Kind zu und gurrte und schnalzte mit seinen soeben noch gehörten Lauten. Ich hatte alles Versäumte in eine ganz offenbar bedrohlich-bedrängende Intensität gepackt – und das Gegenteil von »Abstimmung der Affekte« erreicht. Das Kind hatte sehr wohl die Künstlichkeit, die schuldgefühlsgesteuerte Annäherung verstanden. Jedenfalls machte es auf allen seinen vieren eine Standumdrehung und krabbelte im Eiltempo in die andere Richtung, schreiend seinen Protest gegen meine Art der Abstimmung der Affekte verkündend.

Geglückte Affektabstimmung. Ein positives Beispiel für Affektabstimmung zeigt, wie eine Mutter ihrer Tochter ohne Sprache zu verstehen geben kann, daß sie sie versteht: Ein acht Monate altes Mädchen liegt auf der Kinderstation zusammen mit der Mutter im »Rooming in«. Dort hat die Mutter viel Zeit für ihr Kind. Sie sieht das Kind sich mit dem Oberkörper aus dem Bett heben, anspannen und nach der Spieluhr auf dem Nachttisch greifen – und begleitet die letzten Anspannungen des Kindes (das sich bewegen soll) mit anspornenden Lauten »Jauuu – jauuu – jeeei ...«. Als das Kind die Spieluhr ergriffen hat, damit ins Bett zurücksinkt, dann das Spielwerk startet und gleichzeitig zu dem beginnenden Lied auf die Bettdecke klopft, beginnt die Mutter zu dem »Schlaf, Kindlein, schlaf ...«-Lied neben dem Bett zu tanzen.

Der Bewegungsablauf des Kindes hin zur Spieluhr entspricht dabei der stimmlichen Äußerung der Mutter – und umgekehrt. Später entspricht der Tanz der Mutter dem rhythmischen Klopfen des Kindes auf der Bettdecke. Zeitgleichheit des Verstehens. Die stimmliche Begleitungsmusik der Mutter zur Bewegung des Kindes nach der Uhr zeigt dem Kind Nähe und das Verstehen seiner Bewegungen. Das Kind wiederum zeigt mimisch und mit dem »Strahle-Blick«, daß es sich verstanden fühlt auf seinem erwartungsfrohen Weg zur Spieluhr: Zeitgleichheit in der Zeit. Als die Spieluhr dann spielt, tanzt die Mutter, und das Kind begleitet diesen Tanz mit allen Zeichen des Einvernehmens, der Teilung derselben Affekte: Zeitgleichheit des Verstehens.

Die vollständige Einfühlung und Verbundenheit miteinander, die die Vitalitätsaffekte und die Affektabstimmung zwischen Mutter und Kind wie später zwischen allen »Nachfolgepartnern« bewirken können, ist wahrscheinlich die große Sehnsucht von uns Menschen. Sich ganz verstanden zu fühlen und dies weit vor dem Sprechen und über alles Sprechen hinaus zu erleben – danach sehnt sich der Mensch ein Leben lang. Er wird dies um so mehr tun, je häufiger er als Säugling diese Erfahrung machen durfte. Auch wer dies kaum oder gestört erlebt hat, wird sich ein Leben lang danach sehnen. Mit musikalischem Ausdruckserleben (Musizieren, Improvisieren) oder musikalischem Eindruckserleben (Hören »meiner« Lieblingsmusik) läßt sich diese Erfahrung wiederholen. Affektabstimmung ist, wenn sie gelingt, eine Kostbarkeit unter Menschen, die sich mit-teilen können, die ihre Affekte, ihre Gefühlswelt einander mitzuteilen imstande sind.

»Indem wir uns mit Hilfe der Vitalitätsaffekte aneinander orientieren und aufeinander abstimmen, können wir mit einem anderen Menschen zusammen sein, das heißt eine Basis entwickeln, auf der wir innerliche Erfahrungen nahezu kontinuierlich miteinander teilen. Auf diese Weise entsteht das Gefühl von Verbundenheit …, das uns wie eine ununterbrochene Linie erscheint …« (Daniel Stern).

Das Repertoire eines Säuglings

Bis zum Alter von etwa zwei Monaten lernt ein Kind seine physischen Bedürfnisse wie Schlaf und Hunger zu regulieren. Mit zwei Monaten kann es

~ lächeln (soziales Lächeln),
~ immer öfter den Blickkontakt im Gesicht gegenüber suchen,
~ zunehmend besonderes Interesse an der menschlichen Stimme und am menschlichen Gesicht zeigen,
~ sich als körperliches Wesen wahrnehmen, das von anderen getrennt ist.

Über Affektabstimmung und Vitalitätsaffekte erlebt das Kind immer stärker das Gegenüber – und sich selbst. Erst nach dieser Zeit etwa des ersten halben Jahres wird es auch das Erleben von Verschmelzungen mit dem Gegenüber haben, erlebt es »symbiotische« Gefühle. Hier sieht die von Stern getragene Entwicklungspsychologie einen klaren Unterschied zur »klassischen Entwicklungspsychologie« der Freud-Nachfolger. Bisher gingen Tiefenpsychologinnen wie Margaret Mahler davon aus, daß ein Kind erst die ganze Zeit der Symbiose, des völligen Aufgehens mit und in der Mutter braucht, um sich langsam zu lösen. In diesen Ablösungszeiten flüchtet das Kind immer wieder zurück zur Mutter, um anschließend erneut Ablösung zu üben, die es dann nach und nach zum Individuum macht.

Die Direktbeoachtung der Säuglingsforschung zeigt: Das Kind hat im ganzen Spiel der Affektabstimmungen und der Welt seiner Vitalitätsaffekte erst gelernt, daß es selbst »wer« ist. Wir haben erst selbst unseren Kern ausgeprägt, bevor wir dann – nach der ausreichend langen Zeit dieser Kern-Selbst-Ausprägung und der Erfahrung der Kern-Bezogenheit zum Gegenüber (vgl. Abbildungen auf Seite 128 und 129) – das Erlebnis von Verschmelzung und Symbiose haben. Übrigens werden diese Verschmelzungen und Symbiose-Erfahrungen auch nicht in dem früheren Sinne erlebt – also »Aufhebung aller Ich-Grenzen und völlige Verschmelzung« –, sondern mehr im Sinne einer engen, innigen Begegnung, die aber von einem sehr klaren Anteil des »Ich und du – wir sind zusammen« lebt.

Dies wirft auch einen ganz neuen Blick auf die Entstehung krankhaften symbiotischen Verhaltens mancher Menschen. Bisher lernten wir Psychologen, daß hinter auffallenden symbiotischen Bedürfnissen eines Erwachsenen entweder eine nicht genügend ausgelebte Symbiose zwischen Kind und Mutter stand – oder eine zu lange, zu enge, konstruierte Symbiose (zum Beispiel durch eine überbeschützende Haltung der Mutter). Heute muß neu geforscht werden und neue Therapien entwickelt werden, weil ein übermäßiges symbiotisches Bedürfnis offenbar in der Welt der Vitalitätsaffekte und der Affektabstimmung begründet liegt – die Säuglinge sehr wohl »getrennt« erleben.

Wenn Säuglinge diese Phase im gesunden Sinne als Säuglinge erleben durften, dann waren sie auch schon »wer«, bevor sie mit einem anderen (der Mutter) verschmolzen. Dann ist diese Symbiose (und alle späteren, die der Mensch älter werdend eingeht) auch viel »mündiger« – als wenn sie aus Hilflosigkeit oder dem Gefühl entsteht, ohne den anderen nicht zu können. Die Symbiose, die Verschmelzung mit dem Gegenüber, erhält durch die neue entwicklungspsychologische Sicht auf den Menschen eine neue, wunderschöne Qualität im Sinne einer »Symbiose als Ausdruck emanzipierter Liebe«.

Vier Erfahrungen auf dem Weg zum Kern-Selbst

Auf dem Weg zur Ausprägung seines Kern-Selbst hat ein Kleinkind vier elementare Selbsterfahrungen gemacht, die sich von selbst und in ihm vollzogen – wie im Märchen, wo dem Hans im Glück auf dem Weg in die Stadt oder den Rittern auf dem Weg zur Prinzessin oder dem Sternthaler im Warten lauter Reifungen zufallen, die nicht planbar sind. Ein Kind muß diese Erfahrungen gemacht haben, um weiterzureifen zum Kern-Selbst.

1. Die Selbsterfahrung der »Urheberschaft«. »Urheberschaft« meint, daß der Säugling das Empfinden lernen kann, Urheber eigener Handlungen zu sein – und ebenso nicht Urheber von etwas zu sein: »Ich bin es, der will, daß mein Daumen in meinen Mund kommt.« oder »Mein Arm bewegt sich, wenn ich es will.« Zur Empfindung der Urheberschaft gehört auch die Erwartung der Konsequenzen des eigenen Tuns: »Ich bin es, der jetzt (Hunger-)Laute von sich gibt und höre mich – in Erwartung der Mutter.« Wenn diese kommt mit der Bündelung jener Reize, die die Fütterung ankündigen (stimmliche Laute, Geräusche von Gerätschaften, Textilien, Gerüche) – dann war es das Kind, das sie rief.

2. Die Selbst-»Kohärenz«. Selbst-Kohärenz, der Zusammenhang des eigenen Selbst, ist das Empfinden des Säuglings für die Ganzheit seines Körpers. Diese zunächst allgemein wirkende Einsicht schließt gleichzeitig etwas ungeheuer Wichtiges ein: Grenzen fühlen zu können, fühlen, wo der eigene Körper aufhört und der andere oder anderes beginnt. Das bedeutet, daß ein Kind über diese Empfindung auch ein körperliches Handlungszentrum fühlt, von dem aus es ein körperliches Handlungsrepertoire aufbaut: Greifen, übergreifen, fassen, umfassen ... Selbst-Kohärenz bedeutet, daß ein Kind den Kopf bewegt – und diese Bewegung als von ihm selbst ausgehend wahrnimmt. Dasselbe gilt für alle Stimmäußerungen. Während ein Kind dies alles wahrnimmt, merkt es auch, was es beim anderen bewirkt: fassen, anfassen, umfassen, berühren, die Grundlagen unserer kleinsten Nähe-Gesten bilden sich aus.

3. Selbst-Affektivität. Mit zwei Monaten beginnt ein Kind Gefühle zu »sammeln«: Freude, Begeisterung, Enttäuschung, Wut ... Gleichzeitig lernt es, mit diesen Gefühlen bestimmte, spezifische Situationen zu verbinden, die es nie mehr vergessen wird. Obwohl es sich im Verlauf seiner Entwicklung noch unzählige Male verändern wird – wird es aufgrund der biologischen Organisation seines Gefühlskerns die Kontinuität seiner Erfahrungen immer behalten. Es wird die Geschichte seiner gesamten Gefühlsentwicklung lückenlos in sich tragen, und alle Gefühlserlebnisse werden ein Leben lang abrufbar bleiben. Für die Therapie bedeutet dies, daß krankmachende, belastende und tief verschüttete, verdrängte Gefühlsschichten die Chance behalten, entdeckt, verstanden und behandelt zu werden. Musik provoziert und tangiert immer diese frühesten Schichten und damit auch die Zeit, in der ein Mensch diese Selbst-Kohärenz, die körperlich-seelische Ganzheit noch empfand.

4. Selbst-Geschichtlichkeit. Selbst-Geschichtlichkeit als vierte elementare Erfahrung hängt mit dem Alter des Säuglings zusammen. Seit der Geburt sind etwa zwei Monate vergangen, und das

Kind hat Erfahrungen in der Außenwelt gesammelt. In den Monaten davor, als Fetus im Mutterleib, hat es bereits Wahrnehmungen im Gedächtnis gespeichert (zum Beispiel die Stimmfrequenz der Mutter). Während der letzten drei Monate als Fetus und der zwei Monate nach der Geburt hat das Kind das Empfinden ausgeprägt, dauernd zu sein, also spürt es auch, schon gewesen zu sein. Und das bedeutet, derselbe Mensch zu sein, vor längerem und jetzt … Selbst-Geschichtlichkeit setzt Gedächtnis voraus.

Die elementar musikalischen Erfahrungen, die diese vier Selbst-Erfahrungen immer begleiten, stellt das folgende »Intermezzo« im Zusammenhang dar. In der dazugehörigen Abbildung (auf der folgenden Doppelseite) habe ich die Phasen-Schilderung von Stern einmal in Verbindung mit den begleitenden Elementarerfahrungen der Musik erfaßt (Block links und Mitte). Gleichzeitig weist diese Grafik (im rechten Block) darauf hin, welche Merkmale unserer jetzigen und späteren Persönlichkeit von diesen Elementen der Musik mit ausgeprägt werden. Für die ganze Zeit des Selbst und der auftauchenden Bezogenheit (als erster Zeit nach der Geburt) gilt, daß wir hauptsächlich von Rhythmus geprägt werden. In die zweite Zeit, aus der ersten erwachsend und in dieser angelegt, kommt deutlicher hinzu, was vorher schon immer mitschwingt: Die Dynamik, die Kraft der Hörwelt.

INTERMEZZO

Wechselbeziehungen zwischen Entwicklungsstufen des Menschen und musikalischen Elementen und Persönlichkeit. Die Abbildung auf Seite 148 f. faßt die Wechselbeziehung zwischen Musik und Mensch vor dem Hintergrund der neuen Entwicklungspsychologie nach Daniel Stern zusammen. Die aufeinander aufbauenden Wellenbögen symbolisieren die aufeinander bezogenen Anlagen in uns, von denen sich eine aus der anderen entwickelt und somit in der vorigen schon enthalten ist (Disposition).
Die einzelne Welle faßt die beiden großen Empfindungswelten des aufwachsenden Säuglings zusammen (Stern beschreibt sie getrennt) und ordnet sie den Zeitrahmen des Säuglingsalters in Monaten zu: **Die Empfindung**

des Selbst umfaßt das »auftauchende Selbst« bei der Geburt bis hin zum »verbalen Selbst«, also etwa um das zweite Lebensjahr herum, wo das Kind sprechen kann. Aus den Phasen der Empfindung des Selbst entwickelt sich, was später mit »Selbstwahrnehmung« umschrieben wird, mit der »Beziehung zum eigenen Ich« oder der »Ich-Bezogenheit«. Die **auftauchende Bezogenheit** unter demselben Wellenbogen weist darauf hin, daß die vom »Ich auf das Du« ausgerichtete Empfindungswelt sich zeitgleich entwickelt. Dieses Erleben des »Du«, des Gegenübers, lebt besonders von der stimmlichen Kommunikation, die wiederum von den Elementen lebt, aus denen Musik besteht: Rhythmus, Dynamik, Klang, Melos, Form.

Zusammenhänge und Wechsel-Beeinflussungen zwischen:

▸ **Entwicklungspsychologie** (D. Stern)

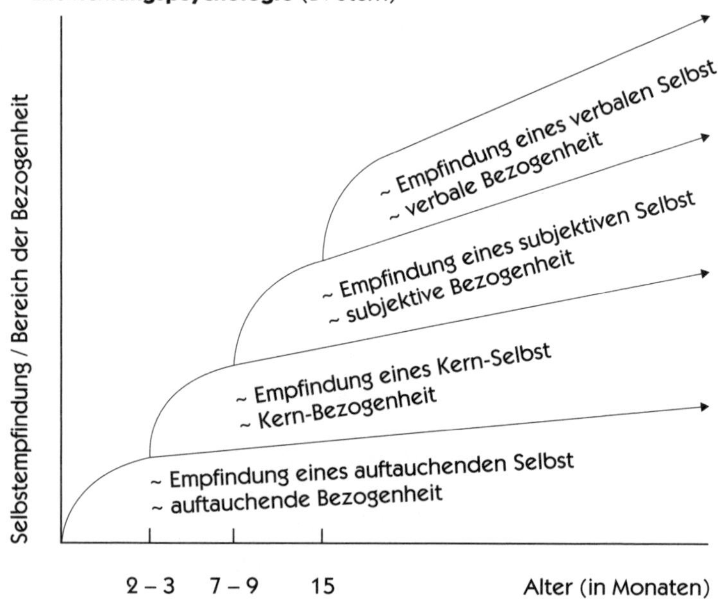

So wie aus der anfänglichen »auftauchenden Bezogenheit« später die »Paar-Kommunikation« wird, die »soziale Wahrnehmung«, die »Fremdwahrnehmung«, das »Erleben des Du und der anderen« – so entwickelt sich aus den frühen Duetten zwischen Mutter und Kind und den Trios zwischen Mutter und Vater und Kind das Erleben der Strukturen von Musik.
Mit welchen Bauelementen der Musik der Mensch aufwächst und umgeht, wird durch das Wissen der vorgeburtlichen Psychologie und die direkte Säuglingsbeobachtung nach der Geburt deutlich, worauf die Pfeilenden der Wellen hinweisen: In der ersten Zeit des pränatalen Lebens im Mutterleib herrscht im kindlichen Erleben der (Herz-)**Rhythmus** vor, der immer auch die

▸ **Musikalische Bauelemente**		▸ **Persönlichkeitsprägungen***
▸ Melos		▸ z. B. Identitätskraft
▸ Klang		▸ z. B. Nähe-, Distanz-Gestaltung
	▸ Form für die Entwicklung von:	
▸ Dynamik		▸ z. B. Durchsetzungskraft
▸ Rhythmus (prä- und postnatal)		▸ z. B. Strukturierungskraft

* nach: Riemann, Dörner, Decker-Voigt und Hegi – siehe Literatur im Anhang.

anderen Bauelemente im Hintergrund enthält wie Dynamik, die in jedem Rhythmus mitschwingt, wie Melodie (durch Stimme), wie Klang (durch gleichzeitiges Schwingen der mütterlichen inneren Organe, der Atmung, der Gelenke) usw.

Nach der Geburt verstärkt sich im Säugling nicht nur das Erleben der **Dynamik** – er entwickelt auch deutlich seine eigene Dynamik, seine persönliche Art, Kraft zu investieren und zurückzunehmen. Jedes Kind saugt zum Beispiel auf seine unverwechselbare Weise, schreit auf seine Weise.

Klang ist vorrangig das Element, das anschließend im Leben des Säuglings zum Erleben von Nähe, von Zusammenfließen, von Symbiose genutzt wird. Die zeitgleichen Schwingungen eines Zweiklangs etwa spiegeln immer auch die Dichte, die Enge dieses Zusammenseins. Im weiteren Leben wird uns der jeweilige Klangcharakter einer Musik Spiegel für unsere Einstellung und Erlebensweise von Nähe, von Intimität, von Hingabe, von Zuwendung oder von Distanz sein können.

So wie eine Melodie sich abgrenzt vom Begleitklang und erst eine bestimmte Zeitstrecke tönen muß, um klar als dieses oder jenes Lied identifiziert werden zu können, so steht die **Melodie** für wachsende Identität, für das persönliche unverwechselbare Profil einer Musik – wie für den hörenden oder spielenden Menschen. Nicht zufällig zeigt das Kind in der Zeit vor und während des Spracherwerbs besonderes Interesse und begeisterte Neugier an sich entwickelnden, neuen wie alten Melodien. Sprache lernen ist bisher das Erkennungszeichen für eine gewisse Reife der kindlichen Identität – mit dem Umgang mit Melodien kündigt das Kind bereits früher diesen Weg zum eigenen Profil an.

Die musikalische **Form**, die die übrigen Bauelemente einer Musik ähnlich trägt wie die Gesamtpersönlichkeit die einzelnen Wesensarten und Charakterzüge, wird vom Kind nach seinem unverwechselbaren Profil gespielt: Eine große, mächtige, üppige Spielanordnung bei gespielter Musik (mit elementaren Klangwerkzeugen) oder die Vorliebe für kleine, zarte, leise Formen weist auch immer auf beginnende Zusammenhänge zur Persönlichkeitsstruktur des Kindes im ganzen hin.

Praktische Hilfen

Musik und Spiele für Säuglinge

Ein Säugling von etwa zwei Monaten braucht »soziale Nahrung«. Die Zeit der ersten Spiele ist angebrochen, und das Kind kann gar nicht genug davon bekommen. Im Spiel kann das Kind lernen, sich abzugrenzen oder Nähe zu bekunden. Gerade das Spiel mit den Elementen der Musik ermöglicht die ganze Bandbreite sozialen Lernens.

Körperinstrumente

In den ersten Wochen seiner Gemeinschaft mit Menschen hat das Kind vorwiegend das ureigenste Musikinstrument seines Körpers genutzt: seine Stimme. Es gibt noch weitere körpereigene Instrumente, mit denen Beziehungsaufnahme und Beziehungsausdruck gespielt werden können:

~ Hautreiben (beim Stillen, Streicheln)
~ Fingerschnipsen
~ Klatschen
~ Zungenschnalzen
~ Zungenschmatzen

Musikinstrumente

Mit Musikinstrumenten läßt sich der eigene Ausdruck räumlich erweitern: mit einer Geige, einer Flöte, einer Baßtuba, einem Kontrabaß. Die Musikinstrumente, die die Welt des Säuglings von der Wiege oder vom Schoß des Erwachsenen aus erweitern und ausweiten und damit ihn selbst, gibt es wohl schon so lange, wie es Säuglinge gibt:

- Rassel
- Klanghölzer
- Klapper und viele andere mehr

Säuglinge reagieren auf Geräuschmusik zunehmend mit Lust und Neugier. Für den Alltag des Säuglings gilt, daß Erwachsene möglichst nicht nur »ausgewiesene Musikinstrumente« (Blockflöten, Spieldosen) an die Wiege tragen und dort vorspielen, sondern dem Säugling viel Geräuschmusik anbieten, die dieser unbefangen als das nimmt, was die zeitgenössischen Musikliebhaber auch mit der zeitgenössischen Musik machen: sie als Musik der Welt annehmen, in der sie leben.

»Kammermusik«

Stillen Sie also die Neugier Ihres Säuglings mit der Stimme und anderen körpereigenen Instrumenten, und spielen Sie ihm auch viel »Kammermusik« vor in einem buchstäblichen Sinne. Die Musik der Kammer, in der der Säugling liegt:

- Geräuschrhythmen auf dem Stoff der Bettdecke des Säuglings (die – mit den Fingern gespielt und vom Säugling gesehen wird und auch dessen »Urheberschafts-Denken« erweitert),
- Geräuschrhythmen mit dem Rahmen der Wiege,
- die Heizungskörper im Zimmer spielen,
- die Materialien vom Fußboden, von Wanddecken, von Lampenschirmen »anspielen«, also Zimmermaterial und Zimmerecken, die der Säugling auch sieht und ohnehin schon bisher amodal wahrnahm (indem er zum Beispiel beim Hören der Schritte auf dem Fußboden die Bilder der Bewegung dazu gesehen hat).

Neben dem »freien Spiel mit den Materialien« des Zimmers, erlebt der Säugling immer wieder neue Reize und Lust am Rhythmus-Spiel. Solche Kammermusik können Sie auch mit Sprechgesang begleiten und dem Säugling dabei im Singsang, im »Rezitationston« erzählen, worauf Sie gerade spielen … Die ganze Zeit wird ein Säugling über amodale Wahrnehmung und das Empfinden der Vitalitätsaffekte dieser Welt näherkommen – und sein Urheberschafts-Verstehen weiterentwickeln, das Kern-Selbst weiter in sich profilieren.

Alle freien und gebundenen Rhythmen, die Ihren Fingern und Händen in der Zimmer-Musik einfallen können, sollten sooft wie möglich auch an, auf, neben dem Kind gespielt werden – wenn es die Neugier und die Lust dazu zeigt, indem es lächelt oder motorisch, also gestisch, mimisch Lebhaftigkeit ausdrückt. Was Säuglinge hören, beantworten sie immer mit Bewegung. Und sie werden auch zeigen, wenn sie »den Hör-Kanal voll« haben.

Außer der Kultur der Geräuschmusik gibt es sehr viele im engeren Sinne musikalische Möglichkeiten des Zusammenspiels mit dem Kind. Die Instrumente sollten natürliche Ausschwingvorgänge haben – keine künstlichen, synthetischen. Die bekommt der Säugling ganz sicher in dieser Welt der elektronischen Weckeruhren, des Handy- und Telefonklingelns, der Türklingel und der Popmusik von älteren Geschwistern ohnehin genügend zu hören. Empfehlenswert:

~ kleine Leiern (Saiteninstrumente aus Holz und Darmsaiten, keine Plastikinstrumente nutzen),
~ Kantelen (dieselbe Instrumentenfamilie, nämlich Saiten- und Streichinstrumente, die in der Musiktherapie auch als »Streichelinstrumente« empfunden werden),
~ afrikanische Fingertrommeln,
~ Handtrommeln und ähnliches.

Das Episodengedächtnis

Wenn Sie mit dem einen oder anderen Musikinstrument häufiger bei dem Kind spielen und sich ihm dabei vielleicht mit einem speziellen Rhythmus nähern – dann setzt, durch die häufigere Wiederkehr des Vorgangs in der Wahrnehmung des Säuglings das ein, was Daniel Stern das »Episodengedächtnis« nennt. Die für den Säugling wichtigste und berühmteste, spektakulärste Episode wurde der Stillvorgang, die Nahrungsaufnahme: Die Mutter knöpft die Bluse auf, legt den Säugling an die Brust, er fühlt, daß er saugt, Milch bekommt, er nimmt Gerüche auf, Laute, Töne und schmeckt dabei immer … Diese Episode wiederholt sich, und der Säugling lernt, daß sich der Vorgang ähnelt, seine Rahmenbedingungen ebenfalls, er lernt die zweite Episode kennen. Nach und nach, wenn sich die Episoden wiederholen, ohne ihre Ähnlichkeit aufzugeben, beginnt das Kind dann zu »verallgemeinern«: Wenn sich die Brust nähert, dann nähert sich mit der Brust auch dieses und jenes … Und meistens hat das Kind ja recht.

Stern nennt dies die »Generalisierung« einer Episode und weist darauf hin, daß Säuglinge im Alter von zwei Monaten schon eine Art Abstraktionsfähigkeit haben: Sie sehen (hören, riechen) die ihnen vertrauten Reize (der Mutterbrust) – und stellen sich bereits das Ganze, Nachfolgende mit vor … Auch diese Episoden werden ein Leben lang behalten und bleiben als Ressource abrufbar.

Die Fähigkeit des Säuglings zur Wiedererkennung von Episoden läßt sich auch musikalisch stützen und entwickeln, indem die Eltern dem Kind Ähnliches auf demselben Instrument spielen, ähnliche Klänge anbieten und sich dem Kind mit diesen zu erkennen geben. Gleichzeitig werden Sie mit jedem Klang, den Sie gestalten, bei dem Kind die Verbindungen zur Hörwelt im Mutterleib anrühren. Sie werden durch die »Brücke Musik« das Damals mit dem Heute, die Vergangenheit mit dem Hier und Jetzt verbinden.

Kapitel 5
Erste Reisen

Seht ihr den Mond dort stehen?
Er ist nur halb zu sehen,
Und ist doch rund und schön!
So sind wohl manche Sachen,
die wir getrost belachen,
weil unsre Augen sie nicht sehn.

(Matthias Claudius, 1779)

Ganz genau drei Wochen?« hatte der Patient zurückgefragt, und dabei spürte die Therapeutin deutlich seine Angst vor dem Alleinsein – ohne sie, seine Therapeutin. Drei lange Wochenenden – ohne den Montag danach. Montags kam er jeweils zur ambulanten Therapie und saß meist schon eine halbe Stunde vorher im Wartezimmer. »In ganz genau 24 Tagen bin ich zurück«, antwortete die Therapeutin nun, wohl um den Unterschied wissend, ob sie sagt: »Ich bin bis dahin weg ...« – oder »Ich bin bis dahin zurück ...« Dann verwies sie nochmals freundlich auf den Zettel, auf dem alles stand: der nächste Termin an dem sie sich wiedersehen würden, die »Hausaufgaben« für die Zwischenzeit und die Telefonnummer des Kollegen, »wenn was ist zwischendurch« …

Als erfahrene Therapeutin kannte sie das Problem, das jeder Urlaub des Hausarztes oder der Therapeutin in aktuellen Krisenzeiten für Patienten bedeuten konnte. Sie wußte auch, daß sie ihre Abwesenheit so sorgfältig vorbereiten konnte wie sie wollte – Probleme waren dennoch sicher: das Unbewußte mancher Patienten würde sich nach den Ferien an ihr rächen wollen, für ihre Abwesenheit.

Das war kein klinisches Problem allein: Sie erinnerte sich an die Zeit ihrer eigenen inneren Abhängigkeit von einer geliebten Lehrerin, auf die sie nach den großen Ferien zunächst betont kühl und distanziert zugegangen war. Die sollte fühlen, was sie ihr mit ihrer Abwesenheit angetan hatte – diese Lehrerin, die um so mehr zur Ersatzmutter geworden war, als sie sich von der eigenen nicht mehr verstanden fühlte.

Vor Beginn ihres Urlaubs sprach die Therapeutin auf das Ansageband ihres Anrufbeantworters nochmals für alte wie neue Patienten ihr Rückkehrdatum und die genaue Wiedereröffnung der Praxis. Als sie bei ihrer Rückkehr das Band zurückspulte, las sie verwundert die Anzahl der zwischenzeitlichen Anrufe ab: Der Impulszähler zeigte fast 200 Anrufe – weit mehr als in normalen Praxiszeiten. Auf diesem Gerät mit mehreren Funktionen hatten die Anrufer aber nur sie hören, nicht selbst auf das Band sprechen können.

Dann kam er am ersten Montag nach ihren Ferien: der »In-ganz-genau-24-Tagen-bin-ich-zurück«-Patient, und er machte einen erstaunlich ruhigen Eindruck auf sie. Auf ihre Frage, wie es ihm zwischenzeitlich ergangen sei, erzählte er von den Ausflügen mit dem Ruderverein und den 24 CDs, die er in der Zwischenzeit auf einer neuen Anlage zu Hause gehört habe. Ruderverein und CD-Anlage mit neuen, unbekannten wie vertrauten Musikbeispielen – das waren Projekte, die sie vorher mit ihm abgesprochen hatte, um seine Einsamkeit innerhalb der Wohnung und außerhalb aktiv umzugestalten.

Während seines Erzählens wurde ihr plötzlich wichtig, ob er eigentlich die Notnummer des Kollegen genutzt habe während ihrer Abwesenheit. Ganz gegen die Regel, ihn diese Dinge – wenn überhaupt – allein erzählen zu lassen, fragte sie ihn danach. »Nein«, antwortete der Patient, »ich habe ja Sie gehabt ...« Und auf das erstaunt wirkende Gesicht der Therapeutin hin erzählte er, als wenn er ihr einen geheimen Trick verrate, daß er während ihrer Abwesenheit die alten Ängste gefühlt habe – und ihren Anrufbeantworter angerufen habe, »um ihre Stimme zu hören«. Und während die Therapeutin dem nachsann, was sie wohl genau auf den Anrufbeantworter gesprochen hatte, erzählte er weiter: Er habe sich so daran gewöhnt, ihre Stimme zu hören »Hier ist die Praxis Dr. ... wir haben Ferien und sind wieder für Sie da am ...«, daß er sie schließlich dreimal täglich angerufen habe. Wie ein Medikament ... »Hier ist die Praxis Dr. ... und sind wieder für Sie da am ...« Über die Hälfte der überraschend vielen Anrufe in der Zwischenzeit waren also von ihm, wegen ihrer Stimme ...

Die Stimme als Brücke bei Abwesenheit

Daß die Stimme auf dem Anrufbeantworter als Ersatz für die leibhaftige Präsenz genutzt wird, ist ein Phänomen, das vielen Therapeuten, Psychologen und auch Ärzten, Lehrern und Pastoren – also »Interaktionsberufe«, in denen professionell mit Menschen gearbeitet werden soll – wohlbekannt ist. Es kennzeichnet eine bestimmte Phase, die in den meisten längeren therapeutischen Beziehungen vom Patienten durchlebt wird: die Phase der seelischen Abhängigkeit vom Therapeuten, der Liebe zu ihm, die eine »reaktivierte alte« Liebe ist. Die Liebe zur früheren Bezugsperson. Die Tiefenpsychologie spricht von »Übertragungsbeziehung, wenn Gefühle aus einer solch frühen Beziehung in eine neue therapeutische Beziehung übertragen werden.

Jeder Therapeut, jede Therapeutin, in gewisser Weise jede Gruppenleiterin und jeder Gruppenleiter auch im pädagogischen, seelsorgerlichen Bereich ist für Menschen in Krisen eine Nachfolgeperson der Mutter oder des Vaters, die ihnen in der Kindheit die liebende Gewißheit vermittelten, daß es für Nöte, Kränkungen und Krankheiten immer eine Lösung gibt. Haben die Eltern zu wenig oder gar nichts oder zuviel davon geboten, werden diese Menschen ein Leben lang nach solchem Ersatz für starke und bedingungslos liebende Eltern suchen.

Eine vielen vertraute Vorstufe dieser obigen Szene ist es, wenn wir uns an das Telefon hängen, um dann der oder dem Angerufenen zu sagen: »Ich wollte nur mal deine Stimme hören …« Wenn junge Mütter und Väter bei ersten größeren, räumlichen und zeitlichen Distanzierungen zum Kind – etwa eine Einladung zum Abendessen im Nachbarhaus – eine Wechselsprechanlage aufstellen, durch die sie währenddessen ihren Säugling hören können oder sogar beruhigend antworten, daß sie ja ganz in der Nähe sind, handelt es sich ebenfalls um eine verwandte Szene.

Ob die Bezugsperson nun für mehrere Tage verreist (Therapeutin) oder nur kurz für wenige Stunden nach nebenan oder ins obere Stockwerk geht (Eltern): Die Verbindungsbrücke in allen Fällen ist die menschliche Stimme. Sie ist die Brücke zwischen dem, der zurückbleibt, und dem, der verreist. Sie stellt den Übergang her, den die Getrennten nutzen können, um Distanz zu überwinden. Musik, in diesem Falle die Musik der Stimme, hat immer die Funktion, Übergangshilfe sein zu können. Denn es ist eine ganz spezifische Musik, die jeder Mensch mit der Stimme eines anderen verbindet: Das Timbre einer Stimme, ihre Klangfarbe umfaßt die dynamische Gestaltung der Stimme, die persönliche Atem-Rhythmusgestaltung, die spezifische Obertonreihe (voller oder schlanker klingend, weiter oder enger klingend). Die Stimme umfaßt und repräsentiert den ganzen Menschen, obwohl wir ihn nur hören.

Hinter den Worten

Säuglinge und Kinder im vorsprachlichen Alter hören die Erwachsenen in ihrer Umgebung nicht dauerhaft singen und summen, sondern überwiegend sprechen. Der Inhalt dieser gesprochenen

Worte bleibt ihnen noch verschlossen, und sie benötigen ihn auch noch nicht. Dafür erleben Kinder die gesprochenen Worte ihrer Mutter und ihres Vaters von den musikalischen Bausteinen her, mit denen diese sprechenden Stimmen klingen. Und jede Stimme ist einzigartig in ihrer Zusammensetzung und Nutzung der musikalischen Bausteine:

~ Der Rhythmus, in dem eine Stimme spricht, das Pausieren oder Fließen der Stimme, ihre Abruptheit und ihre großen Bögen.
~ Die Dynamik, mit der eine Stimme spricht, die Zurückgenommenheit oder Vordergründigkeit der Stimme, ihr Poltern, Bellen, Lärmen oder ihr Wispern, ihre Verhaltenheit, ihre Zärtlichkeit.
~ Der Klang, die Fülle oder Enge, Dichte oder Dünnheit, mit der eine Stimme immer auch Nähe oder Distanziertheit ausdrückt, ihre Dumpfheit oder Helligkeit, ihre Belegtheit oder Klarheit.
~ Ihre Melodie, zwischen monotoner Rezitationsstimme oder in großen, dramatischen Melodiebögen sich entwickelnd, zwischen winzigen Ausschlägen nach oben und unten, in Höhen und Tiefen schwankend, zwischen Schlichtheit oder verzierender Überladenheit, dem »Pathos« einer Stimme.

All diese musikalischen Bausteine charakterisieren für einen Menschen *die* Stimme *der* bestimmten Person, die er herbeisehnt oder erinnert oder die er fürchtet und vor der er Angst bekommt, wenn diese Stimme nur spricht.

Für das Kind im vorsprachlichen Lebensalter, das die Wortbedeutung nicht versteht, spielen die kleinsten Nuancen und Differenzierungen der Stimme der Mutter und anderer Bezugspersonen eine eminente Rolle: An diesen kleinen oder größeren Änderungen der Stimme der Mutter erkennt das Kleinkind genau, ob sich nun Essen nähert oder eine zweckfreie Spielzeit, ob es Zeit für einen Spaziergang ist – oder für die Trennung. Denn jede Mutter und jede andere Bezugsperson wendet in ihrer Stimme besondere Muster an, mit denen sie zum Essen einlädt, den Spaziergang oder das Ende des Tages ankündigt. Jede Handlung löst eine andere Nuancenbildung der Stimme in ihren musikalischen Bausteinen

Spiel mit der Erinnerung an Stimmen

Machen Sie es sich einmal wieder bequem in Ihrer Sitzhaltung, indem Sie das Buch beiseite legen und sich recken und strecken – wie morgens nach dem Schlaf. Schließen Sie dann die Augen und schauen einmal mit dem inneren Auge auf die Atmung – Sie wissen ja jetzt schon wie: nur den Atemfluß betrachten, nichts verändern, das **Ausatmen** begleiten – vielleicht auch mit der Hand auf dem Zwerchfell den Atemfluß spüren – dann das **Einatmen** – und die **Zeit dazwischen,** nach dem Ausatmen – vor dem nächsten Einatmen.
Stellen Sie sich nun mit dem inneren Auge einmal eines Ihrer Fotoalben vor, in dem auch Kinderbilder von Ihnen sind – zusammen mit Erwachsenen oder Geschwistern, oder ein Photo vom letzten Betriebsausflug oder Familientag, auf dem Sie mit Menschen abgebildet sind, die Sie mögen und gut kennen. Suchen Sie einmal ein Bild, das Sie gerne anschauen – und entscheiden Sie sich für eine Person, deren Stimme Sie jetzt erinnern wollen.
Wie erinnern Sie ihre Stimme? Wie klang sie?
Jetzt denken Sie ein wenig nach: Was ist besonders typisch für diese Stimme? Wie klang ihr Rhythmus? Wie klang ihre Dynamik? Wie klang ihr Klang? Wie klang ihre Melodie? Wie sind Ihre Gefühle, wenn Sie sich erinnern?
Natürlich können Sie auch ein reales Fotoalbum auf den Schoß nehmen und darin herumblättern und dann Ihr Erinnerungsspiel spielen. Und wenn Sie das interessiert, können Sie auch einen Ihnen gegenwärtig unangenehmen Menschen »herbeizaubern« und dasselbe Spiel spielen und überlegen, wie seine Stimme klingt.
Wie sind Ihre Gefühle hierbei? Welche Erinnerungen sind intensiver, die positiv oder die negativ besetzten? Schließen Sie ein solches Experiment der Erinnerung an eine unangenehme Stimme, indem Sie sich ganz formell von ihr verabschieden. Nutzen Sie dabei Ihre eigene Sprechstimme und hören Sie sich zu, wie Sie einem unangenehmen Menschen Adieu oder sonstwas sagen. Wie erleben Sie Ihre Stimme?

aus, und das Kind erkennt an diesen Vitalitätsaffekten, um was es geht, je häufiger sich die Situationen und damit diese musikalischen Nuancen wiederholen und zur Episode werden – wie der Stillvorgang, an dem Daniel Stern die Ausprägung des Episodengedächtnisses des Säuglings festmacht.

Es gibt sehr viele Episoden, und für jede werden die entsprechenden Sprechmuster mit ihren spezifischen musikalischen Eigenschaften eingesetzt, die immer die persönlichen Vitalitätsaffekte hörbar machen. Das Kind entwickelt eine wachsende Erkenntnisfähigkeit gegenüber diesen musikalischen Signalen in der Stimme. Manchmal reicht schon das »Naaa? Mmmm?« der mütterlichen oder väterlichen Stimme in Verbindung mit den Geräuschen der Warmwassererhitzung für die Flasche, und das Kind zeigt alle Antwortsignale des Verstehens dessen, was jetzt kommt.

Wenn Sie Lust auf zwei kleine Spiele mit Ihrer Erinnerungskraft für Stimmen verspüren, dann lesen Sie bitte zuerst das »Spiel mit der Erinnerung an Stimmen« und entscheiden Sie dann, ob Sie meine Einladung zu einem »Experiment mit der eigenen Stimme« annehmen.

Experiment mit der eigenen Stimme

Lesen Sie eine Textpassage dieses Buches oder einen Zeitungsausschnitt mit Ihrer Vorlesestimme laut vor. Lauschen Sie dabei einmal Ihrer eigenen Stimme – erinnern Sie etwas? Gibt es etwas, was Sie selbst an Ihrer Stimme typisch oder fremd finden? Können Sie das musikalisch beschreiben (Rhythmus, Dynamik, Klang, Melodie ...)? Sie werden bemerken, daß es viel schwerer ist, sich die eigene Stimme vorzustellen, diese zu erinnern. Den meisten Menschen ist dies unmöglich. Sie sind sich fremd mit ihrem ureigensten Ich-Ausdruck. Selbst wenn Sie sich auf Tonband oder Video sprechen hören, wundern sich die meisten Menschen darüber:
»Ach – das bin ich?«

Vielleicht ist die (hier spielerisch erlebte) »Fremdheit der eigenen Stimme« auch ein hörbares Zeichen für die alte Selbsterfahrung, daß wir uns selbst nur im kleinsten Teil erfahren und beschreiben lernen. Hauptsächlich werden wir vom Unbewußten gesteuert, für das unsere Stimme aber immer »mitspricht«.

Sicherung für Zeiten des Wandels

In einer liebevollen Kindheit spielt die menschliche Stimme des Gegenübers in Situationen der räumlichen und zeitlichen Distanz dieselbe Rolle wie etwa das Halstuch der Mutter, das ein Kind von zwei Jahren in der Abwesenheit der Mutter hinter sich herzieht, in jedes Spiel einbezieht. Ohne dieses Halstuch (schon alt und farbenblaß, abgegriffen, zerschlissen und oftmals gut vom Kind durchgekaut) geht das Kind nicht Schlafen, nur mit diesem Tuchrest im Arm wacht es ruhig auf, ißt und ge-horcht.

Die Psychoanalyse spricht von diesem Tuch und den vielen anderen Materialien, die das Kind »für die Mutter« nimmt, von Übergangsobjekten, von Objekten, die in Zeiten des Übergangs in Neues mitgenommen werden. Übergänge kennzeichnen Reisen. Übergänge bedeuten meistens, von etwas Vertrautem zu etwas Neuem, Fremdem zu gelangen. Oft genug ist das Fremde be-fremdlich, macht unsicher, macht Angst.

Vor solcher Angst und in solcher Angst helfen die Übergangsobjekte. Sie sind sozusagen das Reisegepäck, sie dienen zur Vorbereitung auf Übergänge, und während der Übergänge können sie als Brücke genutzt werden. Hörbares, Töne, Klänge, Geräusche, die ganze Welt der Musik, all das sind mindestens ebenso wichtige Übergangshilfen wie später Teddys, Photos und Verlobungs- oder Eheringe, mit denen wir uns in anderen Altersstufen jemanden ins Gedächtnis rufen – der nicht da ist. »Hier ist die Praxis Dr. ... und sind wieder für Sie da am ...« – Übergangsobjekte sind gegenständliche Versprechungen in der einsamen Gegenwart für die erhoffte Zukunft in neuer, alter Gemeinsamkeit. Menschliche Stimmen und ihre Musik und die Musik der Klänge, die wir mit einer

Person verbinden, weil wir sie mit ihr zusammen erlebt haben, gehören zu den wirksamsten Übergangsmaterialien. Ein Leben lang.

Als Säugling unterwegs

Im Alter von zwei Monaten hat ein Kind schon verschiedene Reise- und Übergangserfahrungen hinter sich, die es lange vor der Geburt erlebte. Die allerersten Reisen waren ebenso klein wie abwechslungsreich.

Es waren die Reisen in der Gebärmutter, wenn der Fetus sich in der Innenwelt der Mutter drehte. Auch ein Embryo hatte beim Umdrehen und Wenden im Uterus aufregende Erlebnisse: Es gab taktil-haptische Änderungen, der Embryo spürte zwischen seiner Haut und den Hautwänden der Mutter verschiedenen Druck und Gegendruck, spürte Reibung und Wärme, erlebte neue Lichteinfallswinkel und Helligkeiten. Und er hörte in verschiedenen Positionen ebenfalls anders: Herzschlag, Atmung, Knochen- und Muskelbewegungen und die Stimme der Mutter. Ab der 16. Schwangerschaftswoche reagiert ein ungeborenes Kind nachweislich mit Bewegungsimpulsen auf hörbare Signale der Außenwelt. Natürlich ist das Hören und Erleben im Mutterleib ein anderes als nach der Geburt, dennoch beginnt jenes Hören, das sich ändert, wenn das Kind seine Position im Raum ändert, auf diesen ersten Reisen.

Die dramatischste Reise führt sicher durch die Enge des mütterlichen Geburtskanals, verbunden mit einer Fülle später nicht mehr zu beschreibender, nur zu ahnender Reibungsgeräusche, Stimmen, Licht- und Richtungswechsel. Hier war für das Kind die Stimme der Mutter und die des Vaters ganz sicher eine enorme Hilfe. Denn das Kind kannte ganze Teile dieser Stimmen und ihrer unverwechselbaren musikalischen Eigenschaften längst – und fand darin Übergangshilfen auf dem Weg zur Außenwelt.

Nach der Geburt geht es mit neuerlichen Reisen weiter: den vielen kleinen Reisen des Säuglings auf den Armen seiner Lieben durchs Kinderzimmer mit Farben, Tönen und Geräuschen, den Reisen durch die Wohnung und in den Garten mit zahllosen Reizen, deren Verarbeitung und deren Ausdruck. Alles Reisen, auf denen das Kind »aufgenommen«, hochgehoben, getragen, transportiert wird. Auf solchen Reisen wirken die Reize unendlich, weil das Kind über die »amodale Wahrnehmung« – das heißt die Wahrnehmung des Säuglings, die nicht an einen bestimmten Sinneskanal gebunden ist, – auf einer sensorischen Ebene etwas aufnimmt, dies aber auf einer anderen Ebene seiner Sinne erlebt. So denken Erwachsene, die einen Säugling durch einen stillen Garten tragen, Kind und Garten seien still. Das Kind hingegen sieht den Garten in Tönen, in Schwingungen, die der Erwachsene nicht (mehr) hört, oder es hört die in der mitgebrachten Spieluhr versteckte Musik – und schmeckt das Gehörte auf der Zunge. Gerade auf diesen scheinbar passiven Reisen erlebt das Kind rezeptiv sehr viel.

Die Reisen, die ein Säugling selbst aktiv unternimmt, sind für ihn nicht minder spannend. Für Beobachter sind diese Reisen kaum sichtbar: beim Drehen in der Wiege und später im Kinderbett wandeln sich die Wände der Wiege ebenso mit ihren Blickwinkeln, Stoffmotiven und Gerüchen. Auf dem Bauch liegend rückt die kleine Welt noch näher, und das Kind kann Stoffe, Wäsche, seine eigene Haut riechen. Und dies Riechen ist auch wieder hörbar oder sichtbar in der amodalen Wahrnehmung des Säuglings.

Weitere Reiseerfahrungen warten im Laufgitter. Mit jeder Positionsänderung erlebt das Kind Licht- und Schattenwechsel, mit Farben und Tönen im Großformat: Die Decke wirkt anders, die Seitenwände, es sieht den Boden anders und kann die Musik des Zimmers immer mehr zuordnen: Da tönt etwas vom Heizungskörper, dort tanzt die Gardine im Wind, der durch das Kippfenster weht. Besonders in alten Häusern wächst das Kind mit mehr Geräuschen auf, etwa mit der Holzmusik von alten Parkett- oder Dielenböden, weil erstens das Holz selbst tönt, bei allen Witterungsänderungen in Schwingungen gerät, und zweitens alle Schritte von der Ferne schon hörbar sind, die auf einem Teppichboden verschluckt werden.

Zu den Kindheitserinnerungen vieler Erwachsener gehört auch das »akustische Gesicht« eines Hauses oder Kinderzimmers. Sie erinnern sich später noch genau an die Geräusche und Töne, die zu bestimmten Türen und Angeln, Korridoren, Heizungen, Badezimmern und Küchen gehörten. Selbst wenn dieses Haus neuen Häusern längst gewichen ist: Es hat seine akustischen Eindrücke ebenso im Säugling hinterlassen wie seine spezifischen Gerüche, Farben, Winkel, seine Licht- und Schattenseiten.

In der Musiktherapie mit alterskranken Menschen und auch mit komatösen Patienten wurden sehr positive Erfahrungen damit gemacht, daß man wenige dieser frühen »akustischen Profile« nachspielte (oder über Tonband abspielte). Der Hörer wurde dadurch »vitalisiert«, vorausgesetzt seine Erinnerungen an die Zeit dieser frühen Klänge waren positiv besetzt.

Keine Reise ohne Gepäck

Keine Reise ohne Gepäck – kein Übergang ohne Übergangsobjekte. Jedes Umdrehen in der Wiege, jeder Ausflug im Laufgitter – alle aktiven Reisen sind verbunden mit Geräuschen und Tönen, die die Materialien von sich geben. Je häufiger das Kind diese Reisen unternimmt, desto mehr wiederholen sich auch die Höreindrücke auf diesen Reisen, und es wird mit ihnen vertraut: Dieses Spektrum von Tönen, Farben und Gerüchen gehört dahin, jenes dorthin. Das Bett der Eltern quietscht so und das eigene anders. Diese Stimmen begleiten das Kind auf allen Übergängen, sind das sichernde Gepäck.

Das Wiederholungsphänomen prägt sich bereits aus, das uns als Kinder und später als Jugendliche und als Erwachsene zwar unbewußt, aber keineswegs zufällig in einer speziellen Stimmung zu einer bestimmten Musik auf CD oder Kassette greifen läßt, um diese Stimmung zu verstärken – oder zu vertreiben. Eine Reise, welcher Art sie auch sein mag, ist immer auch ein Übergang von einem seelischen Zustand in einen anderen.

Alle diese Reisen im Säuglingsalter sind verbunden mit eigenen Lauten und Lall-Gesängen sowie mit der im Hintergrund oder Vordergrund sichtbar und vor allem hörbar präsenten Mutter, dem Vater, einem Geschwister oder anderen nahestehenden Menschen. Ihre Laute, Stimmen, Töne, die Geräusche, mit denen sie sich nähern und sich in der Nähe des Säuglings beschäftigen, die ganze weitere tönende Welt bilden das sichernde Übergangsmaterial, jenes Reisegepäck, auf das ein Kind immer zurückgreift, wenn es Änderungen oder Fremdem auf seinen Reisen begegnet. Wenn es aus der Sicherheit der Wiege hochgenommen, weggenommen, irgendwohin getragen wird: Die Stimmen und Geräusche und Töne der Menschen, die das Kind tragen, begleiten es auf diesen ersten Übergängen.

Natürlich ist es spektakulärer (lat. spectare: schauen), wenn Säuglinge zu Kleinkindern werden und sie dann die Abwesenheit der Mutter sichtbar gut überstehen, indem sie zum Beispiel eine Socke oder ein Halstuch von ihr zum Muttterersatz ernennen und diesen nun ununterbrochen mit sich herumschleppen, bis die Mutter wieder äußerlich, räumlich greifbar ist.

Mindestens so wichtig ist aber die Rolle der Hörwelt in dieser Phase – die Musik der Stimmen, der Schritte, der Räume, der Instrumente in Küche und Bad, die das Kind umgeben. Ebenso spielen die Musikinstrumente des Kindes (von der Rassel über den Regenstab bis zur Spieluhr) und – wenn vorhanden – die Klangwelten, die die Musikinstrumente der Eltern in seine Hörwelt zaubern, eine große Rolle.

Die Wahl des Wesentlichen

Wir nennen diese Welt ab jetzt entsprechend der spektakulären, also der sichtbaren Welt die »auditive Umgebung« des Säuglings (lat. audire: hören). Diese auditive Welt prägt das Kind schon länger als die sichtbare Welt. Im Gegensatz zur »akustischen Welt« meint die auditive Welt die Hörumgebung und Hörerfahrung, die das Kind reizmäßig aufnimmt, annimmt und verarbeitet. Im Gegensatz zu den vielen Reizen aus dem akustischen (und überhaupt sensorischen) Umfeld, die es gar nicht an sich heranläßt, weil es sonst über-reizt leben würde. Unmittelbar nach der Geburt verhindert der Schutzschild des Fruchtwassers im Ohr des Säuglings die Überreizung und hilft zunächst, das Hören verkraftbar zu dosieren.

Später – wenn diese Flüssigkeit ausgeflossen und der Gehörgang frei ist – werden die Gehirnfunktionen des Säuglings allmählich ausprägen, was dann ein Leben lang so funktioniert: Sie filtern das für den einzelnen Menschen Nötige, Wichtige, das für ihn Bestimmte.

Ein Beispiel: Das Stimmengewirr in einer Gruppe, in einem Raum, aus dem wir die für uns wichtige Stimme unter all den anderen heraushören. Das hörbare Vertraute überbrückt dann den räumlichen Abstand zu dem anderen, ob dies nun wenige Meter sind – oder zweihundert Meter Distanz zu einem Menschen, den wir auf dem Bahnsteig abholen wollen und seinen Namen rufen. Während wir jemanden rufen, rufen wir ihn oder sie ebenso zu uns her, wie wir uns selbst »hin-rufen«. Alles zusammen ist immer die Überbrückung einer Distanz – durch unsere spezifische, für den anderen unverwechselbare Stimme.

Ein weiteres Beispiel: Ich arbeite während einer Bahnfahrt in einer Akte oder lese – und meine auditive Wahrnehmungsschwelle erlaubt mir das Arbeiten oder die Unterhaltungslektüre, weil ich mittels dieser Schwelle dauernd filtere, was wichtig, was nicht wichtig ist. Selbst das »Hallo« einer fremden Stimme reißt mich nicht unbedingt heraus. Aber in dem Augenblick, wo ein Kind in meiner Umgebung »Mama« oder »Papa« ruft – rufende Kinderstimmen sind sich im Kleinkindalter auffallend ähnlich aufgrund der individuen-übergreifenden »Appellintensität« zur Erlangung von Aufmerksamkeit im relativ kleinen Stimmrepertoire des Kindes –, da bin ich weg von der Akte und dem Buch und fühle mich – ja, wie? – an die Stimme eines eigenen Kindes erinnert. Auch wenn dieses schon selbst Auto fährt.

INTERMEZZO

Hören aus psychologischer Sicht. Die Erinnerungskraft von Stimmen hängt mit dem »Appellwert« von menschlichen Stimmen überhaupt zusammen – und dieser Appellwert ist der höchste überhaupt unter all dem Hörbaren. Stimme ist immer Ausdruck eines lebendigen »Ichs«. Kindliche Stimmen drücken nicht nur ein direktes »Ich« aus, sondern lösen die Erinnerungen an Appelle in uns aus, mit denen das Kind nach Nähe ruft, nach Hilfe, nach Vertrautem, sie erinnern uns auch – an uns selbst …
Nirgendwo sind die Vitalitätsaffekte – die die Dynamik unserer Gefühlsqualitäten ausdrücken – so deutlich in der menschlichen Kommunikation zu spüren wie im Stimmausdruck. Sensible Telefonpartner hören solche Dynamik im Gefühlszustand des anderen durch die Leitung und ohne die Körpersprache des anderen sehen zu können: »Sag mal, hast du was?« »Nein.« Und nach einigem weiteren Einhören in die gegenwärtige »Musik der Stimme« des anderen mit ihrer gegenwärtigen Rhythmus- und Dynamikgestaltung, mit ihrem von jetziger Befindlichkeit geprägten Klang und Melos, kommt die Nach-Frage: »Du hast doch was – das hör ich doch!« Und oft hat der andere etwas und packt dann aus. Besonders Bedrückendes – oder besonders Erfreuliches.

Nicht nur Verliebte nutzen (un)bewußt die Vitalitätsaffekte der Stimme des geliebten Partners durch musikalisches Einhören und intuitives Ableiten der Befindlichkeit aus dem Wechsel, eben der Dynamik der Musik der Stimme.

In Trainings und Seminaren im gehobenen und höheren Managementbereich wird die Aufmerksamkeit ebenfalls auf das Timbre, auf die Klangfarbe der Stimme hin trainiert, eben auf das Ausrüsten der Stimme mit musikalischen Elementen. »Timbrieren« ist ein aus der Mode gekommenes, eingedeutschtes französisches Verb und meint im Schauspielunterricht die Kunst, die Stimme entsprechend einer bestimmten Rolle zu timbrieren, also den Angreifer so und den verängstigten Angegriffenen anders klingen zu lassen. Eben ent*sprechend* der Rolle.

»Timbriert« wurde auch bis vor kurzem im Fach Rhetorik etwa für Berufsredner wie Geistliche und Pädagogen, die entsprechend den Inhalten ihrer Botschaften, die sie vermitteln wollten, die Differenzierungsmöglichkeit der Stimme in ihrem Timbre üben konnten.

Im therapeutischen Bereich wird die Aufmerksamkeit auf die Stimme des Patienten zentriert. Seine seelische Befindlichkeit wird immer im Zusammenhang mit der Stimme gehört. Zum Beispiel kann es in der Begleitung eines schwerer depressiven Patienten eine enorm wichtige Botschaft sein, wenn dieser eines Morgens in die Therapie kommt und ein »Guten Morgen« nicht wie sonst mit abflachender oder abknickender, belegter, müder Stimme beantwortet, sondern seit Wochen zum ersten Mal die Melodie seiner Stimmführung hält und nicht niederdrückt, nicht niederschlägt, was bisher Ausdruck seiner Niedergeschlagenheit war. Manchmal zeigt sich in solch winzigen Änderungen einzelner musikalischer Bausteine der Stimm-Melodie die sich langsam erholende, seelische Aufwärtsentwicklung. Mindestens eine Änderung der langen depressiven Phase.

Innerhalb der Therapie und ebenso außerhalb wird mehr oder weniger bewußt ein Abgleich vorgenommen zwischen der Stimme und dem Gesamtbild einer Person, die wir hören. Im Zusammensein mit Kindern fällt dieses Hineinhören in die Befindlichkeit des Gegenübers noch leichter – besonders in deren vorsprachlichen Zeiten, wo die Befindlichkeit noch nicht über Worte mitgeteilt werden kann. Später wird das Kind daran gewöhnt, daß »… du schon sagen mußt, was du willst und wie es dir geht …«, weil wir Erwachsene daran gewöhnt sind. Der Gebrauch der Sprache entwöhnt leider von diesem Hineinhören in die Befindlichkeit des Gegenübers durch Hineinhören in seine Stimm-Musik und seine Stimmung.

Die Sprache hat außer der Funktion, Botschaften und Informationen zur Verständigung zu vermitteln, auch eine maskierende Funktion, die die eigentlichen Botschaften der Seele wie hinter einer Maske versteckt. Dies ist durchaus manchmal ein wichtiger Schutz, aber hinderlich, versteckend, wenn es um ehrliche Selbsterfahrung oder Fremderfahrung geht.

Kleine Ausflüge: Krabbelalter

Der Zusammenhang von vertrautem Stimmausdruck und vertrautem Höreindruck als Übergangshilfe bei frühen Reiseerfahrungen wird im Krabbelalter am deutlichsten. Eines Tages, bemerkt oder unbemerkt, ist das Kind, nachdem es Krabbeln genügend geübt hat – verschwunden! Der Schreck der Mutter oder des Vaters inmitten ihrer Aufsichtspflicht dürfte nur kurz gewesen sein, als sie den Blick hoben und ihr Kind zum ersten Mal nicht mehr dort war, wo sie es doch eben noch gesehen hatten.

Denn das Kind hat sich natürlich nicht ohne Sicherheitsmaßnahmen, ohne Gepäck in dieses erste größere Reiseabenteuer um die nächste Zimmerecke gestürzt. Es nutzt das Reisegepäck auch gleich und kräht – um jene Zimmerecke herum. Es juchzt seine befriedigte Neugier darüber, wie anders alles in diesem Nachbarraum aussieht, sich anfühlt, hinüber zu Mutter oder Vater, oder es äußert sein Staunen in Lauten. Und ob es nun suchend kräht oder befriedigt juchzend erzählt oder lautlich staunt – es kommt in jedem Fall prompt die Antwort. »Ah – da bist du also, weg – um die Ecke …«, und in den meisten Fällen kommen die Anverwandten auch mit ihrer Stimme hinterher und bestaunen, bewundern erleichtert diesen ersten Ausflug.

Bisher hat das Kind die Stimme und ihre Musik als Überbrükkung genutzt, wenn sich die Erwachsenen räumlich von ihm entfernt haben und dabei vom Nachbarraum oder von der Terrasse hin und wieder bestätigen, daß sie das Kind hören, daß sie da sind … Ebensooft begnügt sich das Kind in der Wiege mit den Geräuschen, die ihm anzeigen, daß die Lieben in der Nähe sind: Klanggeräusche von Geschirr und Besteck, wenn die Erwachsenen essen, die Töne ihres Gelächters, die Dynamik ihres Sprechens untereinander, die Klänge ihres Miteinanderredens, Türengeklapper und Schrittrhythmen tun ein übriges, um Entfernungen zu überbrücken.

An diesem ersten Krabbeltag im Kleinkindleben ist die Situation umgekehrt: Es ist das Kind, das auf seinen zwei Knien und zwei Handgelenken oder Ellenbogen eine räumliche Entfernung von seinen Lieben riskiert. Es hat so lange mit diesem Abenteuer gewartet, bis es reif genug ist, es auch auszuhalten. Und es hat Abenteuer trainiert: Es passierte bisher nichts Unverkraftbares, wenn sich die Menschen entfernten, denn das Kind konnte sie ja hören. Es hat die Verläßlichkeit ausprobiert und genügend bestätigt bekommen: Die Nähe bleibt, auch wenn jemand, von dem das Kind abhängig ist, nicht mehr zu sehen oder zu riechen ist – solange dieser Mensch hörbar bleibt.

Das Hörbare, Klingende ist die Verbindung auch über eine Entfernung hinweg. Mit dieser Erfahrung verschwindet das Kind jetzt einmal selbst um die Ecke – und verzichtet auf den Blickkontakt. Es hat ja die eigene Stimme, die rufen kann, und es gibt die andere Stimme, die antwortet. Und mit dieser Stimme verbindet das Kleinkind den Geruch des anderen, seine Körpernähe, seine Ansicht, seine Gestalt, sein Gesicht aufgrund der amodalen Wahrnehmung.

Diese erste Lokomotion (lat. loco movere: vom Platz bewegen) im Krabbelalter ist ein eminent wichtiger Erfahrungsschatz für das Kind. Diesmal entfernt es sich aktiv von einem Ort – statt entfernt zu werden. Und es erfährt Bestätigung dafür, daß Entfernung durch die Stimme überbrückbar ist. Mit der wechselseitigen Bestätigung und Kenntnis vom veränderten Standort kann das Kind die Wärme und Liebe erinnern, die es mit der Stimme dort »um die Ecke« verbindet – vorausgesetzt, die Stimme gehört einer Person, mit der das Kind diese Erfahrung der Akzeptanz, der Liebe immer schon verbunden hat.

Selbst wenn diese Person Klassenarbeitshefte durchsieht und das Kind dabei ab und zu mit gemurmelten Präsenzlauten versorgt, selbst wenn diese Person gerade Geschirr einräumt oder sich mit einer anderen Person unterhält – solange sie für das Kind hörbar ist, fühlt es sich sicher. Die Erinnerung an das Hin und Her von lautlicher Kommunikation zwischen Kind und Bezugspersonen ist ebenso alt wie das Kind. Selbst die vorgeburtliche Wahrnehmung eines Fetus speichert ja Stimmen von Mutter und Vater, ob diese nun an das Kind im Leibe adressiert sind oder nicht. Nach der Geburt erlebt das Kind das höchst kommunikative Hin und Her zwischen der nährenden Mutter und sich selbst, mit ungezählten Laut- und Lachspielen beim Wickeln, beim Waschen, beim Liebkosen und Schmusen.

Diese Formen der Kommunikation tragen alle den Namen »call-response«, Ruf und Antwort. Während ein Säugling in seiner unmittelbar postnatalen Unterhaltung call und response oft zeitgleich erleben kann, werden die Abstände zwischen Frage und Antwort, zwischen Ruf und Gegenruf zeitlich immer größer, je älter er wird.

Sprechen lernen: Fortschritt und Abschied

Sprachen nutzt das Kind längst und zwar so kompetent wie später nie mehr wieder, etwa die Körpersprache oder die Sprache der Laute, der Töne, der Klänge, die Sprache der Stimme. Lernt es nun die Wortsprache immer mehr sprechen – dann löst sich die Gleichzeitigkeit von Ruf und Gegenruf, von call und response, von Frage und Antwort in der Säuglings- und Kleinkindkommunikation langsam auf.

Frage und Antwort trennen sich, Frage und Antwort werden zeitlich nacheinander geäußert, call und response fallen nicht mehr zusammen, sondern sind hübsch säuberlich immer klarer zu artikulieren nach der Regel: einer nach dem anderen, eines nach dem anderen.

Kleinkinder lernen die eigentliche Wortsprache, die ihnen mit dem zweiten Lebensjahr ganz zur Verfügung steht, zwischen dem neunten und zwölften Monat und zwar dadurch, daß sie mit ihrem Kehlkopf immer mehr von dem imitieren lernen, was sie von den Erwachsenen hören. Und die reden nun mal nacheinander. Außer wenn sie in Ekstase, Euphorie, Streit oder Kampf sind – also in aggressiven Zeiten (lat. aggredi: angreifen). Dann fallen auch die Äußerungen der Erwachsenen wieder zeitlich zusammen:

»Nein!«
»Doch!«
»Du hast aber …!«
»Hab ich nicht!«
»Immer bist du …!«
»Noch nie hast du …!«

Solche und andere Worte in erwachsenen Streitformeln verlieren in den Spitzenzeiten und Höhepunkten eines Wortkampfes ihre Bedeutungskultur und werden akustische Schleudersteine, die wie Schneebälle oder Messer von allen Seiten gleichzeitig fliegen.

Die Nuancierung und Differenzierung der musikalischen Bausteine der täglichen Wortstimme prägt sich zusammen mit dem Kehlkopf bis zum zwölften Monat aus. Allerdings hat das Kind sie vermutlich schon sehr viel früher gehört und dies Hören gespeichert, sonst könnte es nicht so bald nach der Geburt ganze Textpassagen wiedererkennen, die ihm die Mutter in der Schwangerschaft einmal vorgelesen hat.

Musik, gesungene Musik der Kinderlieder, gespielte Musik auf Kinderinstrumenten, bewahrt nun aber ein Element, das einem Kind beim weiteren Lernen der Sprache fehlt: der gleichzeitige Ausdruck von zwei und mehr Menschen. Nur in den Stimmspielen zwischen Kind und Bezugspersonen vor der Sprachgrenze erlebt es dies Phänomen der gleichzeitigen Kommunikation des Ausdrucks und Eindrucks, des gleichzeitigen Abgebens und Entgegennehmens, des gleichzeitigen Sendens und Empfangens. In der Kultur der Sprache wird es dem Kind später sogar verboten.

In der Kultur der Musik gilt diese Gleichzeitigkeit weiter: Indem wir gemeinsam summen, Texte skandieren, Oratorien und Liturgien oder Rock- und Folksongs singen – pflegen wir noch diese frühe Kultur der Gleichzeitigkeit verschiedenen Ausdrucks verschiedener Personen, treffen wir uns im gemeinsamen Affekt. Wenn sich Erwachsene in der Musiktherapie den Ausdruck von bisher vermißter Zärtlichkeit oder bisher unterdrückter Aggression zeigen, den sie sich sprachlich sonst nicht erlauben, hat das den gleichen Ursprung: Die Einbeziehung eines Erwachsenen in die Sprache der Musik bedeutet sein Verlassen der Wortsprache – und sein Eintauchen in jenen unbefangenen Ausdruck der vorsprachlichen Zeit, in dem call und response, Frage und Antwort, Senden und Empfangen zeitgleich zusammenfallen können.

Beschäftigung mit Musik ist immer auch ein Stück Regression (lat. regredi: zurückgehen) in die Kindheit, und diese Regression mitsamt der Erinnerungskraft früherer Unbefangenheit erlaubt den Ausdruck längst verschütteter, verkrampfter, beschädigter Gefühlswelten – in der Sprache der improvisierten Musik, die der Patient selbst von innen her spielt und nicht voraussehen bzw. voraushören kann. Im gemeinsamen Musikmachen, gleich ob in der Kunstmusik oder der improvisierten Musik in der Therapie, holt man sich immer auch ein Stück Symbiose zurück, jenen frühkindlichen Zustand, in dem wir streckenweise »eins« sind mit der Bezugsperson, mit ihr verschmelzen. Vorausgesetzt, wir haben den Kern unseres Selbst auch schon eigenständig genug ausgeprägt und erlebten den anderen als Gegenüber.

Abschiedsmusik

Bisher haben wir gehörte und gespielte Klangwelten als Reisegepäck verstanden, als »Übergangsobjekt im Zeitverlauf der Töne«. Ob nun auf passiven Reisen (das Kleinkind wird transportiert) oder auf aktiven Reisen (die erste Lokomotion um die Ecke) – immer hilft das Gehörte und das, was das Kind an Tönen und Klängen von sich gibt, Entfernungen zu überbrücken. Später werden die Trennungen räumlich und zeitlich immer größer: Vom Kindergarten über Vorschule und Schule, von der Ausbildung bis zu Dienstreise und Urlaub, ob die Reise zu den Großeltern oder in die Karibik führt: Wir haben ein Leben lang Trennungen und Abschiede und Wiederbegegnungen vor uns, weil diese immer mit Reisen verbunden sind.

Töne und Klangwelten werden uns auch weiterhin als Übergangshilfe bei diesen Trennungen von Personen und Orten, von

Situationen und Stimmungen helfen. So wie in den frühen Trennungssituationen im Krabbelalter. Die Töne, die das Kind damals als Überbrückung von sich gab, sind später verwandelt: in die Musik, die sich Jugendliche auf ihren CDs und Kassetten mitnehmen. Das Kind, das sich mit Märchen oder Kindermusik von der HiFi-Anlage über eine Trennung von den Eltern (bedingt und zeitlich befristet) trösten läßt, wird sich später als Schüler oder Student von zu Hause trennen und diese Trennung mit der Musik überbrücken, die er sich mit dem Walkman über die Ohren stülpt. Und mit dem Walkman radelt er durch die City, umhüllt von Musik, abgekapselt von der Umgebung kopfschüttelnder Busfahrer und Fußgänger, die dem musikhörenden Radler häufiger ausweichen werden als er ihnen. Auch diese Umhüllung mit dem Walkman kann durchaus als Nachfolge der ersten »Umhüllung«, in der es klang, verstanden werden: dem Mutterleib. Doch neben der Aufgabe, Nähe zu symbolisieren, bewirkt Musik später auch das Gegenteil.

Musik wird in manchen Lebensphasen der Kindheit und besonders der Pubertät mehrere Funktionen übernehmen: Einerseits werden sich Jugendliche mit besonders ausgefallener Musik von der Musik der Eltern abgrenzen können. Andererseits wird jede Musik (auch die »Gegenmusik« gegen das Establishment der Elterngeneration) an jene tiefen Schichten der Persönlichkeit rühren, die sich intrauterin und in der frühen Kindheit mit Musik ausprägten im Abhängigsein von der Nähe zu den Bezugspersonen. Jede Musikbeschäftigung erinnert an die früheste Musik im Mutterleib, die schließlich aus denselben Bausteinen besteht wie die Musik früher call-response-Spiele, wie die Musik gemeinsam gesungener Kinderlieder. Jede Musik wird helfen, Trennungen zu überbrücken – und die meisten Trennungen, die Musik überbrückt, sind die Trennungen in uns selbst.

Musik hat fast ebenso früh begonnen, Begleiter auf inneren Reisen zu sein, wie sie als Überbrückungshilfe bei äußeren Trennungen, bei Übergängen von Nähe zu Distanz, von Distanz zu Nähe geholfen hat. Denn die Klangwelten, die Kinder vor der Geburt hören und nach der Geburt zunehmend mehr wahrnehmen, der jeweilige Rhythmus, die Dynamik, der Klang, die Melodie der sie umgebenden Stimmen, Räume und Gegenstände haben zunächst eine Signalfunktion gehabt – später werden sie vom Signal zum Symbol erhoben.

Vom Signal zum Symbol

Hören wir uns noch einmal zurück, um diesen entscheidenden Übergang, diese mächtige Entwicklung von der Musik als Signal zur Musik als Symbol zu würdigen: Bisher waren die Teile der Klangwelt, die ein Kind hörte, oft auch eine Ankündigung, daß gleich etwas passiert: Es hörte die nahenden Schritte der Mutter und ihre Stimme, die zugleich immer intensiver mit dem Kind redet oder ihm Verheißungsvolles summt oder singt. »Gleich, gleich, gleich bin ich soweit ... gleich, gleich, gleich gibt's was ... gleich, gleich, gleich ...«

Es lernte, daß solche Schritte und Stimm-Musik ein Signal, ein Zeichen dafür sind, daß gleich etwas passiert: nämlich Essen, Nähe, Wärme, Hörbares, Muttermusik ... Oder das Kind hörte, wie sich die Schritte der Mutter mitsamt ihrer Stimme entfernen, hörte das gewisse Türenklappen, und all dies steht für Trennung, Entfernung, Distanz.

Später, nach der Stillzeit, kommen die Boiler oder Wasserkessel hinzu, die das Heißwasser aufwallen und klingen lassen und Nahrung signalisieren. Längst sind andere Stimmen als die der Mutter hinzugekommen, weil das Kind andere Personen die Mutter ersetzen lernte. Zunächst sind alle anderen Personen – Muttterersatz. Erst nach und nach lernt das Kind die spannende Eigenständigkeit von Vätern und Geschwistern, Onkel und Tanten kennen und schätzen – später durchaus auch als willkommene Abwechslung zur Mutter selbst.

Die Signale in der Säuglingswelt waren immer auch eine Ordnungshilfe. Kinder lernten die verschiedenen Bedeutungen der jeweiligen Abläufe (»Episoden«) in einer Wachphase nur durch die Signale, die sie umgaben. Bestimmte Signale kündigten eben Nahrung an, andere Spaziergänge durch die Wohnung (aufgenommen, hochgenommen werden). Oft genug waren diese Spaziergänge (den Gang machten die Erwachsenen mit dem Kind) verbunden mit Körperhygiene, also mit Waschen, Windeln, Spielen. Die dabei gestalteten Klänge von Stimmen und die Geräusche fließenden Wassers und der Waschutensilien haben immer Signalfunktion für etwas Bevorstehendes, das dann meist auch kommt.

Wenn wir als kleines Kind und im späteren Leben Signale aufnehmen und das Erwartete tritt nicht ein, folgt statt dessen die Erfahrung einer Frustration (lat. frustra: vergeblich). Dann haben wir zwar klare Signale erhalten und uns auf das Kommende eingerichtet – haben aber vergeblich gewartet oder so lange warten müssen, daß wir die Signale schon wieder vergessen haben. In solchen Signalsituationen mit der Folge von Enttäuschung und Frustration gehen wir in uns, verkriechen uns mehr und mehr, wenn sich solche Situationen häufen. »Episoden« gibt es eben auch im belastenden Sinne, und unser Episodengedächtnis speichert beide Formen.

Negatives Beispiel: Die musikalischen Signale der lockenden, einladenden, versprechenden Stimme, die dann aber etwas nicht hält, lösen eine Reise nach innen aus – weg vom Außen, das uns frustriert. Positives Beispiel: Die musikalischen Signale der Musik von der Spieluhr, die die Mutter aufzieht, wenn sie für drei Minuten verschwindet, wird auch eine innere Reise auslösen – nämlich die Erwartungshaltung gegenüber ihrem Wiederkommen.

Verwandt mit solcher Spieluhr-Episode ist die Musik im Wartezimmer bei Ärzten. Sie hat unter anderem die Funktion der Übergangshilfe eingenommen: Wir sitzen dort mit unserer Belastung im Niemandsland zwischen Kranksein und dem Wunsch zu genesen – und die Musikbeschallung dient als Überbrückung, soll entlasten und entängstigen, was die Medizin »anxiolytische« (angstlösende) Wirkung nennt. Die Musik wirkt dabei auch direkt auf das Vegetativum ein, das die Körperchemie, die Atem- und Pulsgeschwindigkeit beeinflußt und Verspannungen im Tonus senken kann (vgl. Seite 76 f.).

Verletzt durch ein Zuviel oder Zuwenig

Wenn immer mehr Signale Handlungsabläufe ankündigen, die vom Säugling negativ empfunden werden und Belastungen auslösen, so treffen wir diese Kinder später oft in Erziehungsberatungsstellen oder in der Kinder- und Jugendpsychiatrie wieder. Viele mußten als Kleinkinder bereits ganze Serien von Frustrationserfahrungen machen, haben zu oft vergeblich auf etwas warten müssen, was dann nicht kam: die Wärme von Bezugspersonen, die Verläßlichkeit des Sattseins oder die Lust am gemeinsamen Spiel mit Körpersprache und Musikbausteinen in der Stimme.

In therapeutischen Beratungsstellen landen auch Kinder, die mit Signalen unmäßiger Liebe überschüttet, überfüttert wurden, übermäßig geliebt, übermäßig geschützt. Ins Englische übersetzt heißen die letzten beiden Wörter (übermäßig geschützt) »over-protection«. Overprotection bezeichnet die übermäßige Fürsorge für das Kind, die wie eine zu große Atlantikwoge wirkt: Sie überrollt das Kind eher, als daß sie es mit dem nötigen Raum zur eigenen freien Bewegung umgibt inmitten des Fließens der Kommunikation zwischen Eltern und ihm selbst. Overprotection wird übrigens in der Eltern-Kind-Beziehungsanalyse oft als Ausdruck von Schuldgefühlen der Eltern oder einem Elternteil dem Kind gegenüber deutlich (zum Beispiel wenn es nicht oder nicht ganz gewollt wurde, oder weil es behindert ist und die Eltern es sich eigentlich wegwünschen). Overprotection ist nicht anzutreffen in einer Eltern-Kind-Beziehung, die »sich der Liebe sicher ist«.

Kinder haben eine un-heimliche Begabung, solche oft heimlichen oder mittels übergroßer Zuwendung verheimlichten, versteckten Ablehnungen von Erwachsenen aufzufangen – durch die Abwehrsignale, die die Zuwendung begleiten. Solche Ablehnungen übrigens sind den meisten Eltern, die es trifft, oft genug gar nicht bewußt. Werden manche Eltern beispielsweise behindert geborener Kinder nach ihrem Hader gefragt, nach ihren Wünschen des Weghabenwollens – dann kommt vor der Phase der Erleichterung, darüber endlich reden zu können, zunächst der innere Widerstand gegen diese Selbsterkenntnis. Das Kind, auch und gerade ein gestörtes oder behindertes, erkennt diese Zeichen der Ablehnung und der Abwehr über die Signale in der elterlichen Körpersprache und der musikalischen Sprache der jeweiligen Stimme.

Signale mit zwei Gesichtern

Über Signale fängt jedes Kind auch auf, ob wir Zeit haben, wenn wir uns ihm nähern, oder nicht. Ich kann mich gut erinnern, daß ich mich manchmal der Wiege der einen Tochter und dem Laufstall der anderen näherte mit dem unguten Gefühl, eigentlich keine Zeit für ein Spielchen zu haben – obwohl ich es gern wollte, oder ich dachte spielen zu müssen, um die durchschnittliche Zeit eines Durchschnittsvaters für sein Zusammensein mit einem Kleinkind von täglich 21 Minuten zu überschreiten. Denn ich wollte natürlich kein durchschnittlicher Vater sein, der nicht spielen kommt und nicht spielen kann.

Ich erinnere mich weiter, daß ich dann halbherzig stehenblieb, ein »bißchen spielte«, stets mit dem Blick auf die innere Uhr. Auf die äußere Uhr wagte ich nicht zu schauen, damit das Kind meine derzeitige Unfähigkeit, mit Zeit umzugehen, nicht mitbekam. Spätestens wenn ich dann im Hochschulseminar über »Double-bind-Strukturen« referierte (also doppelt gebundene, zweifache Botschaften, die einander in ihrer Bedeutung widersprechen) und darüber diskutierte, begriff ich, daß ich eben diese meinen Töchtern an der Wiege und am Laufstall zu Hause zumutete: Ich gab Signale ab, spielen zu wollen – und gleichzeitig Signale, dafür keine Zeit zu haben, also nicht spielen zu können.

Signalwelten

Signale formen die ersten Strukturen, mit und in Strukturen wächst der Säugling hinein – und braucht sie, um die Welt immer mehr verstehen zu können. Er lernt in diesem frühen Alter die Signale für liebevolle Kommunikationsabsicht, mit der jemand auf ihn zukommt. Er lernt die Signale für Gleichgültigkeit oder Ignoranz, mit der jemand ihn als herangewachsenen Menschen links liegenläßt und nicht beachtet. Er lernt die Signale, mit denen sich Streit ankündigt, und die Signale, ob jemand Zeit hat – oder nicht.

Als Erwachsene leben wir mit weiteren Signalen: mit negativen wie dem Tatütata des Martinshorns von Unfall-, Notarzt- und Feuerwehrwagen mit jenem eindeutigen Signal des Quartsprung nach oben und mit positiven, wie dem Drehgeräusch des Schlüssels im Türschloß, das uns das Kommen eines ersehnten Menschen ankündigt, oder jenes abgesenkte Flüstern einer Stimme, die uns gleich etwas sehr Einladendes, Liebevolles mit-teilt, damit wir es mit ihr teilen sollen. Mit zunehmendem Alter lernen wir auch all diese verschiedenen Signale zu imitieren – für spätere Nutzung im Repertoire der Begegnungsformen. Diese Art von Repertoire wird als »Milieu-Erbe« oder »Milieu-Prägung« bezeichnet, weil es weitgehend von Bezugspersonen übernommen wird.

Signale kündigen Ereignisse an, die gleich passieren. Signale sind Teile dieser Ereignisse und Handlungen und strukturieren unser Leben von der vielbesungenen Wiege bis auf die vom Martinshorn umblasenen Trage. Mit Signalen verständigen wir uns miteinander und auch mit Haustieren, die auf die Signalankündigungen zum Spaziergang oder Füttern ähnlich verstehend reagieren wie Säuglinge oder Erwachsene, die dem Gong entnehmen, daß es zum Speisen geht. Ein Großteil der Signale ist in der Welt des Hörens angesiedelt: Töne und Geräusche, Pfiffe, Rufe, Klingeln, Musik als Zeichen für die Warteschlange im Telefon – und als Zeichen zum »Aufstehen!« (Es gibt immer noch Jugendherbergen, die mit Musik über Lautsprecher ihre Belegschaften kollektiv wecken …)

Die Macht der Symbole

Ein Symbol geht weit über das Signal hinaus. Ein Symbol (griech. symballein: zusammenwerfen) steht nicht nur für sich selbst oder für etwas direkt damit Verbundenes wie das Signal des Martinshorns (»Es ist etwas Gefährliches«) oder das Geräusch kochenden

Wassers (Gleich gibt's Nahrung). Ein Symbol steht für etwas anderes, was es selbst nicht ist. So ist etwa ein Ring ein Edelmetallband im Kreismotiv mit mehr oder weniger Gold- oder Silberanteilen. Der Ring kann aber weit darüber hinaus für eine jahrelange, sturmerprobte, tiefe Liebe zu einem unverwechselbaren Menschen stehen.

Symbolisches Verstehen ist nur Menschen möglich. Kein noch so trainierter Lieblingshund kommt über das Verstehen von Signalen hinaus: der Hundenapf, der zum Füllen hochgehoben wird, bleibt für ihn Signal zum Fressen. Für den Menschen, der den Napf gerade füllt, ist der Napf weit über seine Funktion hinaus ein Andenken an den Hund davor und den davor ... Oder es ist ein Geschenk gewesen von jemandem, der gar keine Hunde mag, aber den mag, der diesen Hund mag.

Zwischen Signalverstehen und Symbolverstehen liegen Welten, die nur wir Menschen uns erschließen können: Symbole sind nicht nur mit dem berühmten Hier und Jetzt verbunden, das unsere Gegenwart ist und an die das Signal gebunden bleibt. Ein Symbol kann hingegen für etwas in der Vergangenheit stehen (zum Beispiel ein Erbstück, das an einen Verstorbenen erinnert) oder für etwas in der Zukunft (die Fahrradklingel, die mir mein Patenonkel schenkte mit der Bemerkung, daß ich später ein Moped dazu bekäme ...).

Im Alter von 18 bis 20 Monaten zeigt ein Kind erstes Symbolverständnis, indem es Einwortsätze sagt wie »Baba« – in unserer Familie war ich damit gemeint, der Papa. Da ich häufiger auf Vortragsreisen war, wurde dies »Baba« auch in meiner Abwesenheit genannt – und ich war anwesend mit diesem »Baba«. Ebenso wie ich bei der Abwesenheit meiner Frau nur »Mama« sagen mußte – und meine Frau, die Mutter unserer Kinder, war auch herbeigezaubert, obwohl sie nicht anwesend war.

Mit Symbolen können wir uns aus dem gegenwärtigen Kontext heraus ganze weitere Welten erschließen. So steht die Erwähnung von »Baba« und »Mama« auch noch weit über die Personen hinaus für die ganze Kette von Erfahrungen mit einem Menschen und die mit ihm verbundenen Gefühlsschichten. Bei der bloßen Erwähnung der Namen bestimmter Menschen, die sich zum Besuch anmelden, zeigt das älter gewordene Kind später wahre Begeisterungsstürme – oder eines der vielen möglichen Gegenteile. Mit dem Namen ist die Person verbunden und die Erinnerung an alles, was mit ihr erlebt wurde und mitgewachsen ist.

Als Erwachsene maskieren wir wesentliche Gefühle nicht nur sprachlich, sondern auch körperlich, indem wir uns beispielsweise einander ziemlich ähnlich begrüßen in einer Gruppe, obwohl es drastisch unterschiedliche Sympathie- und Antipathiegefühle gibt. Dabei reicht die Ankündigung, daß dieser oder jener auch in die Gruppe oder Veranstaltung kommt – oder nicht kommt – aus, um uns innerlich riesig vorfreuen zu können oder uns zu wappnen mit der Waffe »dicke Haut«.

Der Biologe Humberto Maturana lehrt, daß Sprache und das Sprechen von Sprache immer die Nutzung einer Symbolebene bedeutet, die uns eine »Koordination der Koordinationen von Handlungen« erlaubt – und nicht nur die Vermutung einer Welt, die dem Signal von eben gleich folgen muß.

Die Symbolkraft der Musik

Wie Sprache ist Musik immer Symbol. Musik steht mit ihren immer gleichen Bausteinen tiefenpsychologisch wie auch entwicklungspsychologisch gesehen für den ersten Schutz, die erste Höhle, die erste Wohnung, die wir als Mensch erlebten: der Mutterleib mit den Rhythmen, Dynamismen, Klängen und Melodieerfahrungen darin. Sie steht für die frühe Kindheit und die Zeit bis zum Spracherwerb, wo unsere gesamte Kommunikation über die Elemente der Musik ausgeprägt wurde und wo wir Beziehungsmuster damit lernten, die lebenslang prägten.

Musik, alles Hörbare, wird immer weiter mit bewußten und unbewußten Erinnerungen »besetzt«, die über die Musik als Ton- und Klangmaterial hinausreichen, die der Musik zu ihrer Wirkungskraft als Kunst, als Kunstmusik beigeordnet, hinzugesellt werden. Die

Stimme der Mutter steht schon länger für die ganze Person und schon länger für die Gefühlswelten, die wir mit ihr erleben. Später wird jede andere höhergelegte Stimme uns be-deuten: Da ist eine Frau. Und je ähnlicher die Stimmlage dieser neuen Frau einer altvertrauten Frau und deren Stimme ist – desto sicherer werden wir die Gefühle gegenüber der altvertrauten Person auf die neue übertragen.

Das Läuten einer einzelnen Kirchenglocke ist für den Säugling ein Reiz, der sich einmischt unter zahlreiche andere. Wächst jemand – wie ich – in einem Pfarrhaus in der Nachkriegszeit auf, dann wird er zunächst das Läuten der Glocken als Signal verstehen: Gleich verschwinden die meisten Erwachsenen um mich herum – und nur einer bleibt. Später wird dieses Kind mitgenommen werden in die Kirche und seinen Vater in Aktion erleben, auf der Kanzel lauter redend, zwischen den Bänken hin- und hergehend mit abschwächendem und zunehmendem Trittschall … Zunehmende Stille und aufbrausende Liederwellen wird jemand (wie ich) erleben und mit den Glocken verbinden, assoziieren, immer eingewoben und festgemacht an den jeweiligen Vitalitätsaffekten, die wir erleben.

Noch später reicht ein Glockenläuten irgendwo aus, um diesen Menschen nicht nur an die damalige Situation, sondern ganze Menschenketten und Orte zu erinnern, die mit ihm etwas machten und erlebten und mit denen er etwas machte und erlebte. Alles wird symbolisiert von dem Läuten einer Glocke … Da ich die Menschen meiner Kindheit mit Liebe erinnere, weil sie mir Liebe zeigten, löst eine solche Glocke Liebevolles aus. Andere Menschen nehmen ihre seelischen Beine in die Hand und suchen das Weite, weil sie mit der Welt der christlichen oder einer anderen Religion weniger als nichts anfangen können und sicher ihre guten Gründe dafür bzw. ihre schlechten, enttäuschenden Erfahrungen damit haben.

Jeder hat seine eigene Musik, eigene Töne, Geräusche und Klangwelten, die er aber immer mit etwas verbindet. Kinder, die in der Nähe des Güterbahnhofs oder Flughafens aufwachsen, Kinder, die alleinerzogen aufwachsen mit einer ganz eigenen Mutter, Kinder, die in Gastronomiebetrieben aufwachsen, wo alle Familienmitglieder mitarbeiten, Kinder, die Berufsmusiker als Eltern haben, – sie alle werden mit Musik etwas eigenes verbinden. Bestimmbares und Unbestimmbares, Bewußtes und Unbewußtes.

Musik wird uns zeitlebens auf Reisen schicken – je älter wir werden, desto mehr auf innere Reisen. Im Gegensatz zu unserer ersten Lebenszeit, wo Musik Außenwelt, Personen, Räume, Situationen repräsentierte. Musik schafft im Lebensablauf Übergänge in die Vergangenheit und in die Zukunft. Musik wird uns, auch wenn wir still sitzen oder liegen sollten, bewegen. Und sozusagen eine innere »Lokomotion«, ein Vom-Platz-Bewegen auslösen. Ein Abenteuer, das wir in der Dimension der ersten »Lokomotion« durch Krabbeln um die nächste Ecke erlebten und in dem die hörbare Stimm-Musik des Erwachsenen nebenan ebenso Brückenglied war, wie jetzt – im Älterwerden – Musik die Brücke zwischen Außen- und Innenwelt ist.

Praktische Hilfen

Musik, Töne, Geräusche als Hilfen bei Übergängen

Übergänge sind immer besondere Zeiten. Ob es die ersten Übergänge vom Zusammensein mit der Mutter zum Alleinsein ohne sie sind oder spätere Trennungen von zu Hause, von Freundeskreisen, von Liebespartnern und Berufsfeldern – Musik wird dabei immer eine Rolle spielen. Wir können sie für uns selbst und für andere gezielt einsetzen, als das was sie früher schon war: als Übergangshilfe. Da sich Übergänge oft auch zu Krisen entwickeln bzw. seelische Krisen sich oft in Übergangszeiten zeigen, können wir die Wirkungskraft der Musik in unser Repertoire der Krisenprävention und Krisenintervention aufnehmen. Im Kleinen, im Alltagsablauf des Kleinstkindes kann das bereits damit beginnen, daß Sie dem Kind musikalisches Spielzeug erreichbar hinstellen.

Wenn auch mit Rassel oder Spieluhr dieses erste Orchesterinstrumentarium noch reichlich eng begrenzt sein wird, kann es gleich mehrere Aufgaben erfüllen: Der Säugling wird damit spielen und die musikalischen Reize sowohl als willkommene Nachfolge der Reize nehmen, die eben noch von der Mutter abgegeben wurden durch Lachen, Spielen, Singen, Verabschieden.

Die musikalischen Reize auch der elementarsten Musikinstrumente füllen soziale Leere, sie lenken ab. Sie leiten hinüber in die Gewöhnung an das Alleinsein, was ja ein wesentlicher Erfahrungs- und Lernprozeß für das Kind ist und außerdem ein unvermeidlicher.

Ablenkungskraft der Musik

In der Musiktherapie ist eine der ersten Auswirkungen auf den Patienten, daß die angebotenen Instrumente zunächst schon beschäftigen, bevor sie klingen. Was mit den Appellen an das Unbewußte zusammenhängt, die von Instrumentenkörpern ausgehen. Wie mag dieser Körper sich wohl anfühlen, wie mag er klingen? Wie mag er zusammen mit anderen klingen?

In der Musikmedizin – etwa beim Einsatz von Musik in der Schmerztherapie – wirkt an erster Stelle die Ablenkungskraft, die Musik ausstrahlt. Erst in zweiter Linie und im Laufe der Zeit wirken die Schallwellen der Rhythmen und die der anderen musikalischen Bausteine auf den Rhythmus der Atmung, auf den Hautwiderstand, auf den Kreislauf …

Dies soll jedoch nicht als Plädoyer für das sofortige Absingen von Liedern verstanden werden, wenn sich ein Kind verletzt hat oder sich sonstwie unglücklich zeigt. Das würde selbst ein harmloses Lied (»Heile, heile Segen …«) zur Verdrängungshilfe machen, zum Mittel des schnellen Zudeckens von Unangenehmem. Als bloße Ablenkung, weil jemand das Unglück eines anderen schlecht ertragen kann. Vielmehr gilt es zunächst, jedes Unglück wichtig zu nehmen, zu würdigen. Eine Trennung bleibt eine Trennung, ob mit oder ohne Musik als Übergangshilfe.

Den leeren Raum füllen

Haben Sie schon immer und häufig mit einem Kind gesungen und gescherzt unter Einbeziehung aller Musik ihrer Stimmen (»Daaa bin iiich ...«) – dann wird das Kind auch in seinem Alleinsein etwas tun, was wir später noch am Erwachsenen beobachten können: im Alleinsein Töne abgeben, Laute artikulieren, Geräusche produzieren. Musikalisches Handeln dieser Art ist immer auch die Konstruktion von Leben um sich herum, weil sonst keiner da ist. Wenn ich in den Raum singe, summe, lalle, rufe, spreche oder brumme – dann ist etwas außerhalb von mir – und im Raum.

Viele Menschen tun in leeren nächtlichen Tiefgaragen oder beim Zurückkehren in eine leere Wohnung dasselbe, was viele Kleinstkinder schon früh übten: Den leeren Raum durch Hörbares füllen. Dann singen Menschen oft uralte, vergessene Lieder, Volkslieder und Choräle, oder sie pfeifen. Sie tun dies unbewußt: mit Tönen jemanden herbeizaubern oder sich selbst verdoppeln. So hörte ich einen schwer mit Ketten und Leder bekleideten »Rocker« nachts in einer Tiefgarage einen Choral pfeifen, den er sicher nicht bewußt gewählt hatte. In ähnlicher Situation hörte ich einen Benediktinermönch in Zürich einen preußischen Marsch summen.

Zu sich selbst sprechen

»Auch wenn es aus mir selbst kommt, habe ich mit den hörbaren Schwingungen etwas zusätzlich zu mir geschaffen, einen Partner.« Solche zunächst hilfreichen »Autokommunikationen«, also Verständigungen mit sich selbst, können bei zu langen Isolationen von Kindern oder Erwachsenen in Krankenhäusern und Heimen, in Gefängnissen aller Art und zunehmend auch in Berufen mit andauerndem Hotelleben zu dem Wahn führen, man sei nicht allein, obwohl man allein ist.

Ununterbrochen reden etwa Menschen mit bestimmten Alterserkrankungen oder Patienten in Langzeitpsychiatrien – um sich mit dem ununterbrochenen Sprechen einen Partner zu konstruieren, der nicht um sie ist, sondern nur in ihnen. Was Menschen nur innerlich erleben, ist zwar auch eine Realität, aber manche dieser nach innen verlagerten Realitäten sind Ausdruck von kränkenden, vereinsamenden Außenrealitäten.

Das Kind, das vor sich hin brabbelt und Rasselmusik spielt, später »lallsingt« und den Schellenkranz schallen läßt und noch später mit sich spricht und singt und noch später pfeift, übt Alleinsein im gesündesten Sinne. Wenn wir allein mit uns selbst Musik machen, gilt das in keiner Altersstufe gesundheitlich als auffällig. Psychopathologisch ist ein mit sich allein im Kämmerchen Töne gestaltender Mensch uninteressant. Erst wenn er anfängt länger mit sich zu sprechen, wird er Besorgnis auslösen, weil er seine Sorge auf diese Weise ausdrückt.

Wann ist genug genug?

Zum Umgang mit Musik und ihren Klangwerkzeugen gehört auf der einen Seite, daß das Kind gar nicht genug bekommen kann. Andererseits ist auch bei Musikspielen, wenn es um Kommunikation und Nähegestaltung geht, irgendwann genug. Eine Belastbarkeitsgrenze im Hörbereich haben Säuglinge und Kleinstkinder noch eher als Erwachsene, daher können musikbeschallte Dauerveranstaltungen, lange Reisen mit hoher akustischer Intensität (wie im Propellerflugzeug) usw. eine Belastung oder sogar Überlastung für das Kind bedeuten. Beachten wir dann Müdigkeitssignale oder Signale der Abwendung des Kindes von der Welt des Hörens und Spielens mit Tönen.

Apropos Fliegen mit Kindern: Speziell bei Kindern reagiert die eustachische Röhre hochempfindlich auf den Innendruck in einer Flugzeugkabine. Sie kann im Gehör jene enormen Schmerzen verursachen, die auch viele Erwachsene bei massivem Luftdruckabfall noch zu spüren bekommen. Säuglinge und Kleinstkinder sollten vor einem Flug untersucht werden, Eltern eventuell Tropfen gegen solche Ohrenschmerzen im Gehörgang mitnehmen – eine andere Art von Reisegepäck als Musik und Töne. Sie hängen aber zusammen, im Guten wie im Schlechten: die Welt des Hörens und ein Zuviel davon.

Eine Frage der Zeit

Welche Musikspiele auch immer wir mit Kindern machen – Musik ist eine Zeitkunst und braucht also Zeit. Wenn wir eilig Musik abliefern, kurze, schnell gesungene Abschiedslieder oder Gutenachtlieder anbieten, dann werden solche Musikablieferungen dem Kind schnell dasjenige Tönen verleiden, was sie eigentlich auslösen sollen: Lust an den Tönen. Musik ohne genügend Zeit, ob Singen mit dem Kind oder Spielen oder Musikhören von der Kassette, würde sich als »double-bind«, als nicht authentisches Verhalten zeigen und auf das Kind wirken. Im schlimmsten Fall könnten Serien kurzer eiliger Spielmomente (mit oder ohne Musik) dem Kind eher signalisieren: »Der hat keine Zeit für mich, der ist auf dem Sprung, wenn er so mit mir spielt, wird er gleich weggehen …

Für Eltern und alle Bezugspersonen von Kindern gilt: Nichts ist so ernst zu nehmen wie das Spiel mit dem Kind. Der Umgang mit Musik und ihren Bausteinen Rhythmus, Dynamik, Klang und Melodie ist wesentlicher Bestandteil jeden Spiels.

Kapitel 6
Von Angst und Genuß beim Hören

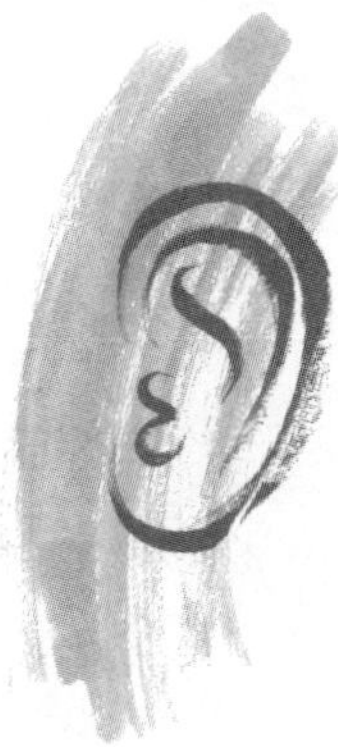

Keine Musik wirkt objektiv in eine bestimmte Richtung. Ich kann inzwischen gar keine Musik mehr eindeutig empfehlen für irgendwas ...

(Peter Michael Hamel, Komponist, 1978)

Drei kleine Szenen zur Einstimmung. **Die erste Szene:** Es war das Jahr, in dem zwei technische Weiterentwicklungen der Öffentlichkeit bekannt gemacht wurden: Die Boeing-Flugzeugmotorenwerke stellten ihre neuen Turbinen für den Typ Boeing 737 vor, und die ersten Quadrophonie-Anlagen mit dem Sound aus vier Speziallautsprechern folgten den Stereo-Anlagen.

In dieser Zeit schrieb der zeitgenössische Komponist Boris Blacher eine Oper, nach deren Premiere in einem renommierten großen Opernhaus führende Tageszeitungen und Feuilletons ein Photo veröffentlichten, das um die Welt ging. Manche der Zeitungen brachten sogar zwei Photos von dieser Premiere. Das eine zeigt den Opernsaal – von vorn geblitzt, kurz bevor der Dirigent den Taktstock für die Premiere hebt: der Saal bis auf den letzten Platz besetzt und die Gesichter des Publikums voller Erwartung. Das zweite Photo zeigt denselben Saal unmittelbar nach dem Beginn der Oper – diesmal von hinten aufgenommen. Der Saal ist leer – bis auf wenige, versprengt sitzende Gestalten. Auch die sitzen vornübergebeugt, als wollten sie ihre Schuhbänder festzurren oder gleich gehen.

Der Regisseur hatte entsprechend einer Idee in der Partitur des Komponisten aus allen vier Saalecken über eine riesengroße quadrophonische Lautsprecheranlage die Startgeräusche jener neuen Boeing-Turbinen strahlen lassen. Urplötzlich, schlagartig, unvermeidlich blies dem Premierenpublikum der Lärm Tausender startender Pferdestärken in die Ohren.

Das Premierenpublikum tat, was jedes Lebewesen in einer solchen überraschenden Hörsituation versucht: ausweichen. Die meisten klappten beim Einsetzen des maßlosen Schalldrucks wie Taschenmesser zusammen und versuchten, den Sesselraum vor sich zur Fluchthöhle zu machen.

Die zweite Szene: Eine kleine Gruppe von Menschen steht auf dem Bahnsteig einer Provinzstadt, und die einen verabschieden sich von den anderen. »Und grüße Oma noch mal schön von mir und sag' ihr, daß ...« Während sie sich noch unterhalten, tönt aus dem Lautsprecher eine freundliche Frauenstimme und kündigt die Durchfahrt eines Hochgeschwindigkeitszuges an, der in diesem Nest nicht hält. Die Gruppe weicht gehorsam von der Bahnsteigkante zurück und setzt die Verabschiedung fort. »... und sag ihr, daß sie zum Arzt gehen soll, wenn das ...« In diesem Augenblick fegt der Zug hinter ihnen vorbei, und trotz der Ankündigung zukken die Sprechenden kurz zusammen, brauchen Zeit, sich zu sammeln, und suchen einen neuen Stand für die Füße. »... wenn das mit ihrem Hören nicht besser wird ...«

Die dritte Szene: Der Säugling liegt in der Wiege und wirkt friedlich, denn bald kommen aus der Wiege kurze gelallte Dadada-Gesänge, bald ist es wieder ruhig. Jetzt ertönt eine kleine Tagesmusik von kleinen, runden Rasseln, die auf einem Band über die Wiege gespannt sind. Danach ist es wieder ruhig, weil der Blick des Säuglings an den Holzeiern des Rasselbands hängt, die in seinem Blickfeld auf- und niederschwingen. Vielleicht hört das Kind beim Sehen des Schwingens die kleinen Geräuschrhythmen von eben? Vielleicht sieht das Kind mit seiner amodalen Wahrnehmungskunst bei diesem Schwingen eine Farbe oder schmeckt das Sonnenlicht, das durch das Fenster fällt und ein wenig blendet, auf der Zunge. Warmer, trockener Sonnenstrahl.

Die Idylle wäre keine, wenn sie nicht durch etwas unterbrochen würde. Der jugendliche Onkel des Säuglings möchte dem Neuankömmling und der neben der Wiege lesenden Mutter, seiner Schwester, seine »Aufwartung« zur Geburt machen. Dies alte Wort hat er offensichtlich vorbereitet und in großes Theater verpackt, denn der junge Mann klopft erst leise an, öffnet die Tür, durch die er zunächst nur den Kopf steckt, und – auf das »Herein« hin – steht er nun in voller Länge im Türrahmen. In diesen noch stillen Moment dröhnen plötzlich die tiefsten Bässe aus einem Konzertakkordeon, als spiele ein ganzes Akkordeon-Orchester auf: Tusch.

Dazu erhob der junge Mann seine Stimme und trompetete mehr als daß er sang: »Happy Birthday to you, happy Birthday to ...« Dann brach er jäh ab, als er die Mutter des Säuglings, seine älteste Schwester, erschrocken zusammenfahren, ihren Finger an den Mund fliegen sah und gleich danach das Schreien aus der Wiege hörte.

Der Moro-Reflex

Die Szene war sorgfältig und liebevoll von dem Jüngling vorbereitet worden, denn er hatte auch noch hinter sich den Bruder mit laufender Videokamera postiert, der diese Gratulation zur Geburt des Nachkömmlings filmte. Diese Szene fiel dem Akkordeon-Spieler ein, als er später im Rahmen seines Studiums nach Beispielsituationen für den »Moro-Reflex« suchte, benannt nach dem Arzt, der ihn zum ersten Mal systematisch beschrieb.

Mit diesem Reflex, mit »Zusammenfahren«, reagieren die Menschen in allen drei obigen Szenen jeweils auf ein Hörerlebnis, das sie verunsichert, erschrocken reagieren läßt oder in »hellen« Schrekken und Panik versetzt. Dabei ist nicht allein die Lautstärke für die Reaktion ausschlaggebend. In einem dunklen Treppenhaus oder auf einer Wanderung im nächtlichen Wald reagieren wir auf kleinste akustische Signale, Töne und Geräusche. Diese Unerhörtheiten können noch so harmonisch klingen – wir fahren zusammen. Sei es eine wohlklingende Stimme, die uns im Dunkeln anspricht, oder ein hübsches Flötenmotiv, das uns in einem einsamen Flur verfolgt: Wenn wir die Klangquelle nicht kennen und vor allem nicht sehen, entwickeln wir Angst – selbst wenn die gleichen Klänge unter anderen Umständen harmonisch auf uns wirken und Genuß auslösen.

Unser Ohr funktioniert in solchen Situationen als das, was es in den frühen Zeiten der Menschheitsgeschichte hauptsächlich war: Alarmorgan.

Ein liegender Säugling zeigt seine Schreckreaktion, indem er ruckartig die Arme nach oben hebt, gleichzeitig versteifen sich die Beine und das Gesicht verkrampft sich zu einer Grimasse. Meistens schreien Säuglinge dabei kurz und spitz, führen die Arme zusammen, als ob sie einen Kreis zeigen wollten, um dann anschließend die Arme und Beine wieder sinken zu lassen und mit der Gesichtsmuskulatur zusammen zu entspannen.

Erwachsene zeigen die gleichen Elemente dieses Reflexes, die schon beim Säugling zu beobachten sind. Ein mehr oder weniger deutlicher Ruck geht durch und durch, zeigt sich am deutlichsten in den Armen, die meist unmittelbar nach dem Schreck reflexartig vor dem Körper verschränkt werden, entsprechend dem Ausfahren eines Schutzgürtels, einem Ausweiten der Körpergrenzen. Der Ruck läuft bis in Beine und Füße durch, die dann neu und sicherer positioniert werden.

In der reflexhaften Körperreaktion des Säuglings und des Erwachsenen verbirgt sich neben dem Abschirmen, Schützen, Zumachen eine weitere Botschaft: klein machen, rundsein – geschützt werden. Es scheint, daß wir im Moro-Reflex auf die Embryohaltung zurückgreifen, auf die Sicherheit unseres frühesten, noch intrauterinen Lebens. Das kreisförmige Zusammenführen der Arme beim Säugling entspricht dem Arme-Verschränken beim Erwachsenen, das Beinanziehen des Säuglings dem Millimeter-Ruck durch die erwachsenen Beine (wenn wir vor dem Schreck gerade saßen, auch nur Zentimeter) in Richtung Körperrumpf. All dies sind kleinste Bewegungen auf diese Körperhaltung des Embryos hin. Mit dieser Haltung schützt sich ein Embryo – und wird geschützt.

»Weg hier und zurück in den frühen Schutzraum« ist die Botschaft des Moro-Reflexes, gezeigt in Schrecksituationen: plötzlich, ruckartig, zuckend. Die anschließende Entspannung ist eher als Abschütteln des im Schrecken angezogenen »Schutzanzuges« zu sehen, denn als wahre Entspannung, die von innen kommt als Folge guter äußerer Rahmenbedingungen wie Sättigung, Wärme, Bequemlichkeit. Als Erwachsene können wir den Moro-Reflex als hilfreichen Indikator dafür sehen, daß wir uns mal wieder um unsere psychische, emotionale und körperliche Energiezufuhr kümmern müssen.

Menschen im Arbeitsalltag zeigen die kleinen, unauffälligen, »zuckenden« Reste des Moro-Reflexes vermehrt dann, wenn sie am Ende ihrer Kräfte sind. Kurz vor einem längst nötigen Urlaub oder den großen Sommerferien oder nach längeren Streßphasen schwieriger Arbeitsprojekte und menschlicher Beziehungen fahren wir selbst bei sachte zufallenden oder knallenden Türen erschrocken zusammen, auf die wir in ausgeruhtem Zustand kaum reagieren würden. Wir fahren sogar zusammen, wenn uns eine vertraute, liebe Stimme von hinten anspricht, als wenn sie uns überfiele ...

Die warnenden Anzeichen und Signale sind wertvolle Indikatoren für unseren körperlichen und nervlichen Zustand. Ihre positive Wirkung können sie aber nur entfalten, wenn wir sie aufnehmen, be-herzigen und umsetzen. Im übrigen können wir sie als »normale« Ausrüstung nehmen und nicht als übermäßige Sensibilität.

Genuß-Angst-Genuß: A-B-A'

Die Entwicklung im Säuglings- und im Kleinkindalter folgt – in großen Zeitbögen gesehen – der Form einer klassischen Sonate: A-B-A'. Zunächst ist die Hörwelt intrauterin mit positiven Empfindungen besetzt. Das Rhythmus-, Dynamik-, Klang- und Melos-Erleben ist an das sichere Leben in der Gebärmutter gebunden, hat dieses als »Form«, dem fünften Element jeder Musik, das alle anderen trägt. Nach der Geburt, in der postnatalen Erlebenswelt, »erinnert« das Kind die vertraute Klangwelt beim Hören der Stimme der Mutter oder des Vaters sowie rhythmisch-dynamisch-klanglich-melodische Ereignisse in ihrem Umfeld.

Die Zeit des ersten »A«

Die wohlwollend-freundlich-liebevolle Stimme einer dritten, unbekannten Person, die sich der Wiege des Säuglings nähert, wird einen »Vertrauensbonus« erhalten: Er hört »Ähnliches« wie von der Mutter(leibs)welt und überträgt das Empfinden von damals auf die jetzige Welt, die durch diese neue und doch ähnliche Stimme repräsentiert ist. Dasselbe gilt für andere Geräusche, für Schritte, für die »Zimmermusik«, die jeder Raum mit seinen Gegenständen vom Heizungsknacken über klingende Mobiles bis zu Tür- und Fenstergeräuschen spielt: Sie gehören zu den vertrauten Bezugspersonen und erhalten ebenfalls einen Vertrauensbonus. Wieder überträgt der Säugling die Empfindung gegenüber der Bezugsperson auf deren Umfeld.

»Übertragung« nennt die Tiefenpsychologie im weitesten Sinne jede Beziehung, in der Empfindungen für eine Person (in der Vergangenheit) auf eine andere Person übertragen werden. Eine Übertragung kann auch in bezug auf Musik erfolgen, die mit einer Person verbunden wird, und umgekehrt: Eine bestimmte Musik wird mit der Erinnerung an bestimmte Personen verknüpft. So wird Hörbares oft zum Symbol, steht stellvertretend für Personen und mit ihnen verbundene Gefühle. Solche Übertragungen sind auch für Räume und Situationen gültig: Wenn wir zum Beispiel in einem Hotelzimmer aufwachen, das in seiner Ausstattung einem früher bewohnten ähnelt, in dem wir uns einst wohl und sicher und »seelisch komfortabel« fühlten, dann übertragen wir die erinnerten Gefühle auf die jetzige Umgebung oder Situation.

So gelten die von Kindern gebauten Erdhöhlen, Baumbuden oder Zimmerhöhlen von jeher als Imitat der ersten Höhle, des mütterlichen Uterus. Die Spieltherapie mit Kindern und Jugendlichen bedient sich dieser »Höhlennachbauten« in vielen Varianten, und läßt Kinder mit Decken und Möbeln ihre »Wunschhöhle« bauen, um die Sehnsüchte und Defizite der Kinder kennenzulernen. Die eigentlich therapeutisch wirksamen Schutzhöhlen sind die Beziehungen zwischen Therapeut und Patient im »Setting« einer Therapie. Aus ihnen kehren die Patienten mit neuen Kräften und guten Erfahrungen aus dieser jüngsten Höhle wieder in ihr Lebenskonzept zurück.

Dasselbe gilt verstärkt für die Musiktherapie mit Patienten aller Altersstufen: Dort wird die Beziehung zum Therapeuten zum wichtigsten Schutzraum – gerade bei Formen, die sich als »Beziehungstherapie« verstehen. In der Musiktherapie regen nun zusätzlich die Appellwerte aller Instrumente die Neugier und innere Phantasie an: »Wie mag das oder jenes wohl klingen …« Neue Wege werden in der improvisierten Musik möglich mit einer alten Methode aus der Kindheit: Ausprobieren, Experimentieren, Suchen, Finden, Wiederholen, Ändern – und dies alles mit Tönen, Geräuschen und Klängen. Der Musiktherapeut Eckardt Weymann beschreibt in einem fiktiven Dialog den Weg, den der erwachsene Mensch in einer »freien Improvisation« »zurück in die Kindheit« geht, – und wie ihm dies helfen kann.

Zudem wirkt die Erinnerung an eine frühe Zeit, in der Instrumente Symbole für Spiel, für Improvisation, für Hineinleben in die

Welt waren – eine Welt, die manche Menschen später so krank machte, daß sie jetzt eine Therapie als Hilfe suchen. Wenn sie dann am Instrument ihren ureigenen Ausdruck finden – dann stellt sich in diesem Ausdruck jene Unbefangenheit ein, wie wir sie bereits beim Thema »Stimme« reflektierten: Aus der Erinnerung an ihre einstige Unbefangenheit heraus gelingt es vielen Menschen, ihre gegenwärtigen Belastungen besser zu artikulieren. Eher, als wenn sie direkt gefragt werden: »Wie geht es Ihnen?«

Die Zeit des »B«

In der Analogie zwischen dem Erleben eines Säuglings und dem Aufbau der klassischen Sonate stand die A-Phase für all das, was er an Ähnlichem zu Früherem hört, was er als Sicherung erlebt und mag, worauf er positiv reagiert. In der B-Phase kommen nun solche Hörerfahrungen hinzu, die ihm bedrohlich erscheinen, weil sie aufgrund der noch nie in dieser Weise gehörten musikalischen Bausteine zu fremd sind.

In der Eingangsszene des alle Bässe am Akkordeon ziehenden jungen Mannes sind es beispielsweise das Übermaß an Dynamik, der zu gewaltig wirkende fremde Klang, der überladene Rhythmus, den der Zug des Blasebalgs erzwingt, die das Kind zusammenfahren und erschrecken lassen. Diesen bedrohlichen Eindruck wandelt es sofort um in den Ausdruck des Schreiens.

Schon in frühester Kindheit entwickeln sich alle Vorstufen von zunehmender Angst und abnehmender Angst. Kinder drücken sie am deutlichsten in ihren stimmlichen und damit körpersprachlichen Vitalitätsaffekten aus. Das gleiche können sie auch mittels Musik, die immer die Welt der Affekte spiegelt, äußern. Nur – kein Mensch greift in freudiger Erregung oder in Angst zu einem Instrument, um den Affekt damit auszudrücken: Spontan nutzen wir immer das eingebaute intimste Instrument: unsere Stimme, unseren »Ich-Ausdruck«.

Schreien gehört zum Bereich der Körpersprache, nicht zur Sprache. Schreckausdruck ist immer mit hohen Frequenzen verbunden, als »heller Schrei«. Ein tiefergelegter Schrei würde nie den sofortigen Appell in der Umgebung auslösen, zu Hilfe zu kommen. Ein tiefergelegter Schrei würde von den Anwesenden auch kaum als Schrei, sondern eher als »Brüllen« eingestuft werden. Höhere Frequenzen werden also sowohl als Symbolebene für die Frauenstimme (als Mutterstimmen-Nachfolge) genommen – was sich in der Freude am Singen oder Hören gesungener Musik zeigt – wie auch als Signal: »Es ist etwas Schlimmes passiert, Hilfe!« Die Welt des Hörens im höheren Frequenzbereich, in dem auch jede Musik schwingt, hat also eine Doppelbedeutung: Sie kann Schutz sein – und Bedrohung.

Das Kind differenziert zunehmend seine ganze Hörumwelt und teilt sie ein, strukturiert sie, ordnet sie Angenehmem, weil Bekanntem zu oder Unangenehmem, bis an die Grenze der Bedrohung Reichendem.

Geschlagene Säuglinge und Kleinstkinder, deren Schicksale in unserer Zeit durch zunehmende Transparenz und Medienverbreitung häufiger bekannt werden, brauchen nur die Stimme der peinigenden Person von ferne (und in einigen Experimenten auch nur vom Tonband) zu hören. Dies genügt, um den Moro-Reflex mit allen Anzeichen von Panik auszulösen, allerdings ohne die abschließende Entspannung, die nach einem kurzen Schreck zu beobachten ist.

Die Zeit des zweiten »A«

Der Säugling schreit vor Vergnügen, wenn wir herzlich mit ihm spielen. Und bei Bedrohung schreit er seine Angst heraus, um sich zu entlasten. Außerdem nutzt er sein Schreien, er instrumentalisiert es, um seinen Hunger zu stillen. Die Grundangst, körperlich zu hungern, also geschädigt zu werden, ist uns menschheitsgeschichtlich tief eingepflanzt. Zudem fühlt der Säugling mit wachsendem Hunger auch wachsenden körperlichen Schmerz, der wiederum Signalcharakter hat für das Einsetzen des Schreiens als Signal. Schreien als Nutzung des stärksten Ich-Ausdrucks gehört zum ersten Repertoire, dessen ein Säugling sich bedient, um Hilfe zu holen. Denn noch ist er gänzlich abhängig in allem, was Pflege, Fütterung und seelische Nahrung betrifft.

Der Arzt und Psychoanalytiker Heinz Kohut entwickelte hierzu einen Theorieansatz, dem mein musiktherapeutisches Verständnis bis heute folgt, weil ich dem Kohutschen Denken auch die aktuellen Theorieansätze der Musikpsychologie und Entwicklungspsychologie folgen lassen und sie darin einbinden kann: zum Beispiel Funktion und Aufgabe des Walkman für die Psyche seines Hörers oder Funktion und Aufgabe der Lautstärke seit der frühen Popmusik bis zur heutigen Techno-Musik.

Kohut bewirkte, daß Musiktherapeuten und Musikpsychologen seitdem folgendes Phänomen in das Zentrum ihrer Überlegungen stellten: das Phänomen der Wiederholung in der Musik, durch das der Mensch diese Welt kennenlernt und be-greifen lernt. In der Tat hat das Kind eine positive Empfindungsbesetzung in seiner Hörwelt nur durch Wiederholungserleben erlangen können: Es hörte unvorstellbar oft intrauterin die Figur des mütterlichen Herzschlags – wer kann sich schon 26 bis 28 Millionen Mal diese Figur vorstellen? Es hörte, wie sich die Darmgeräusche wiederholten und die Geräusche der Skelettkontraktionen, und es hörte tausend Mal wiederholt die Stimme der Mutter, nach der 16. Woche auch Signale und Reize aus ihrer Umgebung. Nach der Geburt gab es das »Wiederhören« und erstmalige Sehen mancher dieser Klangursprünge.

Eine Triangel aus Personen

Wiederholung erzeugt Vertrautwerden, dies erzeugt Sicherheit: Dies ist die Grundlage aller sozialen Kontakte. Das Kind nimmt einen neuen Menschen, etwa einen Besucher, mit seiner fremden Stimme, seiner fremden Gesichtskontur und später auch seiner Gestaltkontur dann positiv an, wenn es die Botschaft der Vitalitätsaffekte zwischen Mutter oder Vater und Besucher als positiv empfängt.

Hierbei ist auch die Erfahrung des Kindes mit dem ersten »Dritten« sehr hilfreich: meist dem Vater. In die neun Monate lang gewachsene Zweiheit von Mutter und Kind ragt zunehmend der Vater als dritte Person. Er wird für das Kind sozusagen Lernobjekt und Trainer in einer Person, um Umgang zu lernen mit jemand neuem Dritten in einer altvertrauten Zweierbeziehung.

Das Kind lernt im frühen Leben zu dritt die Grundlagen, mit einer der schwierigsten Situationen im ganzen späteren Leben umzugehen: Lernen und Leben im Spannungsfeld von mehr als zwei Personen. Die Psychoanalyse bezeichnet diesen Prozeß des ersten frühen Lernens im Dreier-Spannungsfeld als »Triangulierung« (lat. »trias«: Dreiheit). Das Instrument der Triangel symbolisiert dabei den menschlichen Prozeß, in dem die ursprüngliche Zweiheit radikal verändert wird durch einen hinzukommenden Dritten. Alles wird neu gemischt. Ein Leben lang stehen aufregende Zeiten oder gar Krisen ins Haus, wenn eine Zweierbeziehung Besuch bekommt, der schon vor seiner Ankunft immer Konkurrenz für die Zweiheit ist.

In den Musikspielen der Kindheit läßt sich Triangulierung wunderbar dadurch üben, daß Mutter und Kind den Vater (oder einen anderen Dritten) einbeziehen in die frühen Duette und Spielzeugduos und so Zwiegesang und Zweierspiel zum Trio, zum Dreierspiel erweitern. Integration des Dritten, des Außenstehenden aus der Sicht der Zweiheit, läßt sich musikalisch lernen und für die zwischenmenschliche Ebene üben. Dieses Üben wird in unserer Gesellschaft angesichts von über sechs Millionen alleinerziehenden Elternteilen ebenso wichtig, wie es nach dem zweiten Weltkrieg für knapp sieben Millionen allein erzogenen Kinder wichtig wurde.

Die Macht der Wiederholung

Zum anderen ist die sich wiederholende Begegnung mit einem Fremden der wichtigste Grund für das Wachsen von Sicherheit und Vertrauen. Mit jeder Wiederholung des Fremden kann es der Säugling besser zuordnen und ordnet so seine kleine Welt.

Dasselbe gilt für die unangenehmen Seiten dieses Daseins: Auch laute, zu starke Eindrücke, die das Kind zunächst erschrekken oder vorsichtig abwarten lassen, verlieren zeitweilig ihre belastende Wirkung durch Wiederholungen: Das gilt für sämtliche Reizeinwirkungen auf die Sensorien des Kindes: schmecken, riechen, anfassen und angefaßt werden und besonders für sein Hören. Was zunächst ängstlich macht, verliert seine Bedrohung, wenn es sich wiederholt und zeigt: Zunächst unangenehme Stimmen, Geräusche, Gerüche und Berührungen verlieren – in Maßen – durch Wiederholungen an Intensität.

Bei neuen Tönen neuer Klangwerkzeuge jedoch läßt sich beobachten, daß bereits Säuglinge ein Phänomen zeigen, das für die Klangwelt der Musik in allen Altersstufen gilt: Meist werden Töne und Klänge eines Musikinstruments offenbar so lange als positiv angenommen und beachtet, wie sie sich als positiv zeigen. Erst wenn ein Musikinstrument von einer Person gespielt wird, mit der der hörende Mensch verletzende Erfahrungen macht, wird auch das Gehörte ein warnendes, bedrohliches Signal.

Dies Phänomen der positiven Neugier, die neuen Tönen und Klängen entgegengebracht wird, betrachte ich im wörtlichen Sinne als »grund-sätzlich«: Der Grund, auf dem wir alle wuchsen, die Mutter mitsamt ihrer ununterbrochenen Höreinwirkung auf uns, erhält diesen lebenslang wirkenden Vetrauensbonus, den wir Musik schlechthin entgegenbringen, mit dem wir auf Musik reagieren. Warum wir manche Musik ablehnen, als störend oder als bedrohlich erleben, vor ihr flüchten, hängt mit unserer späteren Sozialisation zusammen, mit anerzogenem Geschmack, mit einer von Gruppen und Subgruppen geprägten Auffassung von Ästhetik. In seltenen Ausnahmefällen geht eine solche Aversion auf eine als quälend erlebte Schwangerschaft und früheste Kindheit mit traumatisierenden Erfahrungen zurück. Die mit einer solchen Kindheit verbundenen Hörwelten werden so lange abgelehnt, wie sie nicht mit besseren Erfahrungswelten »umbesetzt« werden.

Außerdem gibt es natürlich ansprechende und weniger ansprechende Musik. Die Diskussion um den Musikbegriff, was Musik ist und nicht, was gute Musik ist oder nicht, beschäftigt ganze Berufszweige der Kunst. Dies soll aber nicht unser Thema sein, die wir uns mit der Beziehung des Säuglings und Kleinkindes zur Welt der Töne und Klänge beschäftigen und dabei mit Wehmut oder Neid feststellen können, was uns mit zunehmendem Alter und Musikverständnis abhanden kommt: offene, unbefangene Neugier und Akzeptanzfähigkeit gegenüber Neuem.

Dennoch ist festzuhalten: Durch Wiederholung erlangt das Kind Sicherheit. Ohne die durch Wiederholung gewonnene Sicherheit hätte das Kind keinen ausreichend stabilen, das heißt vertrauten Standort, von dem aus es weitere Teile seiner Welt zu erkunden vermag. Ein Kind von neun Monaten, das fähig zum Greifen, Begreifen, Handeln mit Gegenständen wie etwa einfachen, kindgemäßen Klanginstrumenten ist – wird außerdem das für erwachsene Ohren sich »ewig wiederholende Spiel« in seinem Erleben *nicht* als Wiederholung erleben: Alles Gegenwärtige ist neu für das Kind, ist kleinere oder größere Variation des Vorangehenden mit einem vertrauten inneren Gerüst.

Die Wirkung von wiederholter Musik ist im Kind noch ähnlich stark wie die Kraft der Neugier auf Neues. Ohne diese Neugierkraft könnte das Kind seine Welt nicht immer weiter durch Ausforschen, Erforschen erobern. Zur Freude an der Wiederholung trägt weiter bei, daß das Kind gehörte Klangwelten über seine amodale Wahrnehmungsfähigkeit noch vielschichtiger, »klangfarbiger« erlebt: Manche Musik wird das Kind nach dieser Erkenntnis von Daniel Stern »gut riechen« können, als »wohlschmeckend« erleben. Jedoch wird es die wiederholte Rhythmusgestaltung auf der Rassel nie genau so erleben wie eben noch, sondern verändert, amodal wahrgenommen.

Außerdem macht das Kind aktiv, produktiv etwas mit einer ihm »entgegen-kommenden« Musik, was Erwachsene im Laufe ihrer Sozialisation »wegästhetisiert« und wegtrainiert haben: Es bewegt sich zur Schwingungsbewegung der gehörten Musik, »swingt« mit. Es begibt sich in die Musik und ihre Schwingungen, bewegt seine Extremitäten oder ganze Teile seiner Motorik im Liegen mit – und tanzt, schon bevor es sich am Laufgitter festhalten kann. Auch diese Erlebensebene bereichert und verändert die sich wiederholende Musik, die nur für andere Ohren immer gleich klingt.

»Noch mal dasselbe«

Folgende Zeitstrecke dürften alle Eltern mit ihren Kindern erlebt haben und wiederum deren Eltern mit ihnen: die Zeit der Lieder und Kinderlieder. Im Alter von 18 bis 20 Monaten können Kinder Ein-Wort-Sätze sagen.

Sie stehen nun mitten in der Zeit erster sprachlicher Verständigung, wo für die einzelnen Wörter eine viel weitergehende Welt steht. Da beginnt das Kind während des Singens eines mehrmals von den Eltern gesungenen Kinderliedes, das eine oder andere Wort wie eine Rosine herauszupicken und nach der Liedphrase oder mittendrin »mitzusingen«. Dazu ein Beispiel, das ich aus der eigenen Vaterschaft erinnere:

Es tanzt ein Bi-Ba-Butzemann
in unserm Haus herum, widebum ...
Er rüttelt sich, er schüttelt sich,
er wirft sein Säckchen hinter sich,
es tanzt ein Bi-Ba-Butzemann ...
usw.

Dabei saß ich, wenn ich Zeit hatte, am Klavier und rüttelte mich, schüttelte mich, und die knapp zweijährige Dorothea, die auf meinem Schoß saß, wurde zunächst mitgeschüttelt oder rüttelte neben mir stehend am Klavierhocker den ganzen kleinen Körper lange über diese Textpassage hinaus. Vokal stützte sie das Ganze durch Herausgreifen des »Ba«, wenig später des »Bi-Ba«, sang es mal auf dem Ton der Melodie mit, mal war sie »nachtragend«, und ich hörte ihr »Bi-Ba« später erst mitten im weiteren Tagesverlauf, mit und ohne Tonbegleitung, wobei sie das Rütteln und Schütteln jeweils mit vollzog.

Als es einige Wochen später ein kleines Repertoire von vier, fünf Liedern gab, gab es auch die Qual der Wahl – allerdings nur für mich. Denn Dorothea zog mich, wann immer sie meiner ansichtig wurde, in Richtung Klavier und sagte: »Bi-Ba, Bi-Ba, Bi-Ba«. Ich bot ihr dann durch Ansingen und Anspielen eines der anderen, neuen Lieder an. Nein, es mußte »Bi-Ba« sein.

Das Lied von der Krabbe »Krabbelkrubbelkri« war der Renner in einer jungen Studentenfamilie:

Die Krabbe Krabbelkrubbelkri spazierte einst im Sand,
sie krabbelte bei Sahlenburg
in Richtung Badestrand.
Krabbelkribbel, krabbelkribbel –
in Richtung Badestrand ...

Der 18monatige Sohn verstärkte den elterlichen Konzertgesang mit »abbe-abbe«, dann zwei Tage später mit »abbe-ibbe« und von Anfang an mit jenen Krabbelbewegungen, die die Mutter auf der Haut ihres Sohnes bei der entsprechenden Stelle machte. Auch hier tritt jenes Phänomen der unbedingten Beibehaltung und Bevorzugung, Wiederholung dieses Liedes auf – obwohl alternative Angebote von der Mutter zuhauf kamen.

Manche Eltern beginnen sich Sorgen zu machen, wenn das Kind aus dem verfügbaren Repertoire immer nur dasselbe wählt. Besagte Familie zählte für die Krabbe Krabbelkrubbelkri in einer Woche über 160 Aufführungen, die das Kind entweder von selbst (»abbe-ibbe«) erbat oder das großzügige Angebot der Eltern, auch mal ein anderes bekanntes Lied zu singen – deutlich verneinte und sich trollte.

Elterliche Sorgen um Lernrückstände oder Einseitigkeit und was es alles an Sorgen dieser Art gibt, berücksichtigen nicht, wofür Wiederholungserleben steht. Das Kind schafft sich damit in seiner Welt mit rasant zunehmender Informationsflut und appellierenden Reizen auf allen sensorischen Ebenen Sicherheit und Vertrautheit, zieht sich in Bekanntes zurück, in seine Höhle. Die ständige Wiederholungsfreude des Kindes (übrigens auch des Kindes in uns Erwachsenen) an Musik beruht darauf, daß es sich bei jeder Wiederholung mit dem einfachen Kinderlied zu identifizieren vermag: Das Lied wird zur Strukturierungshilfe in dieser ständig neuen Welt, denn in der Begeisterung der Wiedererkennung seiner Musik trennt das Kind nicht mehr zwischen sich und dem Gehörten, sondern ist Teil davon.

Identifizierung mit Musik kann beim Kind bedeuten, daß es sich die Musik, die die Mutter singt oder vorspielt oder von der Wiedergabeanlage ermöglicht, zu eigen macht. Der Brückenschlag zwischen der Muttermilch als Nahrung, die einverleibt wird, und der Musik als Nahrung, die durch Wiederholung ebenfalls einverleibt wird, liegt nicht nur nahe, sondern wird von der Psychoanalyse gestützt. Die Jugendlichen seit den siebziger Jahren nutzen den Begriff »sich Musik reinziehen« – sprachlicher Zufall oder ein Zusammenfallen zweier Ebenen: der bewußten Musikauswahl und der unbewußten Aufnahmebedürftigkeit aufgrund seelischen Hungers?

Auch Kohut zieht den Bogen vom Kind zum Erwachsenen und sieht das »emotionale Einssein« mit der Musik als »Niederbrechen der Ich-Grenzen«, die das »ozeanische Gefühl« manchen Hörers auslösen, der nun mit der Musik eins ist, mit ihr schwimmt, Grenzen verschwimmen läßt.

Sicherheit und Hilfe durch Musik

Nicht erst die Psychoanalyse, sondern auch Medizingeschichte und Völkerkunde (Ethnologie) gehen davon aus, daß frühere wie gegenwärtige schamanistische Kulturen sich diese »Ich-Auflösung« des Menschen durch Musik zunutze machen, indem sie Musik einsetzen, mit der der Mensch sich identifizieren kann. Die Kulturen der Heiltrance, der Ekstase als auflösendem Zustand, sind in diesem Zusammenhang zu sehen: Musik erreicht durch ihre grenzenauflösende Verschmelzung eine Erweiterung des Selbst. Sie löst, was eng macht – und »eng« hängt in seiner Sprachwurzel mit Angst zusammen.

Die Ritual- und Heilmusik der ältesten Stämme der Menschheit, der Aborigines in Australien, hat die Funktion des »Helfens bei Leid«, als »Instrument der Hilfe« vor ähnlichem Grund wie später nachfolgende indianische und afrikanische und andere Kulturen.

Heinz Kohut folgend läßt sich zusammenfassen: Ein Kind überwindet die Angst vor primitiver Zerstörung und die Angst vor dem Zerstörtwerden besonders durch die formalen Aspekte der Musik, die es hört und angeboten bekommt. So wird etwa die chaotisch strukturierte, anonyme und angstmachende Hörumgebung eines Kindes in einem lauten Wohnviertel einer großen Satellitenvorstadt von Kindern bewältigt und überwunden, indem sie sich an der *formal voraussehbaren und vorausbörbaren* Struktur einer Liedmelodie festhalten.

Nur wenige Formen und Formalitäten sind eigentlich überflüssig. Viele dienen der inneren Versicherung, dem Sicherheitsgefühl. Der früher zwangsweise gesungene Choral beim Beginn eines jeden Schulmorgens war sozial unausweichlich und keineswegs für alle, die ihn sangen, eine Einstimmungshilfe in den Tag. Sicher aber für einzelne.

Hingegen brauchen die meisten das nicht immer hinreißend schön gesungene »Happy Birthday«, um wirklich zu begreifen: »Heute ist mein Geburtstag. Ich bin heute Mittelpunkt ...« – und diesen Zustand akzeptieren zu lernen.

Wenn uns ein neuer Mensch begegnet, möchten wir, daß er seinen Mund aufmacht, um uns die Musik seiner Stimme hören zu lassen. Damit stellt er sich vor. Wir wären verunsichert, wenn nichts von ihm hörbar wäre. Wir sind darauf angewiesen, daß uns jemand zunächst »sein Wort gönnt«, weil dieses eine erste musikalische Visitenkarte ist und eine wichtige Antwort mehr auf die Frage gibt: Wie ist der wohl? Je älter wir werden, desto banger werden solche Fragen wieder gegenüber Unbekannten und Unbekanntem: Wie ist der wohl? Der Neue? Das Neue? Ob unbekannte Besucher oder nicht vertraute politische Konzepte oder »fremde Musik von fremden Ländern« – sie beunruhigen die meisten mangels Vertrautheit, die erst durch wiederholte Beschäftigung damit wächst.

Das musikalische Ich

Kohut spricht vom »musikalischen Ich« des Kindes, das mit der Wiederkehr der formalen Aufbauten beispielsweise eines kleinen Liedes (aber auch jeder Musik, die die Eltern häufiger hören) die bedrohlichen Geräuscherfahrungen meistert. Kohut weist auch darauf hin, daß es nicht nur die bedrohlichen Geräuscherfahrungen der Gegenwart sind, die gemeistert sein wollen, sondern auch die Geräuscherfahrungen, die das Kind pränatal, in der Schwangerschaft erlebte. Wenn auch insgesamt positiv besetzt, sind sie doch zweifelsfrei sehr laut. Zur Erinnerung: Der amerikanische Arzt Fred Schwartz wies darauf hin, daß die Dezibelstärke im Mutterleib einer »guten Diskothek-Lautstärke« von 90 Dezibel und darüber entspricht ... Je häufiger Musik für das Kind wiederholt wird, desto sicherer versteht es intuitiv die Sprache der Formen und Gesetze der Musik und ihrer Bausteine. Dieses sichere und sichernde Verstehen »neutralisiert« die Spannung im Kind, die durch unorganisierte, angstmachende Geräuschwelten produziert wird.

Genuß, bietet Kohut als Definition an, ist dem Menschen dadurch möglich, daß eben diese Spannungsenergie in uns freigesetzt wird. Wir brauchen unsere Energie bei Krach, bei befremdlichen Hörwelten zum Aushalten jener Spannung, die mit Beunruhigung und Angst vor dem Fremden verbunden ist. Bei vertrauter Musik, die die gewohnten Bausteine von Dynamik, Rhythmus, Klang und Melodie und Formen benutzt, neutralisieren wir diese Ängste und erleben die dabei frei werdende Energie als – Genuß. Wiederhören heißt Wiedererkennen, darum braucht der Hörer beim Wiederhören weniger Energie als beim ersten Mal. Kohut nennt die überschüssige Energie eine der Quellen, die den Zuhörer in die Lage versetzt, Freude zu empfinden.

Jeder Ton ist für das Kind bereits ein »organisiertes akustisches Phänomen«: die Gegenwelt zu unorganisierter, bedrohender Hörumgebung. Das von der Mutter gesungene Lied bietet dem Kind den Grundton als Bezugspunkt und als Rahmen, innerhalb dessen alle anderen Töne einer Melodie verstanden werden können.

Gleiches gilt für Klänge. Während die Töne einer Melodie nacheinander erklingen und damit ein horizontales Ereignis darstellen, ist ein Klang eine vertikale Schichtung von Tönen, ein Akkord. Das Kind erlebt die Klänge der Musik ebenso als organisiert, als strukturiert und damit als Sicherheit, weil es durch Klänge den Wechsel von Harmonie (Konsonanz) und Disharmonie (Dissonanz) erlebt, die wieder zu Konsonanz wird.

Unser natürliches Hörbedürfnis nach der Dreierfolge Konsonanz-Dissonanz-Konsonanz in der kleinen Welt einer musikalischen Klangfolge kann als Abbild des großen Dreierschritts in der großen Welt von Lebensabschnitten gesehen und gehört werden: A – B – A'.

Lieblingsmusik genießen

»Genießen Sie Musik«, »Entspannen Sie sich bei Musik« sind schlichte Appelle der Werbung, hinter denen ein sehr komplexer und langer Prozeß der Wechselwirkung zwischen Mensch und Musik steht. Dieser Prozeß ist eigentlich zu wichtig und die Genußfähigkeit des Menschen viel zu kostbar, um zu Genuß und Entspannung durch Musik derart inflationär einzuladen.

Eltern von »wiederholungssüchtigen« Kindern sind erleichtert, wenn sie darauf kommen, daß sie es selber auch nicht anders als ihre Kinder machen. Befragt nach ihrer derzeitigen »Lieblingsmusik« können die meisten Eltern sofort antworten, mit welchem Musikstück sie gerade »leben« und wie oft sie ihren Song hören. Unterwegs im Auto, daheim bei Hausarbeit oder beruflicher Nacharbeit, vor dem Kamin wird eine Lieblingsmusik gehört – wenn auch nicht 160 Mal in einer Woche. Aber dafür hat der Erwachsene auch eine Menge anderer »Übergangshilfen« mehr als das Kind. Darunter Nikotin, Kaffee, Alkohol etc., die – wie Musik als »Zwangsbeschallung« – im Übermaß schädigen.

Ach ja, auch ich als Erwachsener nutze das Wiederholungsphänomen zum Wiederholen von Vertrautem. Dazu die Übung »Spiel mit der Erinnerung« (auf der nächsten Seite).

Spiel mit der Erinnerung

Nehmen Sie sich Zeit für das Hören eines Musikstückes, das Sie derzeit besonders gerne mögen. Bereiten Sie dieses Musikhören mit einem kleinen Ritual vor, zum Beispiel:

- einen bequemen Platz zum Sitzen oder Liegen wählen (Lichteinfall, Sonnen- oder Heizungswärme sollten auch bequem sein),
- bequeme Bedienung von Start und Stop an Ihrer Wiedergabeanlage,
- Zeit nehmen für den jetzt möglichen Körperkomfort (Ihr Körper weiß am besten, was ihm jetzt guttut – Sie können allen seinen Signalen folgen und Ihre Körperwinkel ändern …),
- Zeit nehmen, um Ihre Atmung wahrzunehmen (Hand auf das Zwerchfell legen, um die Auf- und Abbewegung und das Innehalten Ihrer Atmung zu begleiten),
- Sammeln, was Ihr Ohr an Geräuschen um Sie herum gerade aufnimmt,
- nun starten Sie die Musik und hören …

Fragen nach dem Musikhören:

- Konnten Sie irgendeine Situation erinnern, die diese Musik oder eine ähnliche Musik hervorrief?
- Spielte diese Musik in dieser Situation eine Rolle? Welche?
- Ließ sich mit dieser Musik vielleicht ein bestimmter Raum erinnern, in dem Sie diese Musik oder eine ähnliche schon einmal erlebten?
- Erinnern Sie sich bei dieser Musik an bestimmte Menschen?
- Sehen Sie einen Zusammenhang zwischen den Gefühlen zu dieser Musik und den Gefühlswelten, die Sie mit den erinnerten Menschen verbinden?

Bei Menschen, die viel Musik hören und mit Musik leben, reicht für dieses Wahrnehmungs- und Erinnerungsspiel manchmal schon die innere Vorstellung eines bestimmten Musikstücks.

Vom Hören zum Handeln mit Musik

Bisher betrachteten wir in diesem Kapitel über die Wiederholungsfreude und ihre Funktion überwiegend das Hören von Musik vom Alter von 18 Monaten an. Etwa zur selben Zeit sammelt das Kind Gegenstände um sich und – tönt mit ihnen. Diese ersten »Musikinstrumente«, die sich das Kind aktiv heranholt (und nicht unvermeidlich aufgedrängt bekommt), sind oft Spielzeuge, deren Hersteller und Schenkende ganz andere als tönende Funktionen damit verbinden: Bauklötze, Spielsteine, Gefäße – alles, was tönt, wenn es gegeneinander geschlagen wird, wird zum Klangwerkzeug. Später – in und nach der ersten Krabbelphase – werden die meisten Kinder, die die Welt von Küchen auch als Spielwelt entdecken dürfen, alles, was dort nicht niet- und nagelfest ist, in solche Klangwerkzeuge umfunktionieren.

Die entstehenden »Kompositionen« stehen im wörtlichen Sinne (lat. componere: zusammenstellen) für die Zusammenstellung der Bausteine jeder Musik, wie wir sie kennen: Das Kind spielt jetzt seine Rhythmen, seine Dynamik, schichtet seine Klänge aufeinander und gestaltet nacheinander Töne im weitesten Sinne einer Melodie, das heißt im zeitlichen Nacheinander von akustischen Ereignissen.

Bisher gestaltete das Kind mit dem Instrument seiner Stimme als dem ihm innewohnenden »Ich-Ausdruck« diese Bausteine, hauptsächlich Rhythmen und Dynamik zwischen leise und laut. Jetzt gestaltet es diese Bausteine mit Instrumenten, die es sich erst aus der Umgebung herbeiholen muß. Das Kind übt in diesem oft unauffälligen, beiläufigen Prozeß der Beschaffung von Instrumenten etwas ungemein Wichtiges: Es eignet sich die Umgebung an. Es lernt Gegenstände zu Instrumenten zu machen, es lernt zu instrumentalisieren. Die wichtige Fähigkeit der Instrumentalisierung von Teilen seiner Umgebung lernt das Kind aus dem Wunsch heraus, über seine Körperinstrumente hinaus Instrumente zu finden, die auch tönen und schwingen – und das Kind weiter »vergrößern«, ausbreiten, die Umwelt besetzen lassen.

Die Welt zum Klingen bringen

Die Personen der näheren Umgebung müssen schon ein gehöriges Maß von Wissen um die Bedeutung dieser frühen Geräuschmusik in der Küche oder im Kinderzimmer besitzen, oder – was meistens der Fall ist – sie besitzen eine intuitive Kenntnis der Wichtigkeit dieses Spiels mit Umweltinstrumenten: da tönt, lärmt, kracht, explodiert, scheppert und scharrt, schrubbt und schwingt es immer wieder aus, beginnt von neuem, versandet, nimmt zu, verstärkt sich, verdichtet sich, explodiert, wird von neuem geboren und wächst bis zum nächsten Ende, das ein Trugschluß ist …

Erinnern wir uns an die Vitalitätsaffekte, mit denen das Kind von Beginn an seine Kommunikation mit der Umwelt aufbaut: Nach den Lall-Gesängen baut das Kind seine Vitalität weiter aus, drückt sie aus, indem es in diesem Spiel mit den Bausteinen der Musik zugleich weitere elementare Erfahrungen macht, die Musik immer repräsentiert. Ein Leben lang lauschen wir in der Musik den Abbildern unserer Vitalitätsaffekte nach, erleben sie neu durch den Spiegel, den Musik dafür bietet.

Gleichzeitig sind diese für Erwachsene nervenden »Lärmphasen« wichtigste Erlebnisstationen für das Kind. Es geht mit seinen Klangwerkzeugen, seinen Musikinstrumenten erste Wege durch den Dschungel dieser Welt. Es bahnt sich erste Pfade und kleine Trampelwege durch die Welt, die für das Kind besonders spannend ist, wenn sie hörbar wird.

Meine Mutter ermöglichte mir in der Nachkriegszeit um 1950 im damals von Flüchtlingen überfüllten Pfarrhaus eine »Spielecke in der Küche, wie sie selbst sie schon von ihrer Mutter in der Nachkriegszeit nach 1918 eingeräumt bekommen hatte. In dieser Ecke – allerdings nur in dieser – durfte ich in großzügig bemessenen

Zeitstrecken mit meinen Töpfen, Pfannen, Blechlöffeln und Kuchenblechen machen was ich wollte ... Was *ich* wollte!

Jetzt sucht und findet das Kind sein Instrumentarium, um diese Welt nicht nur hörend zu verstehen, sondern aktiv zu meistern. Das, was an fremdem Lärm und bedrohender Hörwelt eben noch ängstigt, wird jetzt aktiv gestaltet und gemeistert.

Musikalische Experimente

So wie Kohut das Kind (und alle Menschen) beim wiederholenden Hören Sicherheit, Vertrautheit erleben sieht und eine »Meisterung« der fremden Umgebung, so ist dies noch deutlicher beobachtbar beim aktiven ersten Musikmachen mit den Instrumenten, die die Welt dem Kind bietet.

Kinder, die in ländlichen Gegenden aufwachsen, haben, was dieses »musikalische Experimentieren« angeht, Vorteile gegenüber Kindern in großen, engbesiedelten Wohngebieten. Die Elternhäuser und – da dies Bedürfnis nach Meisterung dieser Welt durch Gestaltung ihrer Klänge weitergeht – später die Kindergärten und Vorschulen haben höchst unterschiedliche »Spiel-Räume« für das elementare Bedürfnis, mit den Elementen der Musik die Welt zu erproben.

Die Spielwiesen und Spielplätze unserer Städte sind manchmal an Orten plaziert, wo sie diese Bezeichnung nicht verdienen, weil Zurückhaltung gefordert und Lautstärke untersagt ist und nicht einmal probiert werden darf. Also muß sie unterdrückt werden. Die Geschichte von Randalierern ist – neben der darin gärenden Aggressionsgeschichte – immer auch eine Geschichte der Unterdrückung frühen Ausdrucksbedürfnisses.

Damit hier kein moralischer Zeigefinger gehoben wird: Ich bin schrecklich geräuschempfindlich und würde kein Kapitel dieses Buches oder eine andere Arbeit zu Ende bringen, wenn ich in der Nähe eines Spielplatzes arbeiten müßte. Es geht mir um die angemessene Plazierung für kindliche Klang-Experimente, weil diese eine wesentliche Meisterungsmöglichkeit dieser Welt bedeuten.

Wenn wir Kleinkindern und Kindern und Jugendlichen dies Experimentieren mit Bausteinen der Musik (in der Pubertät auch als »Meisterung der Abhängigkeit von Eltern« zu verstehen) in den Spiel-Räumen der elterlichen Wohnungen, Häuser, Garagen, Keller und Gästezimmer verweigern – dann unterdrücken wir ihr Ausdrucksbedürfnis und Experimentierfeld, mit dem diese Welt erobert sein will.

Mit »Leise-Stärke« kann das Kind keine Stärke aufbauen, es braucht den Raum, um musikalische Kraft entwickeln zu können und damit Lebenskraft. Ohne diese Kraft wird es sich nicht durchsetzen lernen, bei Widerstand keine Gegenwehr bieten können. Positiv ausgedrückt: Mit dem Üben und Experimentieren musikalischer Kraftinvestition üben wir bereits im Kleinkindalter die Kraft (hörbar in der musikalischen Dynamik), uns entgegenzusetzen. Wir lernen, körperlich zu investieren und – hören das Ergebnis. Stärkere Widerstände brauchen ein stärkeres Gegenüber. Im ersten Spiel mit dem Baustein Dynamik der Musik lernt das Kind, was der Jugendliche braucht, um sich ablösen zu können, und was ihn befähigt, ein starkes Gegenüber zu werden.

Natürlich ist diese Art ersten Zusammenstellens aktiv gestalteter Bausteine der Musik durch das Kind keine Komposition im kunstmusikalischen Sinne. Das hieße, diese Musik so festzuhalten, daß sie wiederholt werden kann. Der Komponist schreibt Musik auf, wodurch sie wiederholbar für andere wird. Die Musik des Kleinkindes, die gelallte Musik wie die Musik der Umgebung, der »einverleibten« Instrumente, ist eine improvisierte Musik.

»Dieses Instrument habe ich nie gelernt!«

In der Musiktherapie gibt es neben dem Musikhören und dem therapeutischen Gespräch ein Verfahren, das inzwischen zur zentralen Methode aufrückt: die Improvisationsmusik, die im freien Spiel zwischen Patient und Therapeut entsteht und so zentral wichtig für den Patienten wird. Die Gründe dafür sind vielfältig. Zunächst stehen die meisten erwachsenen Patienten in einer Klinik oder einer musiktherapeutischen Ambulanz vor den vielen, oft noch nie zuvor gesehenen, geschweige denn gehörten Instrumenten – und sind hilflos. Einer Einladung des Musiktherapeuten, die Instrumente auszuprobieren, sich mit ihnen vertraut zu machen, wird oft mit dem Satz begegnet: »Das kann ich doch nicht – habe ich ja nie gelernt!«

Und wenn sie dann mit zaghaftem Ausprobieren beginnen – dann versuchen sie zunächst auf einem einigermaßen vertraut aussehenden Instrument (zum Beispiel einem Xylophon oder einem Glockenspiel) eine ihnen ebenfalls einigermaßen vertraute Melodie zu spielen: »Alle meine Entchen ...«

Betrachten wir Kinder in einer Situation, wie sie vor Instrumenten stehen, die sie noch nicht kennen, dann sieht dies anders aus: Die »Einladung« zum Ausprobieren muß nicht ausgeprochen werden. Die Appellreize, die die Instrumente aussenden, werden unbefangen aufgegriffen, und die unbekannten Instrumente werden berührt, sie klingen, werden weiter erforscht, klingen anders. Andere Instrumente erschließen wieder neue Hörwelten, indem sie angespielt werden. Die Beziehung zwischen Kind und Instrumenten und deren Musik »fließt«. Das Kind kommuniziert mit der Klangwelt, die es hervorruft – und kommuniziert gleichzeitig mit sich selbst. Es macht sich mit ihm Neuem vertraut, sucht sich erste eigene, kleine Wege in diesem Neuen und geht weiter in der Erforschung ... Später spielt es mit einem anderen Kind – mit oder ohne Anleitung eines Erwachsenen – Dialoge und Trios. Es meistert seine Umgebung wiederum und wird dabei um die Erfahrung reifer, auch hier seine Wege gefunden zu haben.

Eben darin besteht eine der Absichten der Musiktherapie mit Erwachsenen: ihnen jenen Freiraum wieder zu ermöglichen, den wir alle damals als Kinder hatten, als wir noch eigene Suchpfade gingen, eigene Wege suchten, die Umgebung meisterten ... Erwachsene lernen in einer Musiktherapie, in der improvisiert wird, was sie verlernten: sich etwas Neuem zu nähern, dieses Neue erforschen zu lernen und Wege darin zu suchen und zu finden, vertraut zu werden, sicherer zu werden ...

Zuerst lernen sie dies in der Musiktherapie anhand der neuen Instrumente, dann im Zusammensein mit der Person des Therapeuten. Dann gegebenenfalls im Zusammensein mit anderen Patienten. Sie lernen, ihre Wege neu zu suchen und zu finden, meist vor dem Hintergrund einer Erkrankung der Seele und des Körpers, in der sie eben dies verlernten: ihre Wege zu gehen und dadurch Gesundheit zurückzuerwerben.

Musiktherapie hilft, alte Potentiale der Kreativität aufzudecken, mit denen neue Wege in einer schwierigen Lebenssituation gesucht und gegangen werden können. Als Kind konnten wir die neuen Instrumente auch nicht spielen, sondern näherten uns ihnen ohne Vorkenntnis, um mittels Spiel jene Meisterung des Lebens zu lernen, die uns später als Erwachsenen im Zustand einer Bedrückung und Belastung, einer Krankheit, einer Behinderung abhanden kam. Weil sie uns durch unsere Sozialisation »wegtrainiert« wurde.

Vor dem sicheren Hintergrund der Beziehung zum Therapeuten als Nachfolger schützender Bezugspersonen aus der Kindheit kann das »musikalische Ich« des Patienten auf den Instrumenten auch oft ausdrücken, was an früheren Verletzungen und Kränkungen verdrängt wurde. Und gleichzeitig eine Meisterung im Umgang mit den Instrumenten lernen, die damals vielleicht noch nicht gelang. Wir lernen in den meisten Therapien heutzutage und besonders in der Musiktherapie als »präverbale Sprache«, die wir alle kannten und konnten, verschüttete Potentiale und Ressourcen neu zu entdecken und zur aktuellen Lebensbewältigung zu nutzen. Und diese Ressourcen lassen sich immer wieder mit Musik neu erleben – ob in Therapie oder außerhalb, ob allein durch »Musik als Selbsthilfe« oder im Zusammensein mit anderen Menschen.

Der amerikanische Arzt und Psychotherapeut James Hillman sieht die Zukunft der Psychotherapie gar nur noch in den künstlerischen Therapieformen. In ihnen, so Hillman, gestaltet der Patient seine Symptome aktiv und gestaltet sie um, statt sich ihnen auszuliefern. So geht der Patient mit seinen Beschwernissen kreativ um und oft genug »umgeht« er dabei weitere seelische Behinderungen.

Vom »Muskelsinn«

Etwas, was in der Wiege beginnt und bis zum Ende aller motorischen Fähigkeiten bleibt, ist die Verbindung von Musik und Bewegung. Kohut weist darauf hin, daß bereits der Säugling beim Schaukeln der Wiege »kinästhetische Erotik« empfinden dürfte, jene Sinnlichkeit, die in der Medizin mit dem »Muskelsinn« verbunden wird und unser Bewegungsgefühl steuert. Eben durchaus in diesen vor-erotischen Stufen des Schaukelns und Geschaukeltwerdens, die sich später bei diesem ehemaligen Säugling, wenn er in die Disko verschwindet, als »Tanzen« und die Freude an demselben Bewegungsgefühl beobachten läßt.

So wie der Säugling mit der Stimme der Mutter seine orale Befriedigung verbindet, so stellt Kohut fest, daß das Kind mit seinem Erleben des Bewegungsgefühls beim Schaukeln rhythmische Abläufe assoziiert. Es ist gerade nicht so, daß wir erst zu Rhythmen unseren »Muskelsinn«, unser Bewegungsgefühl fühlen, sondern eben in dieser Frühzeit umgekehrt: Wir bewegen uns und fühlen dabei den Rhythmus dieser Bewegung und uns in ihm. Von daher kommen die vielen Leitmotive »Rhythmus ist Leben« oder »Leben ist immer Rhythmus«, von denen keines falsch ist, nur unterschiedlich (aus)genutzt.

In der Frühzeit unserer Kirchengeschichte und der Kirchenbau-Geschichte wurde der Chorraum nicht für singende Chöre gebaut und danach genannt. Der Chorraum war der Raum, in dem – getanzt werden sollte.

Dieser Tanz war über lange Zeitstrecken hinweg ein Tanz aus diesen Bewegungsgefühlen heraus, erfüllt mit jener »kinästhetischen Erotik« – und war nicht ein Tanz zur Musik des Mittelalters oder Hochmittelalters. Stellen wir uns einmal die Kirchengeschichte vor und phantasieren in die Chorräume unserer sich leerenden Kirchen tanzende Menschen, mit Musik und ohne Musik ... Wenn solche Erlebensebenen nicht nur vereinzelte, meist ohne Echo bleibende Experimente wären, sondern gefüllt mit jenen Vitalitätsaffekten, wie sie die Diskos freizusetzen imstande sind – dann wären die Chorräume nicht das, was sie heute sind: zunehmend leer.

Kirche bewegt uns heutzutage nicht mehr und macht dabei mit Menschen dasselbe wie ein Konzertveranstalter, der uns zu Antonin Dvořáks slawischen Tänzen auf Konzertsesseln sitzen läßt, um ursprünglich aus der Bewegung (für die Bewegung) entstandene Musik mit möglichst wenig Bewegung zu hören. Als Erwachsene wiederholen wir dann das, was unsere Erziehung mit uns und dem Konzertveranstalter gemacht hat: Wir leben dem Kind vor, bei bestimmter (klassischer) Musik ruhig sitzen zu bleiben ... Tragisch, wenn wir solchem Gebot als Kinder folgten und unsere Kinder auch noch diesem Gebot folgen lassen.

Es gab und gibt Ausnahmen: Ich bin meiner Mutter heute noch dankbar, daß sie mich zu ihrer Lieblingsmusik von Johann Sebastian Bach zum Tanzen einlud, selbst in dem Mietzimmer der Nachkriegszeit tanzte sie zu einfachen Menuetten, die sie auf der Blockflöte blies, mit mir, indem sie die soeben gespielten Melodien mit mir sang und mich, wenn sie Kirchendienst an der Orgel in der Kirche ihres Vaters hatte, zu den Übungszeiten mitnahm und in der Kirche allein tanzen ließ zu den großen alten Chorälen. Zugegeben – keine Musik, die zum Tanzen komponiert wurde wie Brahms' »Ungarische Tänze« oder die Menuette, aber meiner kindlichen Bewegungslust zu Musik entgegen kam.

Wir assoziieren zu Musik nicht etwa Bewegung im Sinne innerer Bewegung, sondern wir bewegen uns aufgrund dieser kinästhetischen Begabungsreste aus der Kindheit. Und sei es in kleinsten vegetativ gesteuerten Impulsen der Zehen- oder Fingerspitzen, Resten der Bewegung, die wir unterdrücken.

Unsere Atmungsanpassung an die Musik ist ebenfalls Bewegung, die Veränderung unseres Hautwiderstandes, unserer Pupillen, unseres Blutdrucks ist in ständiger Bewegung, die wir – in medizinischen Zusammenhängen – auch messen können. Selbst wenn wir liegend Musik hören und uns scheinbar nicht bewegen, bewegen wir uns. Die winzigen Bewegungsreste sind dann nur die Spitze eines Eisbergs. Wobei ich mit diesem etwas bedrohlichen Bild eigentlich eine Aufforderung verbinden will: Bewegen wir uns mehr, tanzen wir zur Musik und hören sie dadurch anders!

Der Körper ist einer der verläßlichsten Speicher unserer frühesten Erinnerungen. Wir können gar nicht genug mit Kindern tanzen, auch ohne äußerlich hörbare Musik: Denn der Körper entwik-

Stiller Tanz

Um zu erfahren, wie schwierig Bewegung ist – und wie schön: Stellen Sie sich einmal auf einen Ihnen vertrauten, angenehmen Platz in Ihrem Zimmer oder in Ihrem Garten, wo Sie sich unbeobachtet wissen … Dort nehmen Sie etwas Vertrautes in den Blick, an dem Sie sich »festhalten« können … Jetzt schwingen Sie ein wenig, so daß es angenehm und sicher bleibt – nach vorne – nach hinten – zur einen Seite – zur anderen Seite …

Wiederholen Sie die eine oder andere Richtungsbewegung, die Ihnen bequem ist, mit der Sie sich sicher fühlen … Schließen Sie zu dieser Bewegung, die Sie beibehalten, die Augen. Öffnen Sie sie immer dann, bevor Sie sich unsicher fühlen …

Vielleicht hören Sie auch etwas in sich – irgendeinen Ton – aufsteigen, vielleicht summen Sie sich selbst einen – und noch einen. Bequem sollen die gesummten Töne sein. Geben Sie den Tönen einen ganz einfachen Rhythmus – Ihren Rhythmus – indem Sie an einer Stelle Ihren Puls fühlen – eins – zwei – eins – zwei – und im Tempo Ihres Pulses – gehen Sie jetzt – eins – zwei – eins – zwei – kein Marsch – ein langsamer, ruhiger Tritt des einen Fußes dazu – des anderen Fußes. In sanftem Schritt gehen Sie dazu im Raum umher oder auf der Wiese – oder Sie gehen auf der Stelle – Sie tanzen …

Bleiben Sie zwischendurch ruhig stehen – horchen Sie nach – lassen Sie Ihre Töne ausschwingen – ruhig werden – und hören einmal nach innen – was hören Sie da?

Fühlen Sie wieder Ihren Puls – und wandern – schwingen – tanzen wieder an Ihren Anfangsort zurück. Suchen Sie mit dem Blick, woran Sie sich vorhin festhielten …

kelt zu rhythmischen Bewegungen ohne hörbare Musik eine Musikalität, die wir von frühester Zeit her speicherten.

Je mehr Menschen sich ihrer Körperbewegung ohne Musik widmen und diese erforschen, desto sicherer kommen sie wieder an jene rhythmischen Muster der frühesten Kindheit, in denen wir schaukelten und geschaukelt wurden – und Musik waren. Viele Körperübungen und »Warming-up«-Spiele basieren auf diesem Tanz ohne äußere Musikeinwirkung. Wieder andere erwachsene Menschen berichten, daß sie beim musiklosen Tanzen in dessen Verlauf innerlich Musik zu hören beginnen: vertraute Musik oder ganz neue.

Auf die schönsten Abenteuer dieser Art treffen wir erst, wenn wir – etwa durch Krankheit und anschließende Therapie – darauf gestoßen werden oder wenn wir die Gelegenheiten wahrnehmen, die Kinder uns bieten: indem wir mit ihnen »Bewegung« spielen, denn Kinder fühlen ja (noch) keine Befangenheiten der freien Bewegung gegenüber.

Praktische Hilfen

Spiel-Regeln

~ Geben Sie einem Kind Raum für seine »Musikecke«, damit es übt, seine Umgebung zu meistern. Neben ausrangierten »Küchen-Musikinstrumenten« eignen sich zum Spiel auch kindgerechte Klangwerkzeuge und Musikinstrumente wie Schachteln und Kartons aller Größen. Sie sind gute Resonanzkörper für Schlagzeugspiele, wobei das Kind sie mit den Händen spielt, nicht mit Schlegeln.

~ Geben Sie einem Kind auch genügend Raum für seine Bewegung zur Musik, damit es zu seiner eigenen und auch zu Ihrer Musik tanzen kann. Neben all dem neuen Kindermusik-Material, den neuen Kinderliedern und Instrumentalstücken gegenwärtiger Komponisten mit »Kinderorientierung« sollte auch klassische Musik bewegt und getanzt werden: Die formalen Teile der klassischen Musik (Grundtöne, Konsonanz-Dissonanz-Abfolgen usw.) versteht jedes Kind unbewußt und »sichert« es.

~ Spielen Sie möglichst oft mit dem Kind, damit es sowohl die Erfahrungen in der Zweisamkeit ausbauen kann als auch das »Leben zu dritt« mit dem dazugehörigen Spannungsfeld erfährt. Was das Kind im Spiel zu dritt an »Triangel«-Erfahrungen macht (einer nach dem anderen spielt, wir alle zusammen spielen, einer spielt und zwei hören zu usw.) wird es später brauchen und nutzen, wenn es um Gruppensituationen geht, in denen jemand neues von außen »hinzukommt«, »eingelassen werden« soll, hineindrängt … Und im Großen brauchen wir die in der Triangulierung gelernten Erfahrungen, um in der Gesellschaft Fremdes integrieren zu können, gegensätzliche Positionen aushalten zu lernen.

In der Musik können wir all dies lernen – und sogar im Spiel gleichzeitig ausdrücken, was im Gespräch in der Regel nur nacheinander erlaubt ist, weil wir uns beim Sprechen sonst nicht verstehen. Musik ist die einzige hörbare Sprache, in der mehrere Menschen mit Genuß gleichzeitig miteinander kommunizieren können – ohne zu stören. In der Musik als der präverbalen Sprache, in der wir die Sprache der Worte vorbereiten lernten, gelten die Regeln des Spiels.

Beziehungsentwicklung beim Umgang mit Klangwerkzeugen

Zum kindlichen Erleben beim Umgang mit ersten und weiteren elementaren Musikinstrumenten hat die Berliner Musiktherapeutin Karin Schumacher in ihrer Dissertation »Säuglingsforschung und Musiktherapie« ein Phasenmodell entwickelt, das – beeinflußt von Daniel Stern – nicht nur für Therapeuten eine sehr gute Beobachtungshilfe dafür sein kann. Es zeigt, wie ein Kind sich entwickelt und diese Entwicklung sehr klar im Umgang mit Klangwerkzeugen zeigt bzw. wie es diese Entwicklung im Vergleich zu anderen Kindern verzögert zeigt. Schumacher nennt sieben mögliche Phasen einer Kontaktentwicklung.

0 Kontaktlosigkeit. Das Kind erkennt die Funktion des Instruments (zum Beispiel einer Rassel) noch nicht als »Spielzeug«.

1 Kontakt-Reaktion. Das Kind zeigt erste kurze Reaktionen auf das Instrument, wenn dieses angespielt wird. Es zeigt jedoch noch nicht, daß es auf den Appell, den Aufforderungscharakter reagiert.

2 Funktional-sensorischer Kontakt. Das Instrument wird angefaßt, beleckt, betastet – ohne daß es klingt. Hier wird das Instrument erst »be-griffen«. Ab hier sind auch mindestens zwei Sinnesqualitäten des Kindes beobachtbar (tasten – schmecken – sehen – riechen).

3 Kontakt zu sich (Selbsterleben). Die Bewegung, die das Kind mit dem Instrument macht, wird für das Kind hörbar. Das Kind erkennt die »Urheberschaft« des Klanges. Die sensorische Qualität »hören–empfinden–sehen« ist jetzt wichtig. Durch Wiederholung zeigt das Kind seine Neugier an der »Exploration«, der Erforschung des Klangwerkzeugs.

4 Kontakt zum anderen. In diesem »Ich-und-Du-Erleben« mit Hilfe des Instruments wird »Beziehung« zum ersten Mal musikalisch erfahrbar: Es ist die Bezeichnung zu sich selbst (Ich mit mir) und wird durch den anderen bestätigt. »Soziale Rückversicherung« nennt Schumacher dies Erleben, das auch in den mit Stimmen erlebbaren frühen Lauten zwischen Säugling und Bezugsperson hörbar ist. Die koordinierten Sinnesqualitäten sind nun hören–sehen und spüren.

5 Beziehung zum anderen. In diesem Erleben zeigt sich die Beziehung zu sich selbst (Ich mit mir), fähig zur Beziehung zum anderen (Ich mit dir): Frage-Antwort, call-response. Das Hörbare dient dem aktiven Dialog mit dem anderen, jeder bringt eigenes ein und nimmt auf, was von anderen kommt.

6 Begegnung. Das gemeinsame Erleben ist weiter gereift zum »Wir-Gefühl«. Hier sieht Schumacher den gemeinsamen Affekt, das geteilte Gefühl im Spiel oder Singsang. Deutlich hörbar wird dies durch die Gemeinsamkeit, mit der dynamische Veränderungen gemeinsam gestaltet werden können. Der Begriff bei Daniel Stern hierfür ist »Affektabstimmung«.

Die bisherige Stufung beschreibt, wie und was wir beim Säugling beobachten können. Schumacher beschreibt die »Sicht des Kindes« auf die bisher genannten Stufen folgendermaßen:

0 Ich ohne mich.
1 Ich bemerke etwas.
2 Ich nutze Personen, Instrumente für meine Bedürfnisse und »betaste, schmecke Musik«.
3 Ich höre mich.
4 Ich höre mich und will wissen, ob mein Gegenüber dies auch so erlebt.
5 Ich höre mich und dich.
6 Ich höre uns.

Schumachers Stufung sehe ich nicht nur als eine Bereicherung der Diagnostik in der allgemein therapeutischen und spezifisch musiktherapeutischen Begleitung entwicklungsverzögerter oder behinderter Kinder, sondern auch als hilfreiche Beobachtungsmöglichkeit und Erlebensmöglichkeit für Eltern und andere Bezugspersonen. Jedes Kind wird seine eigenen Zeiten für das Durchleben dieser Phasen brauchen und zeigen. Für den ungefähren Zeitrahmen, der auf eine »gesunde« Entwicklung hindeuten kann, mag der Zeitrahmen von Daniel Stern gelten (vgl. »Selbstempfinden und Bezogenheit«, Seite 127).

Vorrangig ist Schumachers Hilfestellung in diesem Buch als eine Differenzierungshilfe für Eltern gedacht, um erkennen zu können, wie reich die Unterschiede im Bedeutungswandel des Spiels mit Klangwerkzeugen und der Stimme sein können.

Die Stimme im Ohr

Ein Märchen für alle, die ausziehen, das Hören dieser Welt zu erleben

Mit einer alten Geschichte, dem Mythos von Narziß und der Nymphe Echo begann dieses Buch und mit einem Einblick, wie Hören und Gehörtes unser menschliches Leben steuert. Mit einem in der Gegenwart geschriebenen Märchen soll das Buch enden. Meine Geschichte »Die Stimme im Ohr« will einen Bogen von den Anfängen ziehen, denen dieses Buch gewidmet ist, bis zum Schluß. Denn als letztes in unserem Leben – hören wir noch …

Tine lebte in einer Zeit, als die Menschen ihre Schule, ihren Arzt und die Kirche noch im Dorf hatten. Als sie für einen Theaterbesuch oder Einkauf in der Stadt mit der Kutsche noch eine halbe Tagesreise brauchten und als Einschlafmittel ein Lied, wenn sie Kinder waren. Oder als Erwachsene ein Glas Zuckerwasser.

Eigentlich hieß Tine Christine. Und wenn es jemand gut mit ihr meinte, sagte er Tine. Nur wenn Ärger oder gar Ernst hineinspielte, wurde Tine Christine gerufen. Das Kind summte und sang auffällig lange Zeiten am Tag vor sich hin und spielte auch immer weiter mit den Tönen, wenn es mit seinen Puppen

»Doktor« spielte oder im Sandkasten Formen buk oder auf jemanden oder auf etwas wartete.
Der Großvater war ein gebildeter Mann und wußte, daß »klingen« auf lateinisch »tinnire« heißt. So sagte er einmal, als er Christine gerade beim Töne-Spiel hörte: »Christine tint!« Danach sagten auch die anderen immer dann, wenn Tinchen wieder ihr Töne-Spiel spielte und summte und sang: »Tine tint mal wieder.«
Als Tine acht Jahre alt war, fuhren ihre Eltern mit ihrem Bruder Johannes und ihr und den Großeltern in ein Seebad. Am ersten Abend, als die Eltern Johannes zu Bett brachten, lud der Großvater Tine zu einem Strandspaziergang ein. »Guck mal – eine Muschel!« rief Tine und winkte mit einer Muschel, die so lang und breit war wie ihr längster Finger. »Wenn du die an dein Ohr hältst«, sagte der Großvater, »dann hörst du das Meer rauschen.« Und so war es. Tine hörte in den folgenden Tagen das Meer selbst dann in der Muschel rauschen, wenn es glatt und gleißend vor der Strandlinie faulenzte.
Tine hörte überhaupt besonders viel. Ihre Mutter meinte, Tine höre das Gras wachsen. Und nachdem Tine dies die Mutter und später noch einmal den Großvater sagen hörte, legte sie öfter das Ohr auf die Wiese zu Hause oder auf das Dünengras vor dem See-Hotel und sah, wie das Gras roch, fühlte, wie der Vogelschnabel pickte, und hörte die Muskelbewegungen des Regenwurms ganz dicht vor ihrem Auge. Und immer wieder hörte sie ihre eigenen Töne und die der Mutter und des Vaters, die beide gerne sangen.
Tine hörte auch vieles in ihrem Leben, was ihr Angst machte: Laute oder zischende fremde Stimmen, das Splittern von fallenden Gefäßen und zunehmendes Donnergrollen oder starke Töne unbekannter Instrumente wie einmal die der großen Orgel in der Kirche in der Kreisstadt. Ihre Angst legte sich immer erst dann, wenn sich zu den fremden Stimmen endlich die Gesichter gesellten, sie das Splittern den zerschlagenen Gefäßen zuordnen konnte und das Donnergrollen dem Gewitter oder dem Löwen im Zoo. Oder wenn sie das fremde Musikinstrument sehen und anfassen durfte, was ihr bis dahin fremd war. Und Tine durfte sogar Tasten der großen Orgel in der Stadt antippen und ihren Fuß auf ein Pedal setzen, weil der Organist ihr Pate war.
Je häufiger sich die fremden Geräusche und Töne dann wiederholten, desto vertrauter wurde Tine mit ihnen und tat sie in den Sack ohne Boden, aus dem sie ihre eigenen Töne-Spiele holte.

Während dieser Ferien an der See hatte Tine noch viele andere Muscheln gefunden, manche größer, schöner – wie Porzellan. Dennoch nahm Tine aus den Ferien nur jene Muschel mit, die sie mit dem Großvater gefunden hatte. Diese Muschel ließ das Meer am lebendigsten rauschen: mal in großen, starken Wellenschlägen, mal in schnellen, eiligen. Die Muschel lebte mit Tine und Tine mit der Muschel und meistens rauschte es in der Muschel fast genau so, wie Tine sich gerade fühlte.

Während die Muschel ihre Fähigkeit zu rauschen beibehielt, schien sie jedoch kleiner zu werden, und Tine wurde immer größer. Zwei Sommer weiter war die Muschel nur noch so groß wie Tines kleinster Finger und bald auch das nicht mehr. In die Schule nahm sie die Muschel manchmal mit, wenn eine schwierige Arbeit bevorstand. Sie schloß sich dann ein, hielt die Muschel an ihr Ohr und lauschte dem Meeresrauschen und dachte an den Großvater, der inzwischen längst unter einer Wiese begraben lag. Tine wollte damals nach der Beerdigung ihr Ohr auf das Gras legen und war sicher, daß es etwas Besonderes bei der Grabstätte mit den vielen Blumen zu hören gab, aber der Vater hatte sie hochgezogen und gemeint, dafür sei sie jetzt zu alt – zu alt zum Tinen.

Als Tine groß war, lernte sie einen Mann lieben und wurde Mutter eines Sohnes, den sie nach ihrem Bruder nannte: Johannes. Und wie die Mutter wurde Tine Krankenschwester. In das Gepäck, das sie zu ihrer Ausbildung mitnahm, steckte sie die Muschel. Im Krankenhaus hatte Tine oft Heimweh. Heimweh war die Angst, nie mehr nach Hause zu kommen. Und sie hatte Angst um ihre Patienten, um deren und um ihre eigene Kraft. Die meisten Tage endeten damit, daß Tine vor dem Einschlafen noch in die Muschel hineinhörte, und diese half ihr immer. Und das, obwohl Tine inzwischen wußte, daß das Meer darin der Klang ihres eigenen kreisenden Blutes und ihres Pulsschlages war.

Was sie aber auch wußte, war, daß sie in der Muschel die Erinnerung an die singende Stimme der Mutter hören konnte, wieder-holen konnte, wann sie wollte – oder die freundliche, beschützende Stimme ihres Vaters. Und am meisten die fürsorgliche Stimme ihres Großvaters.

Mit diesen Erinnerungen an diejenigen, die Tine begleitet hatten, begleitete Tine nun andere. Alle Krankenhäuser und Ärzte, Schwestern und Pfleger, die damals und die von heute, machen ohnehin immer dasselbe: Hinter den

Fronten dieser Welt, ob in Kriegs- oder in Friedenszeiten, herzuziehen und die Verletzten, Erschöpften, Kranken aufzunehmen.

Tine hörte sich in diese Welt immer mehr ein. Sie hörte – lauter als das Pochen ihres Pulses in der Muschel – das Gebrumm dieser Welt der Motoren, das spitz-schrille Pfeifen und die dumpf-sumpfigen Baßtöne der Musik dieser Welt. Zwischen dem Pfeifen und dem Baß hörte Tine das Weinen der Kinderstimmen und das langsame Stummwerden alt gewordener Menschen. Auch Tine wurde älter und mit ihr ihre Erinnerungen: An die Töne der Bewegungen des Regenwurms auf der Wiese. An die Töne des Geruchs des Grases. An die Stimmen ihrer Kindheit. An das Meeresrauschen in der Muschel am Ohr. Nur noch selten wurde es wirklich still in Tines Ohr. Meist mischte sich in ihr Fühlen und Denken immer etwas, was sie in sich hörte. Und sonst keiner. Sie hatte einmal versucht, anderen zu erzählen, was sie hörte. Und wie es sich anhörte.

Aber außer ihren Enkelkindern wollte keiner so recht hören, was sie hörte. Auch ihr Bruder Johannes hörte manchmal nur deshalb zu, weil er Arzt war und glaubte, sich anhören zu müssen, was sie hörte. Nicht weil er es hören wollte oder gar selbst hörte. Viel mehr dagegen wollten seine und ihre eigenen Enkel hören, wenn Tines alt gewordene Stimme mit ihren Tönen spielte, wenn sie summte, wenn sie sang, wenn Tine tinte – hatte der Großvater gesagt.

Das war ein spannendes Singen und Summen, ein Pfeifen und Grollen, ein Lippenspitzen und Lippenspannen bei der alten Tine. Wenn sie tief einatmete, konnte man nie wissen, was für ein neues Abenteuer Tine mit ihrem Ausatmen von innen nach außen begleitete. Abenteuer zum Hören. Tines Tinen war spannender für die Kinder als jedes Einschlaflied. Und nur die älteren fanden das komisch. Tine spielte mit Tönen wieder fast so viel wie in der Kindheit. Denn immer dann, wenn sie selbst einen Ton, einen Klang zu dem hinzutat, was sie in sich hörte, wurde es hinterher stiller in ihr. Nur manchmal wurde es ganz still. Und dann begann Tine in sich hineinzuhören und hörte das Seltenste, was es gibt: Die Musik der Stille.

Dann hörte sie die Erde atmen. Manchmal schmatzte die Erde dabei. Ab und an benahm sie sich noch schlimmer daneben – und rülpste. Tine gesellte dann, wenn es in ihrem Ohr unangenehm wurde, einen Ton hinzu – und die Erde begnügte sich wieder mit ihrem Atmen. Dem Einatmen, mit dem sie et-

was von außen nach innen holte. Dem Ausatmen, mit dem sie etwas von innen nach außen losließ. Weil Tine ein Kind dieser Erde war und das Kind in ihr mit in ihr Älterwerden nahm, spürte sie immer mehr die Erde im eigenen Atmen. So erlebte Tine immer mehr auch die dritte Zeit des Atmens. Die Zeit nach dem Ausatmen. Da war diese kleine Zeit, in der alles anhielt, innehielt. Und Tine hörte den Puls der Erde. Wie in ihrer Muschel.
So lebte Tine und tinte wieder. Obwohl ihr Vater damals schon gesagt hatte, sie sei zu alt dazu. »Nur Menschen wie unsere Tine hören das Gras wachsen und die Erde rumoren«, scherzte ihr Bruder Johannes und schüttelte den Kopf, wenn seine Kinder ihn fragten, ob er mit seinem Stethoskop auch so viel hören könne wie Tante Tine.

Anhang

Musik in Therapie und Medizin

Der Kreis auf der gegenüberliegenden Seite symbolisiert unseren Lebenskreis – vom Stadium der Zygote nach der Befruchung, über unser Leben als Embryo und Fetus im Mutterleib (intrauterin), durch die Jugend und das mittlere Lebensalter bis zur Zeit unseres Sterbens, in der unser Hörsinn vermutlich die letzte Verbindung zum Leben ist.

Der Innenkreis beschreibt unsere Lebensphasen, mit der Geburt als erstem wichtigen und folgenreichen Übergang – wie auch alle späteren Übergänge von einer Lebensphase in eine weitere ebenso wichtig und folgenreich sind. In den Übergängen zeigt sich, wie »reif« wir für die bevorstehende Zeit sind. Krisen unserer Gesundheit zeigen sich meist in solchen Übergangsperioden. Musik begleitet uns nicht nur durch all unsere Lebensphasen, sondern sie kann eine besondere »Übergangshilfe«, eine Brücke speziell in Zeiten des Wandel sein.

Im *Außenkreis* sind jene Orte und Institutionen verzeichnet, in denen uns Musik als Therapie oder medizinische Hilfe begegnet – sofern wir dies wünschen. Während uns Musik als Unterrichtsfach im *Innenkreis* zuerst in Spielkreisen und Musikschulen und später in anderen Schultypen überwiegend als »gehörte Musik« begegnet, treffen wir im Außenkreis unter dem medizinischen Aspekt von Gesundheit bzw. Krankheit auf diese »gehörte Musik« als »funktionelle Musiktherapie«, wo mit den eigenständigen Wirkungen der Musik gerechnet wird. Diese wirkt durch ihre Bausteine Rhythmus, Dynamik, Klang, Melodie und Formen auf den Körper und erst infolge davon auf die Seele und den Geist ein.

In der *Musiktherapie* wiederum begegnen wir Musik als »unmittelbarer Therapie«, das heißt ein Therapeut ist anwesend. In der Beziehung zu ihm wird Musik als Ausdrucksmittel erlebt, meist in der Improvisationsmusik. Musik also, die wir vorher nicht planen, geschweige denn üben. Musik, die wir auf Instrumenten gestalten

Wirkungs- und Anwendungsfelder
von Musiktherapie, therapeutisch orientierter Musikpädagogik und Musik in der Medizin **im Lebenskreis**

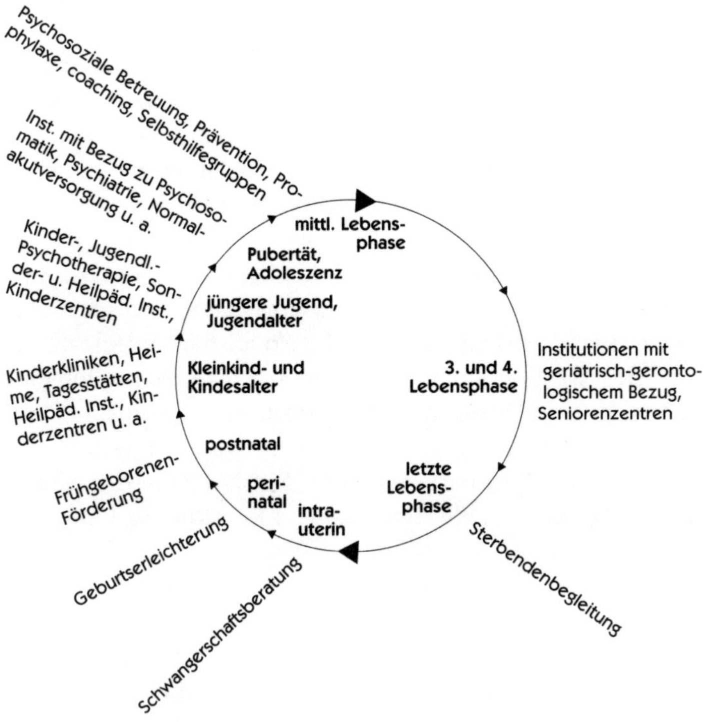

Übergreifende Stichworte:
~ Gesundheit / Krankheit
~ stationär / ambulant / rehabilitativ
~ Therapie / palliative Wirkung / coping / Selbsthilfe
~ mittelbare / funktionelle / unmittelbare Therapie
~ primäre / sekundäre Behinderungen

Methodenspezifische Stichworte:
~ rezeptiv / aktiv (sensorisch / motorisch)
~ Symbolebene (s. a. Dependenz / Counter- / Interdependenz)
~ Psychotherapie / Psychoanalyse / Lerntheorie / Medizin
~ amodale / intermodale Wahrnehmung

und mit der wir meist »etwas aus der Seele spielen«, was wir mit Worten nicht formulieren können. Musiktherapie rührt dabei immer an unsere vorsprachlichen Persönlichkeitsschichten – an eine Zeit vor unserem Spracherwerb, in der wir unsere Gefühlserfahrungen nichtsprachlich ausdrückten durch Summen, Lallen, Singen, Spielen mit Klangwerkzeugen.

Wenn wir stationär in einer Klinik behandelt werden, begegnet uns sowohl Musik in der Medizin (gehörte Musik) als auch Musik in der Therapie (improvisierte Musik). Zunehmend mehr treffen wir Musik in Therapie und Medizin in ambulanten Praxen von Musiktherapeuten oder in Gemeinschaftspraxen von Ärzten und Musiktherapeuten an.

Musikerfahrungen werden nach stationärer Behandlung in fast allen Rehabilitationskliniken der verschiedenen Bereiche angeboten (Herz-Kreislauf, Psychosomatik, Unfall usw.). Bei stationärer Behandlung werden Musikerfahrungen zur direkten Behandlung der Erkrankungen bzw. ihrer Hintergründe angeboten (Therapie mit Heilungsabsicht gegenüber der »primären Behinderung«), zur Linderung bzw. Verminderung der Belastungen der Krankheit (»palliative Wirkung«), als Hilfe, um das Krankheitserleben zu verarbeiten, oder als Hilfe, um mit der Krankheit oder ihren Folgen umgehen zu lernen (»coping« bzw. Therapie der »sekundären Behinderungen« als Folge der Krankheit).

Musik in Therapie und Medizin ist zunehmend auch in Angeboten zur Selbsthilfe zu Hause zu finden, parallel zur ambulanten Behandlung, als eigene Nachsorge – und als Vorsorge (Prävention).

Musikerfahrungen sind entweder rezeptiv, das heißt wir erleben den Eindruck gehörter Musik; oder sie sind aktiv, das bedeutet, wir erleben Musik der Komponisten, die wir (aus dem Gedächtnis oder von Noten) wiederholend selbst spielen (wie in der Musikerziehung oder auf der Bühne). Oder wir erleben Musik aktiv als Ausdruck unserer ureigenen Persönlichkeit, indem wir sie auf Instrumenten oder mit der Stimme improvisieren, wie zum Beispiel in den meisten Musiktherapien aber auch im Jazz usw.

Immer birgt musikalisches Erleben für uns auch die Vitalitätsaffekte, die in jeder Musik wirken. Immer wirken im Musik-Erleben auch Reste unserer Begabung zur amodalen Wahrnehmung mit, das heißt, wir erleben möglicherweise Farben, Bilder, Gerüche, fühlen uns buchstäblich be-rührt, wenn wir Musik hören und spielen.

Literatur

Es ist viel besser, sich wenige Autoren anzueignen,
als sich durch viele verwirren zu lassen.

(Seneca, römischer Philosoph und Staatsmann)

In der Reihenfolge der Nennung im Text:

Nöcker-Ribaupierre, M.: Auditive Stimulation nach Frühgeburt, Ein Beitrag zur Musiktherapie, Diss. Hamburg 1993, Heidelberger Schriften zur Musiktherapie Bd. 7. G. Fischer, Stuttgart 1995.

Maturana, Humberto: Was ist Erkennen? Piper, München 1997.

Petersen, Peter: Retortenbefruchtung und Verantwortung, Anthropologische, ethische und medizinische Aspekte neuer Fruchtbarkeitstechnologien. Fischer TB, Frankfurt/M. 1988.

Loos, Gertrud: Spiel-Räume, Musiktherapie mit einer Magersüchtigen und anderen frühgestörten Patienten. Fischer/Bärenreiter, Stuttgart/Kassel 1986.

Krüll, Marianne: Die Geburt ist nicht der Anfang. Klett-Cotta, Stuttgart 1990.

Tomatis, Alfred A.: Der Klang des Lebens, Vorgeburtliche Kommunikation – die Anfänge der seelischen Entwicklung. Rowohlt, Reinbek bei Hamburg 1987.

Verny, Thomas / Kelly, John: Das Seelenleben des Ungeborenen. Rogner & Bernhard, München 1981.

Kohut, Heinz: Narzißmus, Eine Theorie der psychoanalytischen Behandlung narzißtischer Persönlichkeitsstörungen. Suhrkamp, Frankfurt/M. 1976.

Spintge, Ralph / Droh, Roland: Musik-Medizin, Physiologische Grundlagen und praktische Anwendungen. Gustav Fischer, Stuttgart 1992.

Spintge, Ralph: Physiologie, Mathematik, Musik und Medizin: Definitionen und Konzepte für die Forschung; in: Berger, L. (Hg.), Musik, Magie und Medizin. Junfermann, Paderborn 1997.

Adamek, Karl: Singen als Lebenshilfe, zur Empirie und Theorie von Alltagsbewältigung. Waxmann, Münster 1996.

Stern, Daniel: Die Lebenserfahrungen des Säuglings. Klett-Cotta, Stuttgart 1992.

Stern, Daniel: Tagebuch eines Babys. Was ein Kind sieht, spürt, fühlt und denkt. Piper Tb, 6. Aufl. München 1998.

Riemann, Fritz: Grundformen der Angst. Eine tiefenpsychologische Studie. Reinhardt, Basel 1986.

Dörner, Klaus / Plog, Ursula: Irren ist menschlich. Lehrbuch der Psychiatrie/Psychotherapie, Psychiatrie-Vlg., Rehburg-Loccum 1984.

Decker-Voigt, Hans-Helmut: Aus der Seele gespielt. Eine Einführung in Musiktherapie. Goldmann, München 1993.

Decker-Voigt, Hans-Helmut: Pummel. Entwicklungspsychologie am Beispiel eines Nilpferd-Lebens, Eres, Lilienthal/Bremen 1998.

Decker-Voigt, Hans-Helmut / Knill, P. J. / Weymann, E.: Lexikon Musiktherapie, Hogrefe, Göttingen 1996.

Hegi, Fritz: Übergänge zwischen Sprache und Musik. Die Wirkungskomponenten der Musiktherapie. Junfermann, Paderborn 1998.

Weymann, Eckardt: in: Decker-Voigt, H.-H.: Aus der Seele gespielt, Goldmann, München 1993.

Kohut, Heinz: Über den Musikgenuß; in: Introspektion, Emapthie und Psychoanalyse, Frankfurt/Main 1977.

Kohut, Heinz: Betrachtungen über die psychologischen Funktionen der Musik, ebenda.

Kapteina, Hartmut: in: Lexikon Musiktherapie, Hg. v. Decker-Voigt, H.-H., et al., Hogrefe, Göttingen 1996.

Hillman, James: 100 Jahre Psychotherapie – und der Welt gehts immer schlechter. Walter, Olzen 1993.

Schumacher, Karin: Säuglingsforschung und Musiktherapie. Diss. Hamburg 1998.

Materialien für Eltern, Erzieher u. a. »Begleitungen früher Kindheiten«

Liedersammlungen bekannt-vertrauter Kinderlieder:

In allen Buch- und Musikalienhandlungen.

Liedersammlungen gegenwärtiger Komponisten:

Schatzsuche-Liederbuch, 2. Liederbuch von Kunterbunt aus Grasberg. Eres, Lilienthal 1992.

Das Kunterbuch. Ebenda 1988.

Schura, Sybille: Lieder für kleine Ohren. Ebenda 1997.

Weitere Literatur, Tips und Adressen

Für interessierte Mütter und Väter, Erzieher und weitere »Kindheits-Begleiter«, die stärker als bisher Musik in das Spiel mit ihren Säuglingen und Kleinkindern einbringen möchten, führen einige Musikschulen des »Verbandes deutscher Musikschulen« Workshops in Improvisation, Umgang mit neuem Kinderliedgut u. ä. sowie Erwachsenenunterricht in allen Instrumenten durch. Vermittlung der nächstgelegenen Mitgliedsschule durch:

Verband deutscher Musikschulen e. V.
Plittersdorfer Straße 93
53173 Bonn

Zeitschriften

Musiktherapeutische Umschau. Zt. der Deutschen Gesellschaft für Musiktherapie e. V., Vandenhoeck & Ruprecht, Göttingen.

Hochschule für Musik und Theater Hamburg »Zeitschrift für Musik-, Kunst- und Tanztherapie« Herausgeber: Prof. Dr. Dr. Karl Hörmann, Von-Esmarch-Straße 111, 48149 Münster.

International Journal of Arts Medicine IJAM. Saint Louis: MBB (ISSN 1057-4904).

Musik in Therapie und Medizin. Herausgegeben von Hans-Helmut Decker-Voigt und Ralph Spintge, B. Schott's Söhne, Mainz (ab Sept. 1999).

Buchreihen

Buchreihe »Praxis der Musiktherapie«. Herausgegeben von Volker Bolay und Volker Bernius. Fischer Verlag, Stuttgart.

»Heidelberger Schriften zur Musiktherapie«. Herausgegeben von der Stiftung Rehabilitation Heidelberg. Fischer, Stuttgart.

Buchreihe »Therapie und Erziehung durch Musiktherapie«. Herausgegeben von Hans-Helmut Decker-Voigt. Eres Edition, Lilienthal.

Buchreihe »Musik und Kommunikation« Hamburger Jahrbücher zur Musiktherapie und intermodalen Medientherapie. Herausgegeben von Hans-Helmut Decker-Voigt in Verbindung mit Johannes Th. Eschen und Wolfgang Mahns. Eres Edition, Lilienthal.

Ausbildungsgänge im deutschsprachigen Raum, die das Thema Säuglingsforschung / frühe Kindheit im Musiktherapie-Curriculum behandeln

Fachhochschule Heidelberg
Staatlich anerkannte Fachhochschule der SRH-Gruppe
Maaßstraße 26
D-69123 Heidelberg
Tel. (0 62 21) 88 41 50 51 (Zentralsekretariat);
Fax (0 62 21) 88 41 52

Hochschule für Musik und Darstellende Kunst
Rennweg 8
A-1030 Wien
Tel. (01) 7 98 56 35 13

Akademie für angewandte Musiktherapie Crossen
der Deutschen Musiktherapeutischen Vereinigung Ost e. V.
c/o Fachklinik Klosterwald
Bahnhofstraße 33
D-07639 Bad Klosterlausnitz
Tel./Fax (03 61) 8 59 77
Geschäftsstelle:
Wallburgweg 4
D-99094 Erfurt
Tel. (03 61) 2 22 77 35; Fax (03 61) 2 22 90 51

Europäische Akademie
für Psychosoziale Gesundheit und Kreativitätsförderung
Wefelsen 5 (Beversee)
D-42499 Hückeswagen
Tel. (0 21 92) 85 80

Berufsbegleitende Weiterbildung Musiktherapie
Institut für Musiktherapie / Freies Musikzentrum e. V.
Ismaninger Straße 29
D-81675 München
Tel. (0 89) 4 70 63 14

Orff-Institut
Kinderzentrum München
Deutsche Akademie für Entwicklungs-Rehabilitation e. V.
Heiglhofstraße 63
D-81377 München
Tel. (0 89) 7 10 09 18 60

Berufsbegleitende Weiterbildung Musiktherapie
Institut für Musiktherapie Rendsburg
in Zusammenarbeit mit der
Christian-Albrechts-Universität zu Kiel,
Abteilung Musik und Didaktik
(Musiktherapeutikum Rendsburg e. V.)
Berliner Straße 1
D-24768 Rendsburg
Tel. (0 43 31) 2 76 77

Züricher Institut Musiktherapie
Geschäftsstelle:
Friedberghalde 1
CH-6004 Luzern
Tel./Fax (0 41) 4 22 02 35

Hochschule der Künste Berlin
Fachbereich Musiktherapie (FB 3) – Seminar Musiktherapie
Ergänzungsstudiengang Musiktherapie
Mierendorffstraße 30
D-10589 Berlin
Tel. (0 30) 31 85 25 53; Fax (0 30) 31 85 26 80

Hochschule für Musik und Theater Hamburg
Institut für Musiktherapie
Harvestehuder Weg 12
D-20148 Hamburg
Tel. (0 40) 4 41 95 25 54; Fax (0 40) 4 41 95 26 66

Westfälische Wilhelms-Universität
Institut für Musikpädagogik und Musiktherapie
Platz der Weißen Rose 4
D-48149 Münster
Tel. (02 51) 83 92 46

Universität Witten/Herdecke
Institut für Musiktherapie
Alfred-Herrhausen-Straße 50
D-58448 Witten
Tel. (0 23 02) 92 67 82

Universität Köln
Heilpädagogische Fakultät
Frangenheimstraße 4
D-50931 Köln
Tel. (02 21) 4 70 49 39

Gesamthochschule Siegen
Musikalisch-Therapeutische Zusatzausbildung am Fachbereich 2
Hölderlinstraße 3
D-57068 Siegen
Tel. (02 71) 7 40 32 12

Fachhochschule Würzburg-Schweinfurt
Fachbereich Sozialwesen
Münzstraße 12
D-97070 Würzburg
Tel. (09 31) 30 40; Fax (09 31) 30 43 25

Fort- und Weiterbildung in Musiktherapie, Information und Adressen zu praktizierenden Musiktherapeuten

Deutsche Gesellschaft für Musiktherapie e. V. (DGMT)
Libauer Straße 17
D-10245 Berlin
Tel. (0 30) 29 49 24 93; Fax (0 30) 29 49 24 94

Deutscher Berufsverband der Musiktherapeutinnen
und Musiktherapeuten e. V. (DBVMT)
c/o Wendy Reinhart
Tünkenhagen 3
D-23552 Lübeck
Tel. (04 51) 7 58 75; Fax (04 51) 7 58 76

Berufsverband klinischer Musiktherapeutinnen
und Musiktherapeuten e. V. (BKM)
c/o Silke Jochims
Claudius-Ring 4i
D-23566 Lübeck
Tel./Fax (04 51) 6 11 02 38

Deutsche Musiktherapeutische Vereinigung Ost. e. V. (DMVO)
c/o Dr. Wulfarth von Grüner
Freienwalder Straße 2
D-13055 Berlin
Tel. (0 30) 9 82 62 75

Sektion des Berufsverbandes für
anthroposophische Kunsttherapie (BVAKT)
Urachstraße 44
D-79102 Freiburg
Tel. (07 61) 7 16 58; Fax (07 61) 7 46 72

Verein zur Förderung der Nordoff/Robbins Musiktherapie e. V.
c/o Prof. Dr. Lutz Neugebauer
Beckweg 4
D-58313 Herdecke
Tel. (0 23 02) 92 67 82; Fax (0 23 02) 92 67 83

Herbert-von-Karajan-Akademie der Herbert-von-Karajan-Stiftung Berlin. Die Herbert-von-Karajan-Akademie widmet sich der Weiterbildung in musikorientierter und künstlerischer Psychotherapie. Ihre Arbeit ist eng abgestimmt mit dem Institut für Musiktherapie der Musikhochschule in Hamburg. Genauere Informationen gibt es über das

Institut für Musiktherapie der Musikhochschule Hamburg
Harvestehuder Weg 12
20148 Hamburg
Tel. (040) 4 41 95 25 54; Fax (040) 4 41 95 26 66

Das virtuelle Institut energon.de

Ärzte, Therapeuten und interessierte Laien können sich über das »virtuelle Institut« im Internet informieren.

energon.de (http://www.energon.de) ist in Zusammenarbeit mit dem Institut für Musiktherapie der Musikhochschule Hamburg und der Europäischen Hochschule für Berufstätige (EHB) im schweizerischen Leuk eingerichtet worden. Aus den USA ist bekannt, daß die virtuellen Angebote rund um die Gesundheit zu den gefragtesten Dienstleistungen im Internet zählen. Grund genug, um über *energon.de* den Kontakt mit Ärzten, Wissenschaftlern und interessierten Laien aufzunehmen. Studien, Forschungsberichte, Wissenswertes über Musik in der Medizin, Musiktherapie, Aus- und Weiterbildungsmöglichkeiten können rund um die Uhr bequem am heimischen PC abgerufen werden. Darüber hinaus können Sie mehr über Gesundheit und Gesundheitsvorsorge erfahren. Eine ausgesuchte Auswahl von »Links« führt auf Knopfdruck zu interessanten Angeboten im Netz. So erhalten Sie Zugang zu diversen Datenbanken, Selbsthilfe-Organisationen, Gesundheitsdiensten, Bibliotheken usw.

Denken und Danken

Dieser lange Abschnitt kann getrost von denen überschlagen werden, die sich nur für diese Arbeit interessieren – und nicht für die dahinterstehenden Menschen. Lang ist der Abschnitt, weil die Zahl der Menschen groß ist, die mir halfen, und weil dies das erste Buch von drei Bänden ist, in denen ich von der Rolle der Musik im Leben des Menschen erzähle …

Ich widme diesen ersten Band den Menschen, denen ich für ihre Mitarbeit daran zu danken habe. Für direkte oder indirekte Mitarbeit, von der einige selbst gar nichts wissen. Denken hängt in einem Teil seiner Sprachwurzel auch mit Danken zusammen. Mein Denken in diesem Buch habe ich folgenden Menschen zu verdanken:

Christine Decker-Voigt, geb. Jacob, meine Frau, engste Freundin und erste Mitarbeiterin an meinen Büchern und an mir.

Dorothea und Friederike Decker-Voigt, meine beiden Töchter, die mir in der Kinderzeit die liebsten Objekte für liebenswerte Feldforschung waren – ohne es zu wissen. Und die mir die Nutzung dieser Forschung später nicht einmal übelnahmen: Dorothea fährt ihren Vater mit dem frischen Führerschein zu Vorträgen über Eltern-Kind-Beziehungen herum, und Friederike trainiert mit ihrem Vater auf den Fahrten zu Kongressen (wie in die USA und nach Australien), um sein altmodisches »pronouncing« zu aktualisieren.

Ab jetzt und damit es keinen Ärger gibt, danke ich den folgenden Personen in alphabetischer Reihenfolge:

Peter Michael Hamel, Prof., Hamburg/München, Komponist, dessen Buch »Durch Musik zum Selbst« etliche meiner Studentinnen und Studenten zur Musiktherapie brachte und mich selbst zur Zusammenarbeit zwischen seiner unorthodoxen, »selbsterfahrungsnahen« Kompositonsklasse und meinem Institut an der Hamburger Musikhochschule.

Martin Heidegger, Prof. Dr. phil., Freiburg, (gest. 1976), den ich in seinen letzten Lehrveranstaltungen als Emeritus noch als lebendiges Bindeglied zwischen seinem Existentialismus und jener Humanistischen Psychologie erleben durfte, die mein Standort wurde.

Herbert von Karajan (gest.1989), dem ich 1969 begegnete und der mich an der Peripherie eines Kurses für Nachwuchsdirigenten in Luzern erstmalig für die Beschäftigung mit dem Thema der Wechselbeziehung zwischen Musik und Mensch in der Medizin motivierte (»gläsernes Orchester«) – einem Thema, das damals noch unter dem Begriff »Musiktherapie« gefaßt wurde. Dreißig Jahre später sollte ich in Prof. Peter Csobadi, Karajans jahrzehntelangem Pressesprecher und heutigem Präsidenten der Herbert-von-Karajan-Stiftung Berlin, einen besonderen Freund und Förderer meiner Arbeit finden, die die zwischenzeitlich getrennten Bereiche Musikmedizin und Musiktherapie wieder einander anzunähern versucht.

Peter Kisker und Erich Wulff, Proff. Drs. med., Medizinische Hochschule Hannover, meine beiden ersten (und einzigen) »Chefs« und Begleiter in die Fragen heutiger Psychiatrie und Sozialpsychiatrie.

Paolo J. Knill, Prof. emer. Ph. D., Lesley College Grad. School Cambridge/USA und Europäische Hochschule für Berufstätige in Leuk/Schweiz, Kollege, Lehrer und Freund – entsprechend unserer gemeinsamen Idee und Theorie von der »Integration künstlerischen Handelns in der Therapie«, die nur unter Menschen gelebt werden kann, nicht in der Theorie gelehrt.

Maturana, Humberto R., Prof. Dr., chilenischer Biologe, an dessen »Baum der Erkenntnis« ich meine systemtheoretischen Klettersuche übte, um diese nach der direkten Begegnung mit ihm während des VIII. Weltkongresses für Musiktherapie in Hamburg als tägliches Training zu genießen.

Peter Petersen, Prof. Dr. med., Hannover, Gynäkologe, Psychoanalytiker und Psychotherapeut, dessen persönliche Neugier und Offenheit gegenüber den Künsten als Heil-Künsten mir ebenso halfen wie seine immerwährende konstruktive Kritik an seiner schulmedizinischen Herkunft, die beide in meiner Arbeit immer mehr Brückenpfeiler-Funktionen zwischen Medizin und »den« Künsten einnahmen.

Fred Schwartz, Dr. med., Atlanta/USA, einer der führenden amerikanischen Mediziner in der Säuglingsforschung, dessen Unbekümmertheit der Schilderung von Mutter-Kind-Beziehungen mich ebenso ansteckte wie seine persönliche Zartheit derselben Schilderungen im kleinen Kreis zum Beispiel auf dem Symposion der Internationalen Gesellschaft für Musik in der Medizin in Melbourne 1998.

Ralph Spintge, Dr. med., Lüdenscheid, dessen Namen ich im internationalen Ausland am meisten mit »der« deutschen Musiktherapie verknüpft hörte – und wir dadurch zu kostbarer Zusammenarbeit innerhalb von Deutschland in Lehre, Forschung und Publizistik gelangten.

Daniel Stern, Prof. Dr. med., Genf, dessen persönliche Ausstrahlung und Umgehensweise als Kollege wie nicht zuletzt mit seinem kleinen Sohn »den Rest« dazu gab, seine mir ohnehin wichtigen Veröffentlichungen zur Säuglingsforschung als die derzeit wichtigste Basis musikpsychologischer Kenntnisse sehen zu lassen. Die Begegnung und Zusammenarbeit mit ihm auf den Kongressen 1998 in Hamburg und in Wien ließen mich zudem meine Kritik an Internationalen Kongressen als unmöglichsten Foren für wirkliche Zusammenarbeit zurücknehmen.

Zudem danke ich den Autorinnen und Autoren, die ich als Erholung in meinen Schreibpausen las, mit den bekannten Folgen für das eigene Schreiben:

Hildegard von Bingen, »Schriften« (in: »Deutsche Mystik«, hrsg. von Luise Gnädinger, Manesse, Zürich 1996), die zusammen mit dem mir zugänglichen Wissen von den australischen Aborigines das Geländer über die Brücke zwischen menschlicher Intuition und heutiger Informationswelt wurde.

Richard Bode, »Nimm zuerst ein kleines Boot. Von den Gezeiten des Lebens«, Ariston Verlag, Kreuzlingen 1997, aus dem ich besonders das Bild lernte: Leben ist speziell wie Rudern im Ruderboot: Wir arbeiten uns und das Boot nach vorne – schauen aber dabei in die entgegengesetzte Richtung …

Harry Mulisch, »Die Entdeckung des Himmels«, Hanser, München/Wien 1993, das mir in Erinnerung rief, wieviel scheinbar vergessenes Wissen wir unseren Jugendfreundschaften verdanken – wenn wir sie denn erlebten.

Ich danke meinen jüngeren Kolleginnen und Kollegen, die bei mir promovier(t)en und bei denen ich während der Betreuung als »Doktorvater« ebenso viel und gerne lernte wie hoffentlich umgekehrt. Namentlich, in alphabetischer Reihenfolge sowie in Stichworten:

Fritz Hegi, Dr. rer. sc. mus., Zürich (Komponentenanalyse als geniale und systematische Fortsetzung früherer Bezugssetzungen zwischen den Elementen in der Musik und den Persönlichkeitsstrukturen des Menschen).

Monika Nöcker-Ribaupierre, Dr. rer. sc. mus., München (Arbeiten zur Rolle der Musik in der Begleitung frühgeborener Kinder), ihr habe ich besonders die Durchsicht des ersten Kapitels zu danken und viel Motivationsschübe zu dieser Arbeit, die sie mir ausgerechnet in der kräftezehrenden »Zeit eigenen Schreibens« widmete).

Susanne Metzner, Prof. Dr. rer. sc. mus., Ahrensburg (Untersuchung über die Zweieinheit Mutter-Kind bzw. Dreieinheit Mutter-Vater-Kind und deren psychischen Abbildungen in der musikalischen Improvisation mit Patienten).

Karin Schumacher, Prof. Dr. rer. sc. mus., Berlin (systematische Perspektive auf den musikalischen Ausdruck des Kindes als prädiagnostische Hilfe zu seinem Verstehen – und dem Transfer für die Begleitung behinderter Kinder).

Eckardt Weymann, Prof., Hamburg (seine Arbeit über die Entwicklung und Struktur von improvisierter Musik als Abbild der Lebenskonzeptionen von musizierenden Menschen sowie die Bezugsetzung zur Musiktherapieforschung).

Zuletzt und deshalb hervorgehoben danke ich:

meiner Verlegerin, Dr. Monika Roell, Ariston Verlag, Kreuzlingen – für ihr persönliches Interesse und ihre Motivation zu dieser Arbeit – gerade in Zeiten, wenn dem Autor Energie-Krisen drohten,

der Programmleiterin des Ariston Verlags, Heike Wilhelmi, München – für ihr inhaltlich spannendes und vom gemeinsamen »Stallduft« her gesteuertes Mitgestalten am Buch in Form von »brainstormings« in der Heide und am Telefon.

meiner Lektorin Astrid Lanz, die das Schwierigste scheinbar leichthin schaffte: den Umgang mit dem Autor und seinem Manuskript unter dem Vorzeichen der »fünf K's« – klar, klärend, konstruktiv, kritisch und kollegial.

In diesem Zusammenhang danke ich meinem Schicksal, daß es mich speziell für diese Arbeit über die Rolle der Musik in Mutter-Kind-Beziehungen mit Frauen umgab, die zu meinen männlichen Perspektiven und Gefühlen die ihren gesellten. Ohne diese Geselligkeit würde ich nicht gewagt haben, über »Wiege und Musik« zu schreiben.

Claudio Murru, Uelzen, mein PC-Berater, der mich immer nur in Panik am Telefon von meinen verschiedenen Reiseorten aus erlebte, wenn mein PC »hakte«, zusammenbrach oder aus anderen Gründen meine Texte unauffindbar waren – er hat sie in Geduld und Verständnis für meine gestörte Beziehung zum PC (fast) alle wiedergefunden.

Als allerletztes danke ich denjenigen Mitbürgerinnen und Mitbürgern im Heimatdorf, die mich zwar grüßen, die ich aber – jeweils in Schreibzeiten – zu grüßen vergesse, weil ich sie zwar sehe, aber vor Gedanken nicht sehe, und die mich trotzdem weiter grüßen.

Hans-Helmut Decker-Voigt

Allenbostel, Lüneburger Heide
im Dezember 1998

Abbildungsnachweis

Seite 21: Almud Kunert, München.
Seite 43: Almud Kunert, München.
Seite 44: Tony Stone Bilderwelten.
Seite 55: Almud Kunert, München.
Seite 79: Almud Kunert, München.
Seite 111: Almud Kunert, München.
Seite 128: aus: Daniel Stern, Die Lebenserfahrung des Säuglings, Stuttgart 1992, S. 55.
Seite 129: aus: Daniel Stern, Die Lebenserfahrung des Säuglings, Stuttgart 1992, S. 56.
Seite 155: Almud Kunert, München.
Seite 189: Almud Kunert, München.

Register

ARISTON VERLAG

Hauptstrasse 14	Karl-Theodor-Str. 29
CH-8280 Kreuzlingen	D-80803 München
Tel. (0 71) 672 72 18	Tel. (0 89) 38 40 68 0
Fax (0 71) 672 72 19	Fax (0 89) 38 40 68 10

ARISTON	VERLAG
Hauptstrasse 14	Karl-Theodor-Str. 29
CH-8280 Kreuzlingen	D-80803 München
Tel. (0 71) 672 72 18	Tel. (0 89) 38 40 68 0
Fax (0 71) 672 72 19	Fax (0 89) 38 40 68 10